바뀌는 투자환경
당장 익숙함과 결별하라
₩일타재테크

바뀌는 투자환경
당장 익숙함과 결별하라

₩1타재테크

매일경제신문사

일타 강사가 발로 쓴 재테크 노하우

'일타재테크'는 경제와 재테크 분야 일타 강사의 강의 노트다.

몇 가지 특징이 있다. 우선 거품을 뺐다. 많은 재테크 서적은 서론이 길다. 지루한 재테크 원리를 설명하는 데 많은 지면을 할애하고 상당 부분에서 다른 사람들의 성공 사례를 설명하기도 한다. 그러다보면 정작 독자가 알아야 할 새로운 내용이 별로 없거나 찾기 힘들다. '일타재테크' 필진은 첫 장부터 바로 핵심으로 들어간다. '화폐 환상에서 깨어나라'는 도발적 명제와 왜 그런지를 단순 명료하게 설명한다. 중언부언하지도 않는다. 일타 강사가 칠판을 아껴 많은 내용을 담아내듯 '일타재테크' 필진도 한정된 지면에 최대한 많은 정보를 적어 넣었다. 자산 가격의 거품이 빠지듯 재테크 정보의 거품을 제거했다. 이 책을 읽는 독자는 일타 강사의 요점 정리처럼 꼭 필요한 재테크 정보를 얻게 될 것이다.

두 번째 특징은 실전용이라는 점이다. 책을 읽고 지식을 쌓으려는 사람보다는 책을 읽고 투자 전선에 가는 사람을 타깃으로 삼았다. 그러다보니 '채권 금리가 오르면 채권값이 떨어진다' '환율이 상승하면 원화값이 하락한다' 같은 기본적인 지식은 독자가 어느 정도 알고 있다는 것을 전제로 책을 써나갔다. 주식 파트에서는 전체적인 시황보다 투자 종목 분석에 초점을 맞췄다. '금리가 오르면 주식 가격이 떨어진다' 같은 명제를 설명하기보다는 워런 버핏의 투자 전략을 한국에 적용하면 어떤 종목이 유망한가 등의 주제를 더 많이 다뤘다. 투자해본 사람은 시황을 판단하는 눈보다 종목을 발굴하는 지혜를 갖는 일이 훨씬 어렵다는 것을 안다. 또 상식적인 투자 가이드와 실전 투자에 필요한 정보가 뭔지 구분할 수 있다. 이 책은 독자에게 조금이라도 실전 투자와 관련한 안목을 길러 주겠다는 목표를 갖고 만들어졌다.

세 번째 특징은 '트렌디하다'는 점이다. 전통적 굴뚝 기업인 코카콜라가 투자 유망 종목이던 시절과 테슬라·페이스북이 유망 종목인 시절은 다르다. 많은 사람이 관심을 기울이는 부동산의 경우 2021~2023년 롤러코스터를 타듯 투자 환경이 바뀌었다. 2023년에는 고금리로 대출이자가 빠른 속도로 오른 반면 부동산 투자를 둘러싼 각종 규제는 대폭 완화됐다. 2021년 저금리로 규제를 강화하던 시절과는 180도 다르다. 과거의 생각으로 투자했다가는 낭패를 보기 일쑤다. 코인도 거품이 넘쳐나던 시기인 2021년과 거품이 본격적으로 빠진 2023년 투자 환경은 근본적으로 다르다. 이 책은 새로운 환경에 맞춰 고수익을 올릴 수 있는 투자 방식을 엄선했다. 수능시험 패턴이 매년 변하고 강조하는 부분이 바뀌는 것처럼 투자를 둘러싼 환경 변화를 정확히 짚어냄으로써 새로운 시대 투자에 가장 유리한 방법을 제시했다.

또 다른 중요한 특징 중 하나는 '발로 썼다'는 점이다. '일타재테크' 필진은 경제, 주식, 부동산, 코인 분야 취재와 연구를 20년 가까이 해온 전문가들이다. 하지만 책을 쓸 때는 머리에 의존하지 않았다. 머리보다 발로 뛰는 취재를 통해 얻은 정보를 하나하나 모았다. 어렴풋한 지식은 현장을 직접 방문해 확인했고 각종 재테크 이론은 데이터를 통해 두 번 세 번 맞춰봤다. 조금이라도 차이가 나는 부분은 왜 차이가 나는지 다양한 경로를 통해 점검했다. 이런 과정을 통과한 내용만 책에 담았다. 일타 강사와 같은 전문성을 지향하면서도 책을 쓸 때는 일타 강사의 자만심보다는 일타 강사에게 배우는 학생의 겸손함을 내세웠다.

2023년은 경제의 혼돈기다. 경기 침체가 얼마나 계속될지, 언제 반등할지 예상하기 어렵다. 멀쩡한 은행이 하루아침에 문을 닫고 금융회사에 불안을 느낀 사람들은 클릭 몇 번으로 예금을 뺄 수 있는 시대다. 미국과 중국은 서로 으르렁거리며 패권 경쟁을 벌이고 있다. 지구 반대편에서는 전쟁이 끊이지 않는다. 이런 혼돈기에는 항상 부의 재편이 동시에 일어났다. 재산의 손바뀜도 활발해 하루아침에 많은 돈을 벌거나, 하루아침에 재산을 모두 날려버리는 일도 자주 발생한다. 이런 때일수록 재테크의 핵심에 근접하려는 노력이 중요하다. 핵심을 아는 사람에게 대가는 주어진다. 이 책을 접하는 모든 사람이 혼란기 재테크 노하우를 얻게 되기를 기원한다.

CONTENTS

들어가며   5

─────────── 거시 ───────────
바뀌는 경제흐름 당장 익숙함과 결별하라

화폐 환상에서 깨어나라   14

세계경제 4대 뇌관에 주목하라   19

고금리 · 인플레이션에 적응하라   23

미국 금리정책의 이해   27

무역수지 적자 시대   32

환율 1300원의 의미   36

경기변동 수수께끼 풀어보기   40

정치를 이해해야 경제가 보인다   44

살얼음판 국제금융 생존 전략   48

경제안보에 대한 이해   52

주식
위기에 강한 주식으로 맘 편한 포트폴리오

시작은 미약했지만 끝은 텐배거 도전주	58
왜 월가는 테슬라 대신 페라리를 선택했나	62
경제적 해자 깊게 판 종목에 빠져들기	66
지배구조 개편에 반값된 지주사 투자할까	70
워런 버핏이 분산투자하는 이유	74
SM처럼 튀어오를 지분경쟁 후보군은	78
PSR로 본 美·中 고래싸움 피할 주식	84
31조 현금폭탄, 배당성장주 리스트	89
재고 회전 빠른 명품주는	93
삼성전자가 콕 찍은 M&A 가치 높은 곳	97
삼성전자, 지금 사면 4년 내 원금 회수 가능한 이유	102

CONTENTS

― 부동산 ―
위기를 기회로 바꾸는 부동산 투자

2010년 빼닮은 집값 암흑기…무엇이 다를까	108
'시계 제로' 주택시장 결정할 주요 변곡점	113
부동산 바닥을 확인하기 위해 진짜 봐야 하는 지표는?	117
2023년에는 어떤 부동산 규제가 완화될까	121
내 집 마련하기 가장 좋은 기회…서울 유망 분양 단지	126
주택시장 주요 변수 광역교통망…올해 수혜 지역은 어디	131
불황 때 오히려 주목받는 부동산 경매시장	135
서울 미래 지도 미리 들여다보기 2040서울플랜 분석	140
'뜨거운 감자' 노후 계획도시 특별법	144
꼬마빌딩 투자에서 새로운 기회 찾기	149

금융
한푼 두푼 모아서 굴리는 기쁨

또박또박 월세 받듯…연 5%대 후반 이자수익 '꿀단지' 신종자본증권　156

예적금 노마드족의 필승 전략, '풍차 돌리기'를 아시나요　160

13월의 월급 소득공제…알뜰살뜰 미리 챙겨요　164

고금리 시대 대출 사용법, 고정금리 '특례보금자리론' 관심 가져볼까　168

부자 되는 저축 습관, 어릴 때부터 키워줘요　173

코인
'하이 리스크 하이 리턴'
위험 부담 줄이는 코인 필독 정보

은행위기-반감기 호재 앞둔 비트코인　180

이더리움 2.0, 금융 시스템으로 진화　184

디파이, NFT 이을 다음 코인 기대주 '웹3 · 소셜미디어'　187

미 · 중 패권 경쟁으로 번진 코인 규제　191

토큰 증권, 새로운 코인 투자 기회 열리나　195

01

거시경제
바뀌는 경제흐름 당장 익숙함과 결별하라

화폐 환상에서 깨어나라

세계 경제 4대 뇌관에 주목하라

고금리·인플레이션에 적응하라

미국 금리정책의 이해

무역수지 적자 시대

환율 1300원의 의미

경기변동 수수께끼 풀어보기

정치를 이해해야 경제가 보인다

살얼음판 국제금융 생존 전략

경제안보에 대한 이해

화폐 환상에서 깨어나라

한동안 우리는 '화폐 환상'에 사로잡혔다. 화폐 환상이란 화폐가 사람들의 합리성을 마비시키는 현상이다. 대표적인 것이 정부가 돈을 풀어 물건값이 오르면 마치 물건의 가치가 올라서 가격이 오른 것으로 착각한다. 물가가 10% 오르고 임금이 5% 올랐다면 실질소득이 줄어든 것인데, 근로자가 물가 인상은 보지 못하고 임금 인상만 생각해 소비를 늘리는 것이 일종의 화폐 환상이다. 자산시장에서는 돈이 풀려 자산 가격이 오르면 자산의 내재가치가 상승한 것과 혼동을 일으키며 사람들이 적극적으로 투기에 나서 거품을 만들어내는 것도 일종의 환상이다. 우리나라에서는 코로나19로 정부가 경제를 살리기 위해 막대한 돈을 풀면서 화폐 환상 현상이 벌어졌다.

2019년 이후 불과 2~3년 만에 집값이 두 배 세 배로 뛰고 주식 가격은 10배 20배 뛰었다. 비트코인으로 대변되는 가상화폐는 100배 200배 뛰는 것이 예사였다. 정상적인 시장 상황이라면 가격이 오르기 위해서는 가치가 올라야 한다. 예를 들면 새로 잘 지은 아파트가 낡은 아파트보다 가격이 높은 것이 상식이고, 기업 실적이 좋아 배당을 많이 주거나 미래 성장 잠재력이 높은 기업의 주식 가격이 그러지 못한 기업보다 높아야 한다. 내재적 가치가 확인되지 않은 가상화폐는 그 가치가 확인되기 전까지 가격 결정이 유보되는 것 또한 상식이다. 그런데 화폐 환상에 빠지면 사람들이 '경제적 이성'을 잃어버리는 경향이 있다. 무슨 이유에서건 오늘보다 내일 가격이 오르면 돈을 번다는 생각에 돈을 싸들고 투자에 나선다. 한두 달 만에 일확천금을 번 사람들을 부러워하고 그러지 못한 자신을 한탄한다. 그리고 다시 다른 곳을 기웃거린다. 그렇게 가격은 거품을 만들고 거품은 많은 사람을 자산시장으로 끌어모았다. 그러던 중 2022년 들어 이 거품이 깨지기 시작했다. 거품은 소수를 웃게 했지만 결국은 많은 사람을 울게 만든다는 것도 다시 한 번 알게 됐다.

거품 형성 과정에는 개인은 물론이고 정부

도 한몫을 톡톡히 했다. 숫자가 이를 말해준다. 2018년 정부는 시중에 돈을 과도하게 풀기 시작했다. 일반적으로 정부와 중앙은행이 푸는 통화량 증가율은 경제 성장률과 물가 상승률을 합한 정도인 것이 상식이다. 그래야 경제가 과도한 물가 상승 없이 원만하게 성장해나갈 수 있다. 예를 들어 실질경제 성장률이 3%, 물가 상승률이 2%라면 통화량 증가율은 5% 안팎으로 유지하는 것이 바람직하다.

이런 원칙을 우리나라에 적용해보자. 2017년에는 통화량(M2) 증가율이 5.1%, 실질국내총생산(GDP) 성장률이 3.2%, 소비자물가 상승률이 1.9%였다. 통화량 증가율이 성장률과 물가 상승률을 합한 수치(3.2%+1.9%)와 비슷했다. 이 괴리는 2018년에 커지기 시작했다. 2018년에는 통화량 증가율이 6.7%, 성장률이 2.9%, 물가 상승률이 1.5%로 통화량 증가율이 성장률+물가 상승률 수치보다 2.3%포인트 높아졌다. 통화량 증가율이 성장률과 물가 상승률 합보다 많다는 것은 돈이 생산물 시장에서 남는다는 것을 의미한다. 남는 돈이 주식이나 부동산 등 자산시장으로 옮아가는 것은 물이 위에서 아래로 흐르듯 자연스러운 현상이다. 양 수치 간 괴리가 커지면 이는 자산시장에 거품을 만들어낸다. 2019년에는 통화량 증가율과 성장률

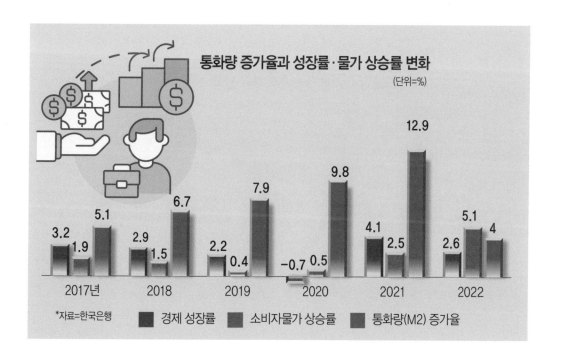

통화량 증가율과 성장률·물가 상승률 변화
(단위=%)

	2017년	2018	2019	2020	2021	2022
경제 성장률	3.2	2.9	2.2	-0.7	4.1	2.6
소비자물가 상승률	1.9	1.5	0.4	0.5	2.5	5.1
통화량(M2) 증가율	5.1	6.7	7.9	9.8	12.9	4

*자료=한국은행   ■ 경제 성장률   ■ 소비자물가 상승률   ■ 통화량(M2) 증가율

2023년은 '돈의 양'보다 실물경제의 '질'이 중요해지는 시기다. 유동성이 지배했던 '화폐 환상'에서 깨어나야 한다. 화폐량이 늘어나면 자산의 실질가치에 변동이 없더라도 자산 가격은 오른다. 화폐량이 줄어들면 반대 현상이 나타난다. 화폐가치보다는 자산의 내재가치를 봐야 할 때다.

과 물가 상승률 합과의 괴리가 5.3%포인트, 2020년에는 9.6%포인트까지 높아졌다. 양 수치 간 괴리는 1997년 외환위기 이후 최대 수준까지 치솟았다.

2021년에도 괴리는 6.3%포인트를 기록했다. 그러다보니 생산물시장에서 자산시장으로 돈이 이동하고 주식, 부동산, 가상화폐 등의 자산 가격이 급등했다. 모두가 과도한 유동성이 만들어낸 현상이다. 정부가 돈을 풀 때는 제대로 관리할 계획을 세우고 풀어야 하지만 코로나19가 닥치면서 정부는 일단 돈을 풀어 경제를 살리자는 쪽으로 움직였다. 돈 관리는 뒷전이었다. 정치논리가 경제논리에 우선하면 벌어지는 현상이다. 정치인은 언

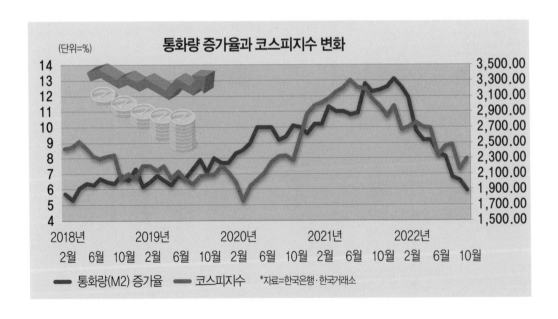

통화량 증가율과 코스피지수 변화 (단위=%)

━ 통화량(M2) 증가율   ━ 코스피지수   *자료=한국은행·한국거래소

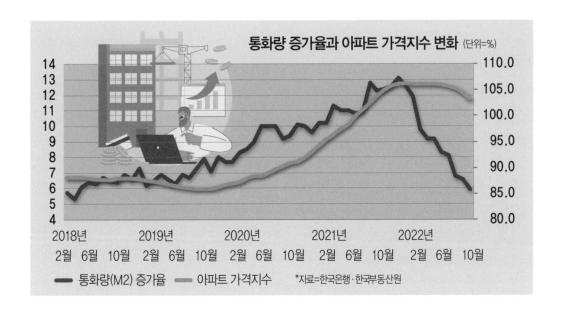

통화량 증가율과 아파트 가격지수 변화 (단위=%)

범례: 통화량(M2) 증가율 ── 아파트 가격지수 ＊자료=한국은행·한국부동산원

제나 민생을 위한다는 명목 아래 무리한 경제 정책을 펴곤 한다. 우리나라도 코로나19 극복논리가 너무 앞서면서 차분하게 경제를 관리하는 능력이 상실됐다. 이런 정책에 국민의 투기심리가 합해지면서 각 분야에서 자산 거품이 형성됐다.

2022년에는 금리 인상에 따른 효과로 통화량 증가율이 급락했다. 이 해 통화량 증가율은 4%로 집계됐다. 경제 성장률은 2.6%, 소비자물가 상승률은 5.1%를 기록했다. 통화량 증가율(4%)이 경제 성장률과 물가 상승률의 합(7.7%)에 3.7%포인트나 못 미치게 됐다. 이때 생산물시장에서도 돈이 모자라 자산 시장에서 돈이 빠지는 것이 불가피해진다. 유동성이 이끌어온 자산시장의 상승세도 종말을 고하고 자산 가격이 떨어지는 것은 어찌 보면 당연한 현상이다.

부동산 가격은 통화량에 후행

자산시장마다 차이는 있다. 좌측 그래프는 월간 코스피지수와 통화량 증가율 간 관계를 보여준다. 주식시장은 좌측 그래프처럼 통화량 증가율과 비슷한 흐름을 보이면서도 조금 더 빨리 움직였다. 코로나19가 본격화된 이후 통화량 증가율이 높아지자 주식시장은 이를 선반영해서 올랐다. 주가지수의 고점도 통화량 증가율 고점보다 6개월 정도 앞섰고 떨어지는 시점도 통화량 증가율을 선행했다. 현재 주가 수준은 통화량 증가율이 비슷했던 2019년 수준이다. 주식시장은 긴축의 충격을 이미 상당 부분 흡수한 것으로 보인다. 유동성 장세의 흥망성쇠를 다 경험한 셈이다. 앞으로 주가는 유동성보다는 실적 등 실물변수에 따라 움직일 것이라는 예상도 이런 측면에서 가능하다.

부동산시장은 상황이 조금 다르다. 앞의 그래프는 아파트 가격지수와 통화량 증가율 간 상관관계를 보여준다. 그래프에서 보면 아파트 가격은 통화량 증가율에 후행적으로 움직였다. 통화량 증가세를 확인하고 난 후에 아파트 가격이 본격적으로 상승했다. 통화량 증가율 고점이 2021년 12월께에 형성됐지만 아파트 가격은 이후에도 상당 기간 고공행진을 거듭했다. 그러다 2022년 들어 통화량 증가율이 급속히 떨어지는 것을 확인하고 아파트 가격은 하락세로 접어들었다. 2022년 말에도 통화량 증가율과 아파트 가격 간 괴리는 상당히 큰 상태다. 통화량 증가율은 2019년 수준까지 떨어졌지만 아파트 가격지수는 2019년보다 상당히 높은 수준에서 형성되고 있다.

2023년에도 통화량 증가율은 하락세를 보이고 있다. 아파트 가격이 통화량 증가율에 후행해온 것을 감안할 때 아파트 가격이 더 떨어질 수 있다는 전망도 가능하다. 즉 아파트시장에서는 유동성 장세가 아직 완료되지 않았다는 얘기다.

2018년 이후 풀린 돈이 1000조원이 넘는다. 이 돈이 자산시장을 헤집고 다니면서 가격을 요동치게 만들었다.

실물시장에서의 수요·공급의 원리와 내재가치 상승에 따라 움직이는 시장 규칙은 막대하게 밀려오는 유동성 앞에서는 원활하게 작동할 수 없었다. 그러면서 사람들에게 자고 나면 화폐로 표시한 자산가치가 오르는 환상을 심어줬다.

내재가치에 변화가 없지만 화폐로 표시된 가격이 빠른 속도로 오르자 사람들은 화폐가치 변화를 내재가치 변화로 착각하게 됐다. 한마디로 내 자산가치는 변화가 없었지만 화폐가치가 하락하면서 화폐로 표시된 자산가치가 급등한 것이다.

앞으로는 이런 현상이 나타나기 어렵다. 오히려 반대의 현상이 나타날 수도 있다. 화폐환상을 깨야 할 때다. 돈의 양보다는 실물경제의 질이 더 중요해지는 시기가 됐다. 가격 거품이 깨지면 실물경제 논리에 따라 경제가 움직인다.

내재가치가 있는 자산, 현실적인 유용성이 높은 자산 가격은 오를 것이지만 유동성이라는 거품에만 편승해 올랐던 자산은 큰 폭으로 떨어질 것이다.

당분간 이런 현상은 반복될 것으로 보인다. 재테크의 시작은 화폐 환상을 깨는 것에서 시작해야 한다. ■

세계 경제 4대 뇌관에 주목하라

'3.0%→2.7%→2.2%→1.7%'.

세계 경제 성장률 전망치가 시간이 지날수록 떨어지고 있다. 2022년 10월 국제통화기금(IMF)은 2023년 세계 경제 성장률을 2.7%로 전망했다. 1개월 뒤인 2022년 11월 경제협력개발기구(OECD)는 세계 경제 성장률 전망치를 2.2%로 제시했다. 이후 2개월이 지난 2023년 1월 세계은행(WB)은 세계 경제 성장률을 1.7%로 더 낮췄다. 전망을 할 때마다 성장률이 0.5%포인트씩 떨어진다. 한국 경제 성장률도 2022년 말 정부에서 2023년 1.7% 성장을 전망했다. 두 달이 지난 2023년 2월 한국은행은 성장률 전망치를 1.6%로 더 낮췄다. 왜 그럴까.

새로운 사실이 추가된 것은 아니다. 성장률 전망이 하락한 이유로 각국의 긴축, 금융 환경 악화, 러시아·우크라이나 전쟁 영향 등이 꼽힌다. 모두가 이전에 예상됐던 사건이나 재료다. 다만 이 같은 불안 요인이 미치는 영향이 당초 예상보다 커지고 있는 것이 성장률

하향 전망의 원인이다. 한국은행도 올해 성장률이 예상보다 하락하는 원인으로 반도체 경기 하락, 수출 부진 등을 꼽았다. 한국은 국제환경 변화가 성장률 전망을 낮춘 가장 큰 이유다.

세계 경제 성장은 미국, 유럽, 일본 등 선진국과 세계 2위 경제 규모를 보유한 중국이 이끈다. 개발도상국은 선진국 경기에서 발생하는 낙수효과에 따라 자기 나라의 성장 여부가 영향을 받는다. 예를 들어 중국을 포함한 선진국 경제가 호황에 접어들면 이들 나라에서 수출이 늘어나고 이에 따라 개도국 경제는 성장 탄력을 받는다. 반면 선진국이 인플레이션을 잡기 위해 금리를 올리고 통화 긴축정책을 펴면 개도국에서는 선진국과 금리 차가 발생해 자본 유출이 예상되고 이는 개도국 경제를 한층 더 악화시킨다. 신흥국이 금리를 올리는 것도 선진국에서 오는 부정적 낙수효과를 차단하기 위한 조치다. 싫든 좋든 우리나라를 비롯한 개도국은 큰 나라 경제를 예의 주시하

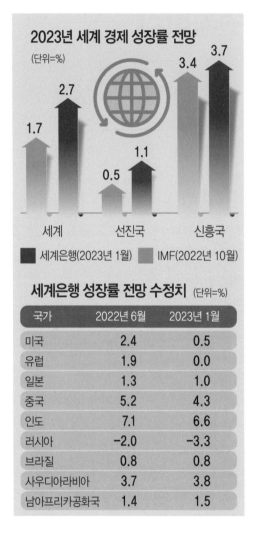

2023년 세계 경제 성장률 전망

(단위=%)

- 세계: 1.7 / 2.7
- 선진국: 0.5 / 1.1
- 신흥국: 3.4 / 3.7

■ 세계은행(2023년 1월) ■ IMF(2022년 10월)

세계은행 성장률 전망 수정치 (단위=%)

국가	2022년 6월	2023년 1월
미국	2.4	0.5
유럽	1.9	0.0
일본	1.3	1.0
중국	5.2	4.3
인도	7.1	6.6
러시아	-2.0	-3.3
브라질	0.8	0.8
사우디아라비아	3.7	3.8
남아프리카공화국	1.4	1.5

다는 점에서 불공평하다. 하지만 미국 긴축을 둘러싼 불확실성은 세계 경제의 가장 큰 뇌관 중 하나다. 미국 연방준비제도(Fed·연준)의 기준금리는 2023년 4월 연 4.75~5%다. 미국 기준금리를 결정하는 척도가 되는 소비자물가 상승률(전년 동기 대비)은 2022년 6월 (9.1%)을 기점으로 계속 하락세를 보이고 있다. 물가 하락세가 더 뚜렷해진 것은 더 이상 미국의 금리 인상 속도가 빨라지지 않을 것임을 예고한다. 시장의 눈은 연준의 태도 변화가 언제 일어날지로 향한다. 미국의 소비자물가가 하락세를 보이고 있지만 절대적인 물가 상승률은 연준 목표치인 연 2%에 훨씬 못 미친다. 이 때문에 금리를 내릴 명분이 없다.

한 가지 변수는 실리콘밸리은행(SVB) 사태로 촉발된 은행위기 국면이다. SVB 사태는 은행이 부실자산이 없더라도 급격한 예금 인출이 발생할 수 있고 이 때문에 파산에까지 이를 수 있다는 것을 여실히 보여줬다. SVB 사태로 다른 은행까지 유동성 위기를 겪자 미국 정부와 연준이 예금 보호한도를 확대하고 연준이 은행이 보유한 채권을 시가가 아닌 장부가로 평가해 담보로 잡고 대출하는 등의 긴급대책을 내놨다. 이 대책으로 급한 불은 껐다. 하지만 은행 시스템상 유사한 위기는 언제든지 발생할 수 있다. 연준은 금융 시스템 안정을 위해 시중에 돈을 풀어 은행에 유동성을 공급해줘야 한다. 이 같은 정책 목표는

면서 대책을 마련해야 할 운명이다. 세계 경제에 영향을 미칠 요인은 네 가지로 압축된다.

먼저 미국 경제가 지니고 있는 가장 큰 불확실성은 '긴축을 얼마나 언제까지 할 것인가'다. 미국은 인위적으로 정책을 결정할 수 있고 다른 나라는 이를 주어진 상수로 간주해야 한

인플레이션을 잡기 위해 금리를 올려 시중의 돈을 거둬들이고 있는 정책기조와 정면으로 상충된다. 두 가지 서로 배치되는 정책 목표를 달성하기 위한 연준의 묘수가 뭔지에 따라 세계 각국은 영향을 받을 것으로 보인다. 또 미국의 은행위기는 유럽으로 번져갔다. 크레디트스위스(CS)도 예금 인출 사태를 견디지 못해 UBS와 합병했다. 또 도이체방크 등 독일 은행도 시장에서 유동성 위기설에 시달렸다. 이런 은행위기가 개도국으로 번져갈 가능성도 여전하다. 개도국의 은행 시스템은 선진국보다 취약하기 때문이다. 미국발 은행위기의 파급효과가 올해 세계 경제에 영향을 미칠 또 하나의 변수다.

중국은 2022년 12월 '제로 코로나'에서 '위드 코로나'로 사실상 정책을 전환하면서 2023년에는 경제가 활기를 띠고 있다. 코로나19로 막혔던 투자와 소비가 살아나고 있기 때문이다. 중국의 2023년 성장률 전망도 연 5%로 다른 나라에 비해 비교적 높은 편이다. 중국 자체적으로는 완만한 회복 국면을 보이고 있지만 문제는 미국과의 갈등이다. 미국과 중국이 글로벌 경제에서 패권경쟁을 벌이면서 이에 따른 부정적 낙수효과가 다른 나라 경제에 영향을 미칠 것으로 예상된다. 예를 들어 미국이 사실상 중국을 겨냥해 만든 인플레이션 감축법(IRA)에 따르면 미국 정부가 제공하는 세액공제 혜택을 받기 위해서는 미국이나 미국과 우호적인 나라에서 제조를 해야 한다. 또 미국이 지정한 '외국 우려단체'가 만든 부품을 사용해서도 안 된다. 중국 기업을 우려단체로 지정해 이들과의 교역을 차단하려는 의도가 보인다. 한국을 비롯한 많은 나라는 미국에서 혜택을 받으려면 중국과의 교역을 끊거나 줄여야 하는 상황이다. 중국은 미국의 달러 패권을 견제하기 위해 사우디아라비아, 브라질 등과 거래할 때 중국 위안화를 쓰도록 하는 정책을 펴고 있다. 이렇게 하면 석유 거래 때 달러를 쓰도록 함으로써 달러 패권을 유지해온 '페트로 달러' 위상은 하락할 수밖에 없고 이를 막으려는 미국과 중국 간 경쟁은 더 치열해질 것으로 보인다. 미·중간 패권경쟁의 낙수효과 또한 세계 경제의 불확실성을 키우는 요인이다.

일본 경제는 상당히 중요한 변곡점에 있다. 일본 정부가 중앙은행 신임 총재로 우에다 가즈오 전 일본은행 심의위원을 선임하면서 구로다 하루히코 일본중앙은행(BOJ) 총재가 2013년 취임한 이후 10년간 유지해온 통화정책 기조가 바뀔 가능성이 커지고 있다. 구로다 총재의 통화정책은 양적 완화를 통한 대규모 통화 공급, 마이너스 금리 유지, 수익률곡선통제(YCC) 등으로 압축된다. 한마디로 초저금리를 유지하고 시중에 돈을 무제한 풀어 경기를 띄운다는 것이다. 미국이 물가를 내리려고 긴축을 하는 것과 반대로 일본은 물가를 2%대로 올리기 위해 시중에 유동성을 무지막지하게 공급했다. 하지만 2023년 들어 일본도 물가가 빠른 속도로 오르고 있다.

인플레이션이 심화되고 장기적 저금리에 따른 부작용이 커지자 BOJ는 YCC 정책을 수정했다. 10년 만기 국채금리의 목표 수익률 변동 폭을 '0±0.25%'에서 '0±0.5%'로 확대한 것이다. 종전에는 시장에서 국채금리가 연 0.25%를 넘어서면 BOJ가 나서서 국채를 무제한 매입해 금리를 낮췄지만, 제도가 바뀐 후에는 금리가 연 0.5%를 넘어야 BOJ가 국채를 매입하겠다는 것이다. 이 조치 이후 일본 장기국채 금리는 연 0.5%까지 뛰었다. 국제 금융시장에서는 BOJ가 국채 10년물 금리 변동 폭을 추가적으로 확대하거나 단기 마이너스 금리 폐지 등 추가 조치가 나올 수 있을 것으로 보고 있다. 신임 총재가 선임된 만큼 통화정책의 근본적인 기조 변화도 예상된다. 10년간 초저금리를 유지해온 일본의 정책 변화도 글로벌 금융시장에 큰 영향을 미칠 요인이다.

러시아·우크라이나 전쟁은 '양날의 칼'이다. 전쟁이 장기화되면서 이에 따른 경제적 효과는 이미 상당 부분 현실에 반영돼 있다. 하지만 양국 간 전쟁 양상의 변화는 세계 경제에 미칠 영향이 여전히 크다. 러시아·우크라이나 전쟁은 러시아와 유럽·미국 간 대리전 양상을 띠고 있다. 여기에 중국이 러시아 측을 두둔하고 있어 복잡한 모습을 보이고 있

다. 2022년 러시아의 우크라이나 침공에 저항하려는 목적으로 유럽이 러시아에 제재 조치를 강화하자 러시아는 보복으로 유럽에 공급하는 천연가스 등 에너지 공급을 중단했다. 유럽은 2023년 겨울 에너지위기가 본격화할 것으로 예상됐지만 다행히 역사상 세 번째로 따뜻한 겨울이어서 동절기 에너지위기는 가까스로 넘어갔다. 하지만 2023년 들어서도 유럽과 러시아 간 관계가 악화일로를 걷고 있어 에너지 문제는 유럽 경제의 발목을 잡는 가장 큰 요인이 되고 있다. 여기에 미국과 러시아, 중국과 러시아 등 각국 간 외교문제가 복잡하게 얽혀 있다. 에너지 문제와 더불어 러시아·우크라이나 전쟁으로 촉발된 글로벌 공급망 문제와 각국 간 정치·군사적 갈등도 올해 세계 경제를 좌지우지할 중요한 변수다. 반면 러시아·우크라이나 전쟁이 조기에 종결된다면 이는 세계 경제 성장에 큰 모멘텀으로 작용할 것으로 보인다.

한국을 비롯한 신흥국과 개도국은 미국, 중국, 일본, 유럽 등 거대한 국가의 경제환경 변화와 정책 변수에 따라 큰 영향을 받는 것이 불가피하다. 4개국 시나리오를 2개씩만 가정해도 경우의 수는 16가지나 된다. 조금 더 복잡한 상황을 가정한다면 경우의 수는 수십 가지에 달한다. 이런 부분을 사전에 예측하는 것은 거의 불가능하다. 글로벌 경제의 불확실성이 한층 높아질 수밖에 없는 것이다. ■

고금리 · 인플레이션에 적응하라

한동안 우리는 저금리 시대를 살았다. 한 마디로 돈값이 떨어진 시대다. 미국은 2008년 금융위기가 터지자 곧바로 기준금리를 0~0.25%로 낮췄다. 사실상 제로금리 시대의 선언이다. 저금리의 부작용이 나타나자 2018년에는 기준금리를 연 2.5%까지 올렸다. 그러다 코로나19가 터지자 다시 금리를 제로금리 수준으로 낮췄다. 그럭저럭 따져보면 미국이 초저금리 정책을 폈던 기간이 2008년부터 2022년까지 대략 14년이다. 한국의 기준금리는 미국을 따라간다. 미국이 제로금리 수준을 유지하는데 한국이 금리를 올릴 이유가 없다. 한국은 금융위기가 직접적으로 닥치지 않았기 때문에 미국처럼 제로금

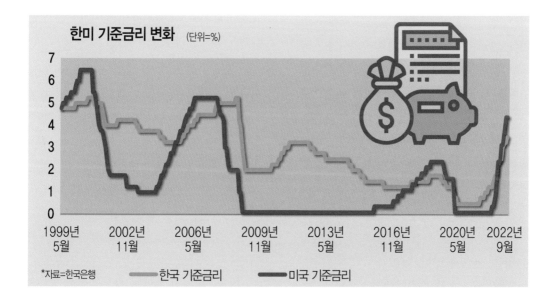

한미 기준금리 변화 (단위=%)

1999년 5월 · 2002년 11월 · 2006년 5월 · 2009년 11월 · 2013년 5월 · 2016년 11월 · 2020년 5월 · 2022년 9월

*자료=한국은행   ─── 한국 기준금리   ─── 미국 기준금리

리 정책을 펴지는 않았다. 하지만 미국을 따라 금리를 낮춰 2015~2022년에 기준금리는 연 1%대를 기록했다. 10년 이상 초저금리가 유지되면 사람들은 금리에 내성이 생긴다. 어쩌면 금리가 낮은 것이 정상적이라고 생각할 수도 있다.

하지만 시간을 조금 더 길게 놓고 보면 저금리가 꼭 자연스러운 것은 아니다. 미국은 1980년대 치솟는 인플레이션을 막기 위해 기준금리를 연 22%까지 올린 적이 있다.

그때는 기준금리가 연 10%를 넘는 것이 자연스러운 시대였다. 1959년부터 2023년까지 미국의 평균 기준금리는 연 4.8% 정도였다. 60여 년간 미국이 초저금리 정책을 편 것은 15년 정도로 25%에 불과하다. 한국도 외환위기 때인 1997년 당시에는 은행 예금금리가 연 20%를 넘을 만큼 고금리 시대를 겪었다. 한국은행 통계를 살펴보면 3년 만기 국고채 금리는 1995년 5월에 평균 14.81%를 기록했다. 3년 만기 국고채 금리를 기준으로 1995년 5월부터 2023년 1월까지 평균금리를 계산해보면 연 4.9%가 나온다. 지금 사회생활이 한창인 30대와 40대는 초저금리 시대에 사회생활을 시작해서 그 시대의 시계에 머물러 있을 수 있다. 하지만 외환위기를 경험한 50대 이상은 초저금리가 오히려 이상할 수 있다.

경제학에 나오는 적정금리를 계산하는 공

적정금리 계산 방식

명목이자율 = 실질이자율 + 예상 물가 상승률

식을 통해서도 금리 수준을 예측할 수 있다. 사람들이 생각할 때 현재의 100원과 미래의 100원은 같은 가치가 아니다. 두 가지 측면에서 살펴볼 수 있다. 우선 물가가 오를 때다. 현재 100원으로 쌀 1kg을 살 수 있다고 가정하자. 그런데 1년 후에 물가가 10% 올라 쌀 1kg 가격이 110원으로 오른다고 생각해보자. 어떤 사람이 현재 100원을 은행에 예금한다면 최소한 화폐가치가 1년 후에도 같은 수준을 유지한다고 생각할 것이다. 은행이 연 10%의 이자를 준다면 이 사람은 1년 후 은행에서 110원을 받아 쌀 1kg을 살 수 있다. 하지만 은행 이자율이 연 10%가 안 된다면 이 사람은 은행에 예금할 이유가 없다. 은행에 예금하면 오히려 돈의 가치가 떨어지기 때문이다. 이처럼 현재 100원의 가치는 미래에도 최소한 동일한 실물과 교환비율을 유지해야 한다. 이 때문에 이자율이 적어도 10%는 넘어야 은행에 예금할 유인이 생긴다.

이 사람은 지금 100원으로 투자를 할 수도 있다. 투자를 한다는 것은 현재를 포기하고 미래에 투자한 원금 이상을 회수할 수 있다는 것을 의미한다. 아주 단순한 예로 이 사람이 지금 100원을 쌀농사를 짓는 데 투자한다면 1년 후에 쌀 1.1kg을 얻을 수 있다고 가정하자. 그럼 이 사람은 현재 100원을 포기하면 미래에 쌀 1.1kg을 얻을 수 있다. 그런데 위의 예처럼 물가가 10%만큼 올랐다면 쌀 1.1kg 가격은 1년 후에 121원이 된다. 이 사람은 투자의 기회비용까지 생각한다면 지금 100원을 포기하고 예금한 대가로 미래에 121원만큼을 요구할 것이다. 물가 상승률과 실질적인 투자 수익률을 동시에 감안하면 이때 이자율은 21%가 되는 것이 적정하다. 미국의 경제학자 어빙 피셔는 이 같은 사람들의 생각을 경제학 이론으로 발전시켰다. 피셔에 따르면 명목이자율은 기대 인플레이션율과 실질이자율을 더한 값이다.

위의 예에서 사람들이 미래의 인플레이션을 예상할 수 있다면 예상 인플레이션율은

이자율은 성장률과 예상 물가 상승률을 더한 수치를 중심으로 움직인다. 성장률이 높거나 물가 상승률이 높아지면 이자율도 올라가는 것은 당연하다. 한동안 정부가 인위적으로 낮췄던 이자율이 한때 급등했다가 서서히 제자리를 찾아가고 있다. 적정 이자율은 연 3% 전후로 보인다.

10%가 된다. 다음으로 실질이자율은 실질 투자 수익률과 거의 비슷하다. 그럼 실질이자율도 10%가 된다. 피셔의 이자율 이론에 따르면 이때 적정한 이자율은 연 20% 수준이 된다. 1% 정도 오차는 있지만 대략 사람들의 생각과 비슷하게 자본시장도 움직인다는 이론이다.

한미 금리 역전 오래 못 간다

피셔의 이론에 따라 2023년 적정이자율도 계산해볼 수 있다. 사람들이 느끼는 실질 투자 수익률은 실질 경제 성장률과 얼핏 비슷하다. 평균적으로 사람들이 동일한 투자 수익률을 얻는다면 이는 경제 성장률 수준이 될 것이기 때문이다. 한국은행에 따르면 2023년 실질 국내총생산(GDP) 성장률 전망치는 연 1.6%다. 또 소비자물가 상승률 전망치는 연 3.5%로 발표했다. 피셔의 이론에 따르면 이때 연간 명목이자율은 3.5%와 1.6%를 합한 연 5.1%가 되는 것이 적당하다. 우리가 일반적으로 얘기하는 이자율은 명목이자율이다. 미국도 비슷한 얘기를 할 수 있다. IMF 전망치에 따르면 2023년 미국의 실질 경제 성장률은 1%, 소비자물가 상승률은 3.5%다. 이를 감안하면 1년 만기를 기준으로 한 적정금리 수준은 연 4.5%로 계산된다. 2024년 성장률 전망치는 1.2%, 소비자물가 상승률 전망치는 연 2.2%다. 2025년 성장률 전망치

는 1.7%, 소비자물가 상승률 전망치는 연 2.04%다.

이를 감안하면 2024년 적정 이자율은 연 3.4%, 2025년은 연 3.7%로 계산된다. 이런 계산 방식이라면 과거와 같은 연 1%대, 또는 제로금리 수준의 이자율은 당분간 오기 힘들다는 논리다.

한 가지 변수는 있다. 2008년 금융위기나 2020년 코로나19 사태 같은 경제위기가 다시 한 번 온다면 그때는 각국 중앙은행이 무분별하게 돈을 풀 가능성이 있다. SVB 사태에 따른 위기가 닥쳤을 때 연준은 시장에서 장기 채권을 사들이는 방식으로 다시 막대한 돈을 풀었다.

그러면서 장기채 금리가 떨어지는 현상이 벌어지기도 했다. 하지만 2번에 걸친 제로금리의 부작용으로 인플레이션이 걷잡을 수 없이 진행된 경험도 동시에 지니고 있다. 위기 때마다 돈을 무작정 푸는 방식으로 대응하는 것에 대한 한계도 각국은 인식하고 있다. 이런 점을 감안하면 위기 징후가 오더라도 과거처럼 부분별한 돈 풀기에 나서지 않을 수 있다. 이 역시 제로금리가 다시 재연되기 어려운 이유다.

한국은 미국과 달리 또 하나의 변수가 있다. 바로 환율이다. 환율이 변동하는 가장 큰 이유로는 한국과 미국 간 금리차에 따른 자본 유출이 꼽힌다. 우리나라가 그동안 미국보다

조금 높은 기준금리를 유지해온 것도 환율의 변동을 막기 위한 것이다. 그런데 2022년 미국이 기준금리를 빠른 속도로 올리는 고강도 긴축을 단행하면서 한국과 미국의 기준금리가 역전됐다.

2023년 4월 기준으로 미국의 기준금리 상단은 연 5%, 한국의 기준금리는 연 3.5%를 유지하고 있다. 미국의 기준금리가 한국보다 1.5%포인트나 높다. 이는 과거에 비춰볼 때 가장 높은 수준이다. 한국과 미국 간 금리 역전은 일시적으로 발생할 수는 있지만 종국에는 우리나라 금리가 미국보다 높아져야 한다. 이를 감안하면 미국 금리가 연 3% 정도라면 한국은 이보다 0.5~1%포인트 높은 금리를 유지하는 것이 자연스럽다.

금리는 시장에서 결정되고 정부가 기준금리로 유도하기도 한다. 하지만 사람들의 상식에서 벗어난 금리 수준은 위기 때나 가능한 일이다. 세계 경제는 2010년 이후 두 차례 큰 위기를 겪으면서 제로금리라는 파격적인 정책이 실현됐고 이 과정에서 많은 사람이 초저금리 시대를 살아왔다. 하지만 위기가 정상화되는 과정이라면 금리는 일정 수준 이상을 유지하는 것이 바람직하다. 미국 금리 기준으로는 연 3%, 한국은 이보다 조금 더 높은 수준이 상식적이라고 할 수 있다. 이보다 금리가 낮아지는 것은 위기가 재발해야 발생할 수 있는 일이다. ■

미국 금리정책의 이해

#장면1

"달러를 금으로 바꿔주지 않겠다."

1971년 8월 리처드 닉슨 미국 대통령이 라디오 연설을 통해 이같이 밝혔다. 전 세계 사람은 귀를 의심했다. 소련이나 중국 등 사회주의 국가에서 나올 법한 얘기가 자본주의와 시장경제의 중심인 미국에서, 그것도 자유주의를 당론으로 내세우는 공화당 대통령 입에서 나왔다. 1960년대 미국은 베트남 전쟁 전비를 마련하느라 달러를 너무 많이 찍어냈다. 당시 브레턴우즈 체제에 입각한 금본위제 아래서는 각국이 달러를 가져오면 미국은 금으로 바꿔줘야 했다. 바꿔줄 금이 부족하자 미국이 금 태환 중단을 선언한 것이다.

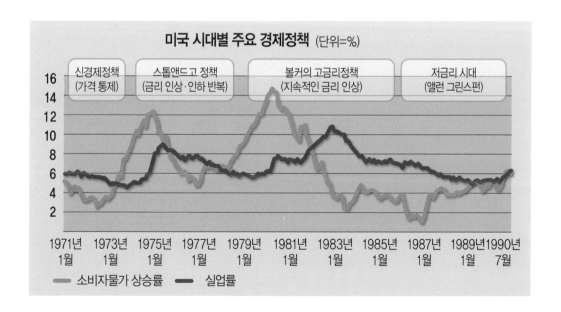

미국 시대별 주요 경제정책 (단위=%)

| 신경제정책 (가격 통제) | 스톱앤드고 정책 (금리 인상·인하 반복) | 볼커의 고금리정책 (지속적인 금리 인상) | 저금리 시대 (앨런 그린스펀) |

─── 소비자물가 상승률　━━━ 실업률

달러를 금으로 바꿔주는 것을 중단하면 달러값은 떨어지고 미국 내 물가는 빠른 속도로 오른다. 이 때문에 미국 정부는 국내 가격도 3개월간 동결하기로 했다. 닉슨은 이를 '신경제정책'이라고 불렀다. 그때 전 세계는 미국이 내세운 시장경제에서는 미국이 불리하면 언제든지 규칙을 바꿀 수 있다는 것을 알게 됐다. 아이러니하게도 당시 이 정책의 실무 기획자가 폴 볼커 미국 재무부 차관보였다.

1970년대 연준 의장이었던 아서 번스는 닉슨의 정책을 뒷받침하기 위해 저금리정책을 유지했다. 미국은 이 정책으로 달러값과 국내 물가를 억지로 안정시켰다. 덕분에 닉슨은 1972년 대통령 선거에서 압승하며 재선에 성공했다. 하지만 공짜는 없는 법. 가격 통제의 후유증이 만만찮았다. 1974년 이후부터 미국 경제는 10%가 넘는 고물가와 7~8%에 달하는 실업률을 기록하며 '스태그플레이션'에 빠져들었다. 찍어눌렀던 가격은 폭발했고 경제는 추락했다. 여기에 '오일쇼크'까지 덮치며 스태그플레이션은 1970년대 내내 미국을 괴롭혔다.

번스 전 연준 의장은 물가가 오르면 금리를 올렸다가 실업률이 높아지면 금리를 내리는 '스톱앤드고' 전략을 반복하면서 물가와 경기 중 어느 하나도 진정시키지 못했다. 이 문제는 1979년 연준 의장으로 선임된 폴 볼커가 기준금리를 연 22%까지 올리면서 겨우 진정

미국이 기준금리를 결정할 때 경제적인 요인만 고려하는 것은 아니다. 오히려 정치적인 요인이 더 큰 영향을 미칠 수 있다. 과거 미국의 금리 결정 사례가 이를 보여준다. 경제에 악영향을 미치는 것을 알면서도 역대 미국 연방준비제도 의장들은 정치적인 금리 결정을 했다.

됐다. 닉슨의 포퓰리즘적 경제정책을 만든 것도 이를 해결한 것도 볼커였다.

볼커는 2013년 노벨경제학상 수상자 마틴 펠드스타인 전 하버드대 교수와 진행한 대담에서 "신경제정책 이후 후속조치가 필요했지만 닉슨 대통령은 후속조치에 관심이 없었다"고 털어놨다.

볼커의 자기 변명일 수도 있지만 정치의 속성을 정확하게 표현한 말로도 들린다. 더불어 연준이 정치논리에서 결코 자유로울 수 없음을 밝힌 말이기도 하다. 정치적 포퓰리즘은 국민을 끝까지 책임지지 않았다. 볼커가 기준

파월 의장 취임 후 미국 기준금리와 소비자물가 상승률 (단위=%)

연준 기준금리 — 소비자물가 상승률

금리를 대폭 올릴 때 닉슨은 야인이었고 인플레이션과 경기 침체에 따른 고통은 고스란히 국민 몫이었다. 볼커의 사례에서 몇 가지 원칙이 보인다.

돈을 많이 풀어 물가가 올랐을 때는 돈줄을 죄는 것에서 시작하는 것이 상식적이다. 돈줄을 죄지 않고 가격을 통제하면 더 큰 화를 자초한다. 닉슨 시절 베트남 전쟁에서 철군한 이후에도 미국의 총통화(M2) 증가율은 10%를 웃돌 만큼 돈 풀기가 계속됐다. 그러면서 행정력을 동원해 가격을 눌렀다. 마치 수도꼭지를 틀어놓고 수면을 손바닥으로 누르는 것 같은 모순된 정책이다. 이런 정책도 단기적으로는 효과를 발휘한다.

하지만 시간이 흐르면 가격은 여지없이 스프링처럼 튀어오른다. 사람들이 이런 정책은 지속 가능하지 않다는 것을 알게 되면서 인플레이션 기대심리가 확산된다. 이때부터는 문제가 한층 복잡해진다. 호미로 막을 것을 가래로 막아야 하는 상황에 처한다. 세월이 50년 가까이 흘렀다. 시장은 발달했고 연준도 여러 의장이 거쳐갔다. 그동안 연준의 행보는 달라졌을까. 제롬 파월 연준 의장 역시 정치적인 통화정책에서 자유롭지 못하다. 또 미국 우선주의도 보인다.

#장면2

2019년 파월 의장은 도널드 트럼프 당시 미

국 대통령과 금리를 놓고 팽팽한 긴장관계를 형성했다. 트럼프 대통령의 철학은 '저금리는 무조건 좋다'는 것이다. 파월 의장이 취임 초 금리를 잇달아 올리자 그를 임명한 트럼프 대통령의 노골적인 비난은 극에 달했다.

트럼프 대통령은 중국과 무역전쟁을 벌이면서 '시진핑 중국 국가주석과 파월 중 누가 미국의 적인가'라며 파월 의장을 비난했다. 파월 의장은 2019년 6월까지 금리 인하를 거부하며 트럼프 대통령과 맞섰다. 그는 2019년 6월 초까지도 "금리정책 변화를 서두를 필요

제롬 파월 미국 연방준비제도 의장은 도널드 트럼프 전 미국 대통령과 금리 논쟁을 벌였다. 처음에는 소신을 지켰지만 결국 정치적 압력에 굴복했다는 평가를 받는다. 이때 금리 결정의 유산은 지금도 영향을 미치고 있다. 금리 정책과 관련한 포퓰리즘은 정파와 시대를 뛰어넘는다.

를 느끼지 못한다"고 했다.

하지만 파월 의장은 2019년 6월 20일 연방공개시장위원회(FOMC) 회의에서 "무역과 글로벌 성장 우려 등 경제에 미치는 역류 흐름이 나타나고 있어 완화적인 통화정책의 근거가 강해지고 있다"며 시장에 금리 인하 메시지를 던졌다. 한 달 후인 2019년 7월 31일 FOMC 회의에서는 금리를 0.25%포인트 내렸다. 6월 초와 6월 말의 발언이 다를 만큼 한 달도 안 돼 시장에 던지는 메시지가 바뀌었고 메시지를 내놓은 지 한 달 만에 실제 금리를 내리는 결정을 한 것이다.

연준은 2019년 9월과 10월에도 잇달아 금리를 0.25%포인트씩 내렸다. 미국은 당시 3%대 실업률과 2% 안팎의 물가 상승률을 기록하고 있어 경제적으로는 금리 인하를 서두를 시기는 아니었다. 시장에서는 트럼프 대통령의 압력에 굴복했다는 비판이 나왔다. 매파도 비둘기파도 아닌 현명함을 가장하지만 속으로는 정치에 굴복한 '올빼미파'라는 평가도 제기됐다.

#장면3

2021년에도 금리 인상 시기를 놓쳤다. 코로나19로 제로금리 시대가 1년 가까이 진행되면서 시중에 막대한 돈이 풀리자 물가가 오르기 시작했다. 2021년 3월 소비자물가는 2.6%를 기록하며 연준 목표치를 넘어섰다.

그래도 파월 의장은 뒷짐을 진 채 움직이지 않았다.

물가 상승 속도는 갈수록 더 가팔라졌다. 2021년 4월 미국 물가 상승률은 4.2%로 올랐고 5월에는 5%를 기록했다. 파월 의장은 여전히 "일회성 물가 상승으로 나중에 사라질 가능성이 큰 만큼 대응하지 않을 것"이라고 했다. 미국 물가는 2021년 12월 7%까지 올랐다.

파월 의장은 "물가는 2022년 말까지 연준의 목표치인 2%에 가깝게 내려갈 것"이라며 안일한 태도로 일관했다.

파월 의장의 금리 인상에 대한 언급은 2022년 1월에 처음 나왔다. 물가가 7.5%까지 올랐을 때. 그는 당시 "조건이 무르익는다면 2022년 3월에 금리를 올릴 수 있다"고 했다. 이후 연준은 2022년 3월에 기준금리를 0.25%포인트 올렸다.

파월 의장은 같은 해 4월 "5월 회의에서는 0.5%포인트 금리 인상이 논의될 것"이라고 했다. 실제 연준은 5월에 금리를 0.5%포인트 올렸다. 5월 회의 직후 파월 의장은 "향후 회의에서 0.5%포인트 금리 인상을 검토할 것"이라며 "0.75%포인트 금리 인상은 적극적으로 고려하는 대상이 아니다"고 했다.

하지만 6월 소비자물가는 9.1%로 치솟았고 연준은 2022년 6월, 7월, 9월, 11월 등 네 번에 걸쳐 금리를 0.75%포인트씩 올렸다.

파월 의장은 긴축 가속페달을 밟기로 확정된 6월 이후에서야 0.75%포인트 또는 그 이상의 금리 인상이 가능하다는 메시지를 계속 내놨다.

1년 가까이 진행된 인플레이션 신호를 무시하면서 파월 의장은 정책에 실기했다는 비판을 받는다.

연준 의장으로서 경제에 대한 판단도 틀렸고 행동은 더 느렸고 시장과의 소통에도 실패했다. 2023년 3월에 SVB 사태로 금융시장이 불안해지자 연준은 금리 인상을 지속하면서도 시중에 막대한 돈을 풀어 장기국채 금리를 떨어뜨리는 이중적인 정책을 폈다. 앞에서는 금리를 올리고 뒤에서는 돈을 푸는 식이다.

연준은 세계 금리를 좌지우지하는 막강한 파워와 권한이 있는 기관이다. 그런데 몇 가지 장면에서 보여준 연준의 행태를 보면 그들이 통화정책을 펴는 원칙은 미국 우선주의와 정치에 휘둘리는 모습을 보이고 있다. 우리나라를 포함한 신흥국은 경제 상황과 더불어 연준의 눈치를 보면서 금리 전망을 해야 하는 처지다.

아울러 신흥국 중앙은행은 자기 나라 정치 상황까지 감안해야 한다. 이래저래 투자자가 금리 정책은 물론이고 금리를 전망하기 위해서는 상당한 수준의 고차 방정식을 풀어야 하는 상황이 됐다. ■

무역수지 적자 시대

우리 경제가 성장하는 이유는 무엇인가? 이 질문의 대답은 비교적 간단하다. 우리 국민의 소비가 늘고 우리나라 기업의 투자가 늘어나거나 수출이 증가하는 것이 이유다. 소비·투자·수출이 늘면 우리나라가 만들어내는 물건의 양은 많아진다. 생산은 늘어나고 성장률은 올라간다. 경제학 교과서에 나오는 아주 기초적인 얘기다.

그럼 질문을 바꿔보자. 소비와 투자는 왜 늘어나는가? 이 질문의 대답은 경제가 성장해 국민의 소득이 늘고 기업의 수익이 늘어나기 때문이다. 경제가 성장을 해서 생산을 많이 하면 물건의 양이 많아지고 가계와 기업은 이를 소비와 투자에 활용할 수 있어 소비와 투자가 늘어난다. 역시 맞는 말이다.

개별 질문에 대한 답은 그럴듯한데 질문과 답 2개를 묶어놓고 보면 뭔가 이상하다. '성장→소비·투자 증가→성장→소비·투자 증가'라는 순환논리에 빠져든다. 논리상으로는 문제가 없는데 과연 뭐가 먼저인지는 헷갈린다.

성장이 소비와 투자 증대를 이끄는 것인지, 아니면 소비와 투자 증대가 성장을 이끄는 것인지 분명하지 않다. 경제를 볼 때 가장 중요한 것은 순환논리에 함몰되지 않는 것이다. 한 방향의 설명은 가능하지만 이것이 '원인과 결과'인지 아니면 '결과와 원인'인지를 꼼꼼히 확인해야 한다.

과거 문재인 정부가 모토로 삼았던 '소득 주도 성장'도 소득 증가가 성장의 과실인지, 아니면 소득이 성장의 원인인지에 대한 정확한 정리가 없었기 때문에 정책을 입안하거나 검증하는 과정에서 오류가 있었다는 비판을 받고 있다. 우리 경제를 전망할 때도 원인과 결과를 생각해볼 필요가 있다.

정부를 비롯한 한국은행과 각종 연구소의 2023년 경제 전망을 살펴보면 일단 우리 경제는 성장 둔화가 불가피하다.

정부와 한국은행이 전망한 2023년 GDP 증가율은 1.6~1.7%다. 2022년 우리 경제가 물건을 100개 만들어 냈다면 2023년에는

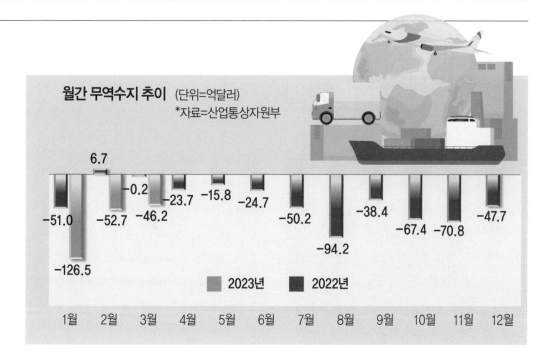

월간 무역수지 추이 (단위=억달러)
*자료=산업통상자원부

6.7
-0.2
-23.7   -15.8   -24.7
-51.0   -52.7   -46.2
-50.2
-38.4
-47.7
-94.2
-67.4   -70.8
-126.5

■ 2023년   ■ 2022년

1월   2월   3월   4월   5월   6월   7월   8월   9월   10월   11월   12월

101.6개 정도 만든다는 얘기다. 우리나라 인구 증가율이 1%가 안 되니 각각이 눈곱만큼 생산 혜택을 늘릴 수 있는 수준이다.

2023년 소비자물가 상승률은 3.5%다. 개인 관점에서 보자면 실질적인 물량 기준으로 소비를 조금이라도 늘리려면 돈으로 환산한 명목소득 증가율이 3.5%보다는 높아야 한다는 계산도 나온다. 2023년 경제 성장률 전망은 2022년 2.5%보다 1%포인트가량 낮아졌다. 그러다보니 경기 침체에 대한 우려도 만만찮게 나온다.

성장률이 둔화되는 이유를 꼼꼼히 따져볼 필요가 있다. 정부는 2023년 민간소비가 2.5% 늘 것으로 예상했다. 성장률 전망치(1.6%)를 웃도는 수준이다. 반면 기업의 설비투자는 2.8%, 건설투자는 0.4% 감소할 것으로 봤다. 소비는 늘어나지만 기업 투자가 줄어들면서 성장이 둔화되는 모양새다.

하지만 앞에서 언급했듯이 투자와 소비는 성장이나 성장 전망에 영향을 받는다. 집안에 몰래 감춰놓은 돈으로 소비를 하지 않는 이상 소비가 성장에 영향을 받지 않고 이뤄지기는 어렵다. 투자도 기업이 내부에 쌓아놨던 사내유보금을 동원하면 모를까 그러지 않으면 성장에 영향을 받는 변수다.

반면 경제 성장을 구성하는 요소 중 수출은 얘기가 조금 다르다. 수출은 우리나라 성장과 소득에 영향을 받는 변수가 아닌 다른 나라 소득과 성장에 영향을 받는다. 미국이나 중국, 유럽 등 우리나라 주요 수출국이 우리나라 물건을 얼마나 살 것인지가 우리나라 수출을 결정하는 요인이다. 우리 경제가 성장한다고 해서 수출이 늘지는 않는다. 이런 점에서 수출은 확실히 성장의 원인으로 작용한다. 수출→성장의 인과관계가 소비나 투자에 비해 명확하다. 정부는 2023년 우리나라 수출이 2022년보다 4.5% 줄어들 것으로 전망했다. 2022년 우리나라가 물건 100개를 해외에 팔았다면 2023년에는 95.5개만 팔 수 있다는 얘기다. 수출 주무부서인 산업통상자원부를 포함한 정부의 정책의지를 담은 수출 전망치가 −4.5%라는 것은 그만큼 수출 여건이 안 좋다는 얘기다. 수출이 감소한 것은 코로나19 때인 2020년 이후 3년 만이다.

2023년 수출 감소는 우리 경제에 특별한 의미가 있다. 먼저 환율효과가 전혀 작동하지 않는 점이다. 한국금융연구원은 2023년 원화 환율 전망치를 1360원으로 제시했다. 2022년 환율 평균치 1292원보다 훨씬 높은 수준이다. 우리나라 연평균 환율은 2019년 1166원, 2020년 1180원, 2021년 1144원 등 1100원대를 유지해왔다. 그러다 2022년 들어 미국 긴축에 따른 '킹달러' 현상이 뚜렷해지면서 연평균 환율은 1290원대로 치솟았다. 환율이 10% 올랐다는 것은 달러로 표시한 우리나라 수출품 가격이 10% 떨어졌다는 얘기다.

그렇다면 우리나라 물건이 해외에서 더 많이 팔리는 것이 정상이다. 그동안 환율이 올라갈 때 우리 경제는 환율효과를 톡톡히 봐왔다.

하지만 2023년에는 평균 환율이 1300원대로 더 오르는데 수출은 감소한다면 그만큼 수출 가격 인하에 따른 수출 증가효과가 거의 없거나 오히려 수출량이 감소한다는 얘기다. 1998년 외환위기 때나 2009년 글로벌 금융위기 때 환율이 1300~1400원대로 치솟았고 이에 따른 효과로 그 다음해 수출이 급증했던 것과는 전혀 다른 양상이 벌어지고 있다.

다음으로 수출 감소는 무역적자로 이어지고 이는 우리나라 외환·금융시장의 불안요인이 될 수 있다. 2023년 러시아·우크라이나 전쟁과 글로벌 공급망 붕괴에 따른 국제 원자재 가격 상승 영향으로 수입이 급증하면서 무역적자 규모가 450억달러에 달할 것으로 무역협회는 추정했다. 무역수지 적자 규모는 글로벌 금융위기 때를 넘어 사상 최대 규모를 기록할 전망이다.

2023년 1분기(1~3월) 무역수지 누적적자는 224억달러를 기록했다. 같은 기간 수출은 전년보다 12.6% 줄어든 1516억달러였고 수입은 2.2% 줄어든 1740억달러를 나타냈다. 2023년에도 무역적자는 불가피한 상황이다.

우리 경제가 2년 연속 무역적자를 기록한 것은 외환위기 직전인 1996~1997년 이후 처음 있는 일이다. 글로벌 경기 둔화에 따른 업황 불안으로 우리 수출을 떠받쳐온 반도체, 석유화학, 철강 업종 등의 수출이 10% 이상 감소할 것으로 예상된다.

무역적자가 성장에 악영향을 미치는 요소인 것은 자명하다. 여기에 무역적자로 해외에서 유입되는 달러가 줄어들면 환율 불안이 발생한다. 2023년 글로벌 경제는 전체적으로 달러 약세가 예상되지만 국내 달러 수급이 꼬이면 원화 환율은 다시 불안해진다. 환율이 불안해지면 외국인 투자자가 동요하게 되고 이는 국내 주식, 채권 등 금융시장의 불안을 심화시키는 요인이다. 1997년 우리나라가 IMF 구제금융을 받는 처지가 된 것도 근본적으로는 무역적자가 심화되면서 달러 수급이 꼬이고 이에 따라 투기자본의 공격 대상으로 전락하면서 벌어진 일이었다. 1990년대는 달러당 원화환율이 800~900원이었다. 지금 생각해보면 당시 우리 경제 펀더멘털보다 환율 수

준이 과도하게 낮아 수출이 줄어들고 무역적자가 커진 시기였다. 하지만 2023년 환율이 1300원대를 넘어서는데도 무역적자 규모가 커지는 것은 우리 경제의 기초체력이 흔들리고 있음을 보여주는 적신호임이 분명하다.

앞으로 한국 경제에서 가장 중점을 둬야 할 경제 변수는 수출이다. 성장에 가장 큰 영향을 미치는 변수가 될 뿐만 아니라 우리나라가 경기 침체를 극복하고 상승 국면에 접어드는 모멘텀도 수출에서부터 발생한다.

과거에도 수출은 경기 침체를 벗어나는 데 첨병 역할을 톡톡히 했다. 무역의존도가 높은 우리나라는 수출이 본궤도에 오르고 무역수지가 흑자 국면으로 전환하기 전까지 경기 반등을 기대하는 것은 시기상조다. ■

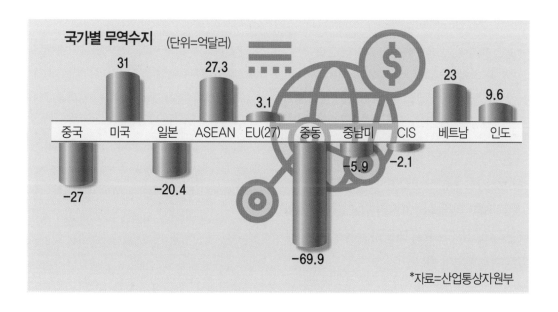

국가별 무역수지 (단위=억달러)

국가	무역수지
중국	-27
미국	31
일본	-20.4
ASEAN	27.3
EU(27)	3.1
중동	-69.9
중남미	-5.9
CIS	-2.1
베트남	23
인도	9.6

*자료=산업통상자원부

환율 1300원의 의미

태풍이 발생할 때면 항상 태풍의 한가운데에 '태풍의 눈'이란 것이 형성된다. 이곳은 태풍의 규모에 따라 20~100km에 달하는 공간이다. 여기에는 태풍 주변과 달리 날씨가 맑고 비바람이 불지 않는다. 태풍의 눈 주변에서는 강풍과 폭우로 막대한 피해가 발생하지만 태풍의 눈에는 이런 피해가 없어 대조가 되는 공간이다. 그럼 태풍의 눈은 안전한 공간일까. 태풍이 이동하지 않고 그곳에서 소멸한다면 태풍의 눈은 매우 안전한 공간이 될 수 있다. 하지만 태풍은 이동하는 것이 대부분이다. 그렇다면 태풍의 한가운데에 있는 태풍의 눈은 가장 위험한 공간이 될 수도 있다. 중심을 지나지 않는 태풍은 없기 때문이다. 태풍이 올 땐 바람이 불지 않고 비가 오지 않는다고 안심하면 안 된다. 태풍의 눈에 있을 수 있기 때문이다. 만약 태풍의 눈에 있을 땐 태풍이 지나갈 것에 대비해 어느 때보다 긴장감을 갖고 준비를 하는 것이 피해를 줄이는 방법이다. 경제위기가 엄습할 때도 현재 상황이 태풍의 눈과 같은 환경에 있는지를 확인하는 것이 중요하다. 이를 확인하는 가장 중요한 지표는 환율이다.

태풍의 눈은 날씨가 맑고 비바람이 불지 않지만 가장 위험한 공간이다. 경제도 마찬가지다. 환율이 1300원을 넘었을 때는 우리 경제가 혹시 태풍의 눈에 있지는 않은지 살펴봐야 한다.

환율은 우리나라 통화와 외국 통화 간 교환비율이다. 가장 많이 거래되는 것이 원화와 달러다. 환율은 기본적으로 외환시장에서 달러의 수급에 따라 결정된다. 달러의 수요보다 공급이 많으면 달러값은 하락하고 1달러당 원화값은 상승한다. 이렇게 되면 환율은 떨어진다. 환율이 1200원에서 1100원이 된다는 것은 1달러를 받기 위해 지급해야 할 원화가 1200원에서 1100원으로 줄어든다는 의미이고 이는 원화값이 상대적으로 올랐다는 얘기다. 국가 간 무역거래를 통해 달러가 드나들기도 하고 금융시장에서는 외국인이 우리나라 채권과 주식을 사기 위해 달러를 들여오기도 한다. 환율은 경제적 요인에 따라 출렁거리지만 때로 북한 핵 문제가 부각되거나 우리나라 정치 상황이 불안해지면 외국인이 한국 투자 자금을 빼는 과정에서 큰 폭으로 상승하기도 한다. 한마디로 정치·경제·사회 등 모든 우리나라와 관련한 정보가 총집결해 환율을 움직인다. 이런 점에서 환율은 국가 위험도를 반영하는 가장 정확한 지표라고 볼 수 있다.

경제위기 때 환율 1300원 넘어

우리나라가 자유변동환율제를 도입한 것은 1997년 12월이다. 이전에는 환율은 사실상 외환당국의 통제 아래 있었다. 외환당국이 통제한다고 해서 환율이 항상 고정된 것은 아니다. 우리나라는 외환관리에 실패하면서 IMF 구제금융을 받는 처지로 전락했다. 이때 환율은 900원대에서 1900원대를 오르내리기도 했다. 자유변동환율제 도입 후 환율은 시장에 맡겨졌다. 정부는 '스무딩 오퍼레이션'이라는 명목으로 외환시장의 급변동을 막는 역할을 한다. 하지만 과도하게 개입해 환율 수준까지 좌지우지한다면 '환율조작국'으로 낙인이 찍힌다.

1998년 이후 환율은 우리 경제의 바로미터로 작용하고 있다. 금융연구원은 2023년 우리나라 연평균 환율이 1360원이 될 것으로 전망했다. 그럼 이 환율은 어떤 수준일까. 먼저 과거 데이터를 살펴보자. 1998년 이후 2023년 2월까지 총 302개월간 월평균 환율이 1300원이 넘었던 적은 총 28개월이 있었다. 기간 비율로는 9.2%에 달한다. 1998년 외환위기 직후에 우리나라 환율은 1300원을 넘어 한때 월평균 환율이 1700원을 넘어설 때도 있었다. 국가위기 상황에서 환율은 이처럼 급속히 오른다. 우리나라 돈이 국제 사회에서 그만큼 인정을 못 받았다는 의미다. 다음으로 2001~2002년 닷컴 버블이 붕괴되고 카드 사태가 터질 당시 우리나라 월평균 환율은 1300원을 넘어섰다. 그다음 2008년 금융위기가 닥쳤을 때 역시 우리나라 환율은 1300원을 넘어서며 원화값이 급락했다. 그리고 2022년 미국이 기준금리를 대폭 올리면서 고강도 긴축에 나설 때 월평균 원·달러 환율은 1300원을 넘었다.

이처럼 환율이 1300원을 넘어서며 급등할 때는 우리나라에 경제위기가 닥쳤을 때다. 1998년 외환위기 때는 우리나라가 태풍의 중심에 있었고 2008년 금융위기 때는 미국발 태풍의 변방에 있었을 때다. 어찌됐건 환율이 1300원을 넘는다는 것은 일종의 위기에 대한 경고라고 볼 수 있다. 우리나라 경제구조를 살펴보면 환율이 급격히 오르는 것이 왜

1998년 이후 원·달러 환율 변동 (단위=원)

외환
위기

금융
위기

코로나
위기

문제가 되는지 파악할 수 있다.

환율은 우리 경제에서 양날의 칼이다. 너무 높아도 안 되고 너무 낮아도 안 된다. 먼저 환율이 너무 낮으면 우리나라 수출이 타격을 받는다. 원가가 1000원인 물건을 해외에서 판매한다고 가정해보자. 원화값이 1달러당 1500원일 때 이 물건의 해외 가격은 0.67달러 정도가 된다. 그래야 우리 기업이 손해를 보지 않는다. 그런데 환율이 1000원으로 내리면 이 물건의 해외 가격은 1달러가 된다. 생산원가는 변하지 않았는데 환율의 변화만으로 물건값이 0.67달러에서 1달러로 50%나 오르게 된다. 이렇게 환율이 내리면 우리나라 물건의 수출이 줄어든다. 물건의 질은 그대로

인데 가격이 50%나 오른 물건이 잘 팔릴 리가 없다. 반면 환율이 1500원에서 2000원으로 오르면 이 물건의 해외 가격은 0.67달러에서 0.5달러로 33% 떨어진다. 같은 물건 값이 33% 하락한다면 해외에서 파는 물건의 양은 늘어난다. 수출의존도가 높은 우리나라는 이렇게 수출이 늘어나면 경제 성장에 도움이 된다. 이런 이유로 우리나라는 정책적으로 고환율 정책을 유지해왔다.

그런데 환율이 너무 많이 오르면 득보다 실이 많게 된다. 원화값이 빠른 속도로 하락하면서 환율이 급등하면 우리나라에 투자한 외국인이 이탈한다. 외국인은 우리나라에 투자하기 위해서는 달러를 원화로 바꿔야 한다.

환율이 급등하면 우리나라에 투자한 외국인은 손실을 입게 된다. 이들은 달러로 수익률을 계산하기 때문이다. 환율이 오르는 시기에는 외국인이 추가적인 손실을 막기 위해 우리나라에서 돈을 뺀다. 이렇게 되면 우리나라 주가와 채권값은 급락하고 금융시장은 매우 불안해진다. 수출이 잘되더라도 금융시장이 불안해지면 우리 경제는 큰 타격을 받게 된다. 이 때문에 환율이 적정 수준을 유지하는 것이 우리 경제에서는 매우 중요하다.

과거를 보면 환율 상승이 우리 경제에 득보다 실을 더 많이 가져오는 기준점이 1200원이었다. 환율이 적당히 오르는 것은 우리 경제에 도움이 되지만 1200원을 넘어서는 것은 너무 과하다는 생각을 하게 된다. 이런 점을 감안하면 1300원대 환율은 과도하게 높다. 수출이 잘되는 효과도 있겠지만 그보다 외국 자본의 이탈로 금융시장이 불안해질 것을 걱정해야 하는 수준이다.

정부가 환율을 떨어뜨리려면 보유하고 있는 달러를 시장에 내놔 달러 공급을 늘려야 한다. 이때 달러값이 떨어져 환율이 내려올 수 있다. 그렇지만 이 경우 정부가 보유하고 있는 외환보유고도 동시에 줄어든다. 과도하게 개입할수록 실탄 역할을 하는 외환보유고가 줄어드는 속도도 빨라진다. 정부의 외환보유고가 줄어드는 것을 감지한 투기세력은 더 거세게 시장을 공격한다. 그러면 환율을 떨어뜨리기 위해 투입해야 하는 달러의 양은 갈수록 늘어난다.

외환보유고는 우리나라 외환시장을 지키는 마지막 보루다. 1997년 우리나라가 IMF 구제금융을 받게 된 것도 외환시장의 과도한 개입과 이에 따른 외환보유고 고갈이 촉매제로 작용했다. 이 때문에 환율 방어에 과도한 외환보유고를 투입하는 것은 오히려 시장의 불안정성을 높일 수 있다. 정부의 시장 개입도 과유불급의 격언이 적용된다.

이처럼 환율이란 정치·경제를 총괄해 국가의 위험도를 보여주는 지표다. 경제뿐만 아니라 우리나라가 북핵 문제 등 정치 외교적으로 어려운 상황이 전개되면 원화값은 떨어지고 환율은 오른다. 환율 1300원은 분명 우리 경제의 기초체력을 시험하는 상황이 될 것이다. 1300원대 환율이 일시적인 상황에 그친다면 우리 경제는 안정세를 되찾겠지만 이 수준의 환율이 장기간 계속된다면 우리나라 경제는 상당한 비용을 치를 가능성이 높다. 1997년 외환위기와 2008년 금융위기도 외환시장이 불안해지면서 한층 심각해졌고 위기를 극복하면서 외환시장이 안정됐다. 그때와 상황이 똑같지는 않겠지만 최근의 정치·경제 상황을 볼 때 환율이 1300원대를 오르내리는 상황이 진정되고 환율이 1200원대 밑으로 떨어지는 것이 우리 경제의 성장을 위해 매우 중요한 요인으로 작용할 것이다. ■

경기변동 수수께끼 풀어보기

많은 사람은 평균적으로 하루에 8시간 정도 일하고 8시간은 쉰다. 대부분의 사람이 실행하고 있는 루틴이다. 과거의 경험을 통해 가장 이상적으로 하루를 사는 방법을 터득한 결과다.

어떨 땐 10시간 일하고 6시간을 쉬기도 한다. 그럼 다음 날엔 쉬는 시간을 늘려 피로를 회복해야 정상 컨디션을 유지할 수 있다. 그런데 만약 어떤 사람이 어느 날 평소의 2배나 되는 16시간 연속 일을 한다면 어떻게 될까. 뭔가 이상하다고 생각하고 원인을 꼼꼼히 파악해보는 것이 상식적이다.

경기의 오르내림을 이해해야

사람이 일하고 쉬는 것처럼 경제도 경기순환이라는 루틴이 있다. 경기는 상승기와 하강기를 반복한다. 경제활동이 왕성해지면서 과열 조짐이 보일 때가 상승기, 이어 경제활동이 둔화되는 시기가 하강기다. 경기는 상승기를 거쳐 경기 정점을 형성하고 이후부터 하강한 후 저점을 거치고 다시 상승한다. 경기 정점에서부터 하강기와 상승기를 거쳐 다음 정점까지 오는 기간이 경기 순환주기다.

경기 순환주기는 자본주의 경제의 가장 근본적인 지표다. 경기 순환주기에 맞춰 개인은 소비 계획을, 기업은 투자 계획을 세운다. 경기가 상승기에 있으면 앞으로 소득이 더 늘어날 것을 예상해 개인은 소비를 늘린다. 그러다 경기가 하강기로 접어들 것 같으면 소비를 줄여 미래를 대비한다. 기업은 경기가 저점을 기록할 때쯤 투자를 늘린다. 미래에 올 상승기에 더 많은 물건을 팔기 위해 준비하는 것이다.

자산 가격도 경기순환과 밀접한 관련이 있다. 주가는 경기변동 흐름에 선행하는 경향이 있다. 경기가 저점 근처를 통과할 때 주가가 미리 오르는 식이다. 주식투자의 시점을 파악하는 데 경기 흐름은 매우 중요하다. 부동산, 가상화폐 등 자산 가격도 경기와 밀접한 관련이 있다. 부동산 가격은 경기에 다소 후행하는 경향이 있다. 투자에 많은 돈이 들어가는 만큼 사람들이 경기 호황기에 소득을 모아 부동산에 투자하기 때문이다. 이 때문에 경기를 정확히 예측할 수 있다면 부동산 투자도 적기에 할 수 있다는 계산이 나온다. 경기순환은 정부 정책의 기준점도 된다.

경기 호황이 지속되면서 과열 조짐을 보일 때 금리를 올려 경기를 진정시키고 경기 침체 국면이 계속되면 금리를 내려 경기를 부양한다. 가상화폐는 아직 경기와 뚜렷한 관련을 찾기는 어렵다. 다만 정부가 경기를 띄우는 과정에서 돈을 많이 풀면 가상화폐도 오르는 경향이 있다.

50년간 11차례 사이클 반복

이처럼 경기에 대한 판단은 매우 중요하다. 경기 순환과정을 잘못 계산해 한번 꼬이면 민간은 소비·투자 계획을 세우기 어렵고 정부도 정책방향을 잡기가 힘들어진다. 특히 한번 순환주기를 잘못 계산하면 이는 향후 경기 흐름을 정의하는 데도 영향을 미치게 된다. 우리나라 경기를 판단하는 통계청은 경기 판단에 대한 오류를 막기 위해 2년 이상 충분히 경제 상황을 파악한 후 정점과 저점 여부를 판단해 발표한다.

역설적이지만 현재 우리나라의 경기 판단이 한번 꼬인 듯하다. 정부와 통계청이 우리나라의 경기 순환주기를 발표한 내용에 따르

사람의 루틴과 경제의 루틴은 비슷하다. 사람도 일하고 쉬는 기간을 반복하듯이 경제도 상승과 하강을 반복하면서 움직인다. 이 같은 순환주기를 이해해야 소비와 투자계획을 잘 세울 수 있다. 경기 순환주기에 대한 이해는 재테크의 기본 중 하나다.

면 1972년부터 우리나라는 50여 년간 11차례 사이클을 반복해왔다. 평균적으로 30개월 정도의 확장기와 20개월가량의 수축기를 거쳤다. 상승기와 하강기를 합한 49개월 정도가 경기 순환주기다.

이 가운데 통계청이 2013년 3월부터 2017년 9월까지 우리 경제가 54개월간 상승 국면을 기록했다고 2019년 9월에 발표했다. 우리 경제의 평균 확장기보다 약 2배 긴 기간에 경기가 상승했다는 얘기다.

이때부터 우리나라 경기는 하강 국면을 기록한다. 통계청은 우리 경제는 코로나19 쇼크가 닥친 2020년 5월에 경기 저점을 통과한 것으로 관측된다고 추정했다. 이를 감안하면 하강기도 32개월에 달한다. 상승 국면이 54

개월, 하강 국면이 32개월로 정의되면 우리 경제의 순환주기는 총 86개월로 과거 평균주기 49개월의 2배에 달한다. 사람으로 따지면 8시간 일하고 8시간 쉬던 사람이 16시간 일하고 16시간 쉬는 식으로 루틴이 바뀌는 것처럼 큰 변화다.

하지만 속을 들여다보면 이해하기 어려운 점이 곳곳에서 발견된다. 경기 판단의 가장 기본인 경기동행지수 순환변동치가 있다. 이는 생산·소비·투자 등을 표시해주는 각종 경제지표를 활용해 현재 경기가 어느 수준에 있는지를 보여주는 지수다.

통계청이 저점이라고 밝힌 2013년 3월에 경기동행지수는 99.7이었다. 이 지수는

2014년 11월과 2015년 7월에는 99.4로 더 떨어진다. 이 지수가 떨어진다는 것은 경기가 더 하강했다는 얘기다. 경기가 더 하강하는 것을 목격하고도 그 시기를 상승 국면이라고 정의한 셈이다.

경기 판단의 참고자료인 실질 GDP 증가율도 2013년 1분기에는 전년 동기 대비 2.3% 성장했으나 2015년 2분기에는 성장률이 2%에 그쳤다.

동행지수도 하락하고 GDP 증가율도 떨어졌는데 경기는 계속 상승 국면이었다는 해석이 어떻게 가능한지 의문이다. 지표는 물론이고 2013년부터 2017년까지 우리 경제가 역사상 최장 기간 상승 국면에 있었던 것으로

체감하는 일도 거의 없다.

2013년 박근혜 정부는 침체된 경기를 살리기 위해 부동산 대출규제를 풀고 건설 경기를 띄우던 시기였고 2017년에는 문재인 정부가 들어서 최저임금을 올리면서 소득 주도 성장 정책을 본격적으로 내놓던 시기였다. 이 시기에 우리나라 사람이 느끼는 체감 경기는 좋지 않았다. 그래도 통계청은 경기가 계속 상승 국면이었다고 해석한 것이다. 금융연구원 등 국내 연구소도 당시 우리나라 경기 순환주기가 짧아지고 있다는 보고서를 내놓던 시기였다. 통계청의 경기 해석은 이 같은 움직임과도 상반된다.

한 번 경기에 대한 해석이 잘못되면 이는 두고두고 영향을 미친다. 통계청은 공식적으로

우리나라 경기주기는 한때 평소보다 2배가량 기간이 늘어났다. 8시간 일하고 8시간 쉬던 사람이 16시간 일하고 16시간 쉬는 것과 같은 변화다. 이 변화가 장기화되면 우리나라 경제 구조도 근본적으로 바뀌게 된다. 경기 순환주기에 대한 판단이 매우 중요해진 이유다.

는 2020년 5월부터 진행된 상승 국면이 언제 끝날지 밝힌 바가 없다.

하지만 경기동행지수 순환변동치의 움직임을 보면 우리나라 경제는 코로나19에 따른 타격을 받았을 당시인 2020년 5월을 저점으로 해서 2022년 10월까지 계속 상승 국면을 보인 것으로 관찰된다. 이때 경기 정점은 2022년 10월이 되고 상승기는 29개월이 된다. 롤러코스터를 타듯이 갑자기 상승 국면이 종전 54개월에서 다시 절반으로 줄어들었다. 경기동행지수 순환변동치로 살펴보면 2022년 11월부터 우리 경제는 다시 하강기로 접어드는 것처럼 보인다. 하지만 직전 상승 국면인 54개월 정도의 상승기가 반복된다면 우리 경제는 2023년에도 상승 국면을 이어갈 수 있다는 해석이 가능하다.

하지만 많은 경제전문가는 2023년 우리 경제가 하강 국면에 진입할 것으로 보고 있다. 체감 경기도 갈수록 얼어붙고 있고 각종 지표도 이를 뒷받침한다.

이때 우리나라 경기 순환주기는 다시 과거의 평균치인 49개월에 근접할 것으로 예상된다. 86개월의 순환주기가 다시 절반으로 줄어드는 것이다. 이처럼 한 번 경기 해석이 잘못되면 이후에도 경기를 제대로 전망하기가 어려워진다. 경기 판단은 재테크의 출발점인 만큼 투자자 나름대로 경기 진단 방법이 요구되는 시점이다. ∎

정치를 이해해야 경제가 보인다

영국 언론은 왜 한국을 때렸나

2009년 글로벌 금융위기 때 파이낸셜타임스(FT)와 이코노미스트 등 영국 유수 언론은 일제히 한국 때리기에 나섰다. 그들은 연일 '한국 경제가 다시 외환위기를 맞을 수 있다'고 대서특필했다. '침몰하는 경제' '정신분열적 정책' 등 표현도 이성보다 감성에 호소하는 자극적인 용어가 대거 등장했다.

달러당 원화값이 폭락하고 단기외채 비율이 높은 점 등이 근거로 제시됐다. 한국이 과연 그만큼 위험했을까. 2009년 우리나라 외환보유고는 2000억달러 내외로 부족한 편은 아니었다. 무역수지도 적자에서 흑자로 돌아섰다. 안심할 수는 없었지만 위기 징후가 뚜렷한 상황도 아니었다. 다소 음모론적인 상상을 해본다. 글로벌 경제위기는 때때로 희생양을 필요로 한다. 한두 나라가 고꾸라지는 동안 다른 나라는 정책을 동원할 수 있는 시간을 번다.'

이런 점에서 영국 언론의 '한국위기론'은 단지 10여 년 전 한국의 외환위기가 선명했기 때문만은 아니었을 수 있다. 1997년과 달리 2009년의 위기는 중심국에서 발발해 주변으로 퍼져나가는 형국이어서 전보다 더 피하기 어려울 것이라고 단정했을지도 모른다. 물론 파도가 주변으로 넘어가면 내부의 둑을 고칠 수 있는 시간을 확보한다는 계산이 은연중에 그들의 행동을 부추겼을 수도 있다. 표적을 찾는 국제 금융자본의 움직임 아래에서 경제안보의 심리가 작동했을 가능성이 있는 것이다. 정치와 경제는 물론이고 언론까지 가세해야 성공할 수 있는 경제안보의 단면을 보여줬다.

역사는 한 번은 희극으로 한 번은 비극으로 반복된다고 했다. 2022년 가을. 영국은 경제안보의 실패 사례를 전 세계에 보여줬다. 파운드화 폭락으로 나타난 영국발 외환위기의 징조는 또 한 번의 상징이다. 이번 영국 사태는 미국의 급격한 금리 인상으로 세계 금융시장이 유리잔처럼 극도로 불안해지는 상황에서 발발했다. 불안정한 금융시장에서 정치 지도자의 신중하지 못한 정책이 언제든 국가를 위기에 몰아넣을 수 있다는 사실을 보여줬다. 영국은 파운드화 폭락 전에 이미 물가가 10% 이상 오르고 있었다. 여기에 러시아·우크라이나 전쟁 여파로 에너지 가격이 급격하게 상승하면서 민생경제의 불안감이 극도로 고조되고 있었다. 경제 불안은 정치 불안으로 이어졌다. '대처의 부활'을 표방하면서 출범한 엘리자베스 트러스 영국 총리는 '감세정책'으로 급한 불을 끄려 했지만 효과는 기대와 정반대로 나타났다. '영국병'을 치유하기 위해 1979년 집권한 마거릿 대처 총리는 감세정책을 내놓으면서 성공했지만 트러스 총리의 감세정책은 대처 때와는 전혀 다른 쪽으로 튀었다. 세원에 대한 방안 없이 감세만을 강조하자 대규모 국채발행을 예상한 금융시장에서

정치와 경제는 동전의 양면이다. 정치를 이해하지 않고 경제를 이해할 수 없고 경제를 이해하지 않고 정치를 이해할 수 없다. 어느 한쪽으로 치우치면 세상을 100% 올바르게 볼 수 없다. 2022년 영국의 사례는 정치와 경제가 어떤 관계에 있는지를 명확하게 보여준다.

국채금리가 폭등하고 파운드화가 폭락했다. 국가 신인도는 떨어졌고 이 틈을 노린 투기세

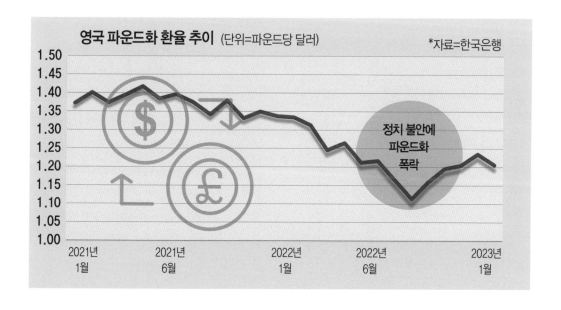

영국 파운드화 환율 추이 (단위=파운드당 달러)   *자료=한국은행

력이 가세했다. 외환시장에서 파운드화는 하루 만에 5% 이상 급락하며 위기감을 키웠다. 이는 순식간에 영국 내 금융시장으로 파급됐다. 금리가 빠른 속도로 올랐고 금융회사는 주택담보대출을 중단하기에 이르렀다. 무모한 정책이 국제 금융시장을 거쳐 국내 민생 위기로 순식간에 번지는 현상을 영국인은 목격하게 됐다. 트러스 총리의 감세안은 정치적으로도 갈등을 폭발시켰다. 연소득 15만파운드 이상에 부과하던 소득세를 45%에서 40%로 인하하는 감세계획은 민생고를 겪는 국민 사이에 큰 정서적 반감을 불러일으켰다. 여기에 복지급여의 물가연동제를 폐지해 사실상 복지급여를 축소하겠다는 계획은 저소득층의 정치적 이반까지 초래했다. 야당인 노동당은 물론이고 집권당인 보수당 내부에서도 정책에 반대하며 아우성쳤다. 심지어 취임한 지 얼마 안 되는 트러스 총리가 얼마 가지 않아 교체될 것이란 풍문까지 돌았다.

2022년 들어 경제 성장률이 떨어지고 무역수지 적자가 늘어나면서 경제의 기초체력이 약화된 가운데 발생한 정책의 혼선과 정치적 내분은 외환시장과 자국 금융시장 모두를 위기로 빠뜨렸다. 이는 민생의 불안감을 자극하면서 정치적 갈등을 더욱 과열시켰다. 운동장이 울퉁불퉁할 땐 축구공이 어디로 튈지 모른다. 불안정한 금융시장에 미숙한 정치와 이에 따른 서투른 정책 판단은 언제든 국가를 경제위기로 몰고 갈 수 있다. 급기야 영국이 부자감세를 철회하며 시장의 급한 불은 껐지만 경제 불안과 정치 불안의 여진은 계속 남아 있다.

한국 정치 분열 위험수위

영국은 우리나라보다 경제규모가 크고 금융·외환시장의 개방도와 발전 정도도 앞서 있다. 영국통화인 파운드화는 많은 국가에서 통용되는 기축통화로 인정받고 있다. 그럼에도 영국은 1976년 외환위기를 겪었고 IMF에서 40억파운드에 달하는 구제금융을 받아 불을 끄는 처지로 전락했다. 영국 정도의 경제와 외환시장 규모로는 국제 금융시장에서 투기세력의 공격을 막아내기에 한계가 있다는 것을 보여준 사건이다. 영국보다 경제규모가 작고 금융·외환시장의 발달 정도도 낮은 수준인 우리나라에 언제 위기가 닥칠지 안심할 수 없는 상황이다. 특히 기축통화로 불리는 영국 파운드화에 비해 원화의 국제화 정도는 훨씬 떨어진다. 영국의 사례는 우리에게 많은 교훈을 준다.

코로나19로 전 세계가 막대한 돈을 풀면서 금융시장은 작은 충격에도 흔들릴 만큼 예민해졌다. 여기에 미국의 급격한 금리 인상 정책은 불안정성을 한층 자극했다. 언제, 어디서든 위기가 발생해도 이상하지 않을 만큼 비상 상황이다. 대부분 국가가 물가 상승 속 경기

**한국 경제 경고음이 커지고 있다.
실물경제에서 무역수지 적자가 늘어나고
있고 금융 부문에서 한미 금리 차가
확대되고 있다. 여기에 정치의 분열상은
갈수록 심해지고 있다. 경제는 대외환경에
따라 좌우되지만 국내 정치는 우리나라의
수준을 보여준다. 협치가 요구되는
상황이다.**

침체라는 스태그플레이션 문제에 직면해 있다. 금융긴축을 편하게 할 수도, 재정정책을 적극적으로 펼칠 수도 없는 상태다.

상충하는 상황에서 외줄타기와 같이 정책의 균형을 잡기가 매우 어려운 시기다. 어떠한 요인에서든 균형이 깨지면 바로 금융·외환시장의 동요로 진입할 가능성이 높다. 한국도 마찬가지다.

원화값은 글로벌 금융위기 수준까지 떨어졌고 통화 재정정책의 공간은 갈수록 줄어들고 있다. 성장률이 둔화되고 무역적자는 확대되면서 경제의 기초체력은 갈수록 약해지고 있다. 이럴 때일수록 정책은 정교하고 치밀해야 한다. 특히 글로벌 긴축 국면에서 매번 신흥

국에 위기가 발생했다는 점을 감안할 때 정책의 신중함이 더욱 요구된다. 2023년 4월 한국과 미국 간 금리차는 사상 최고치까지 벌어졌다. 한국의 무역수지는 2022년에 이어 2023년에도 계속 적자 기조를 이어가고 있다. 수출은 줄어들고 수입은 늘어나면서 발생한 현상이다. 침체된 경기를 감안하면 정부가 경기부양에 나서야 하지만 이 과정에서 재정적자가 커지면 국가 신인도가 떨어질 수 있어 딜레마 상황이 벌어지고 있다. 여기에 정치의 분열상은 극단을 달리고 있다. 정치의 분열은 곧바로 경제 충격으로 이어진다. 영국 사례가 이를 극명하게 보여줬다. 정치가 실종되고 정책이 정교하지 못하면 경제안보는 한층 더 불안해진다.

영국은 취임한 지 몇 주 되지 않은 트러스 총리와 '가미카제(Kamikaze)'에 빗대 '가미콰시(Kamikwasi)'로 불리는 쿼지 콰텡 재무장관의 무모한 정책 실험이 국내 위기를 넘어 국제 금융시장의 동요까지 가져왔다. 유사한 상황은 어느 나라에서도 일어날 수 있다. 당연히 한국도 예외가 아니다. 글로벌 경제의 불안정성이 발현되면 금융·외환시장의 망을 타고 위기가 전 세계로 파급되는 감염효과(Contagion effect)가 나타난다. 위기를 피할 수 있는 지혜를 모아야 할 때다. 위기일수록 정치와 경제는 한 몸이 돼야 한다. ■

살얼음판 국제금융 생존 전략

자본주의 큰 위기의 징후

자본주의 역사에서 작은 위기는 과거와 유사한 형태로 다가왔지만 큰 위기는 전혀 새로운 형태로 닥쳤다. 예를 들어 경기 침체로 사람들이 일자리를 잃고 소득이 줄어드는 위기는 10~20년 주기로 매번 반복된다. 그 숙제를 풀기 위해 수많은 경제학자가 매달렸지만 해법을 내놓지는 못했다. 다만 예측하고 대비하는 노력은 기울이고 있다.

반면 큰 위기는 사람들이 생각지도 못했던 곳에서 터졌다. 이때는 예상도 못했고 준비도 못했기에 파장이 걷잡을 수 없이 커진다. 해법도 종전과는 전혀 다르게 진행됐다.

1920년대 대공황. 당시 사람들은 물건을 못 만드는 것이 문제라고 생각했다. 물건만 많이 만들어 놓으면 어떻게든 다 팔리고 잘 될 줄 알았다. 그런데 물건이 산더미처럼 쌓여 있는데 이걸 사갈 수 있는 사람이 없었다. 그렇게 대공황이라는 위기가 발생했다. 만들어놓은 물건을 팔지 못하자 공장이 문을 닫고 수많은 사람이 거리로 내몰렸다. 사람들은

해법을 찾지 못해 갈팡질팡했다. 존 메이너드 케인스가 자본주의 경제는 공급이 문제가 아니고 '유효수요'가 문제라며 정부에 강력한 개입을 촉구했다. 이런 해법이 등장하기 전까지 사람들은 속수무책으로 당했다.

1970년대 스태그플레이션. 당시엔 정부가 돈을 풀면 물가는 오르더라도 경기는 띄울 수 있을 거라고 생각했다. 하지만 현실은 정부가 돈을 풀었지만 물가만 올랐고 경기 침체는 더 심해졌다. 인플레이션과 경기 침체(리세션)가 동시에 발생하는 현상을 스태그플레이션이라고 이름 붙였다. 이번엔 밀턴 프리드먼이 등장해 인플레이션의 위험성과 통화관리의 중요성을 역설했다. 기준금리를 20% 넘게 올리면서 물가를 잡자 비로소 경제가 안정됐다. 수많은 피해를 보고 난 뒤였다.

2008년 글로벌 금융위기는 사람들의 탐욕이 낳은 부동산 거품이 무너지면서 발생한 금융 시스템의 붕괴다. 거품 붕괴와 이에 따른 금융위기는 과거에도 수 차례 있었다. 위기의

양태가 생소한 것은 아니었다. 하지만 그 해법으로 무제한 통화 공급을 일컫는 양적 완화(QE)라는 정책이 처음으로 등장했다. 거품이 가득할 때는 긴축으로 거품을 제거하는 것이 과거 사례였지만 미국은 통화 공급이라는 또 하나의 거품을 통해 거품 붕괴를 막는 일종의 '이이제이' 정책을 취했다. 이 정책이 미래에 더 큰 문제를 야기할 것이라는 우려가 있었지만 미국 정책 담당자들은 미래보다 현재를 택했다.

미국 은행 파산의 새 국면

2023년 SVB 파산 사태로 불거진 미국발 은행위기는 단연 생각지도 못한 상황이다. 과거의 선례가 없을 뿐만 아니라 상상하기도 힘들었다. 이 점에서 사상 초유의 위기로 번질 가능성이 농후하다. 여러 가지 측면에서 그렇다. 먼저 사태의 원인이 파격적이다. 과거 금융위기는 은행이 대출이나 여신을 제공한 가계나 기업이 대규모로 부실화되면서 이 충격을 견디지 못해 무너지면서 발생했다.

하지만 SVB는 예금의 상당부분을 최우량 자산인 미국 국채에 투자했지만 금리 인상의 충격을 견디지 못하고 무너졌다. 이 충격은 다른 은행으로까지 확산 중이다. 개별 금융회사 자금운용의 문제가 아닌 시스템의 문제로 번질 가능성도 있다.

이 사태의 원인이 된 것이 디지털화에 따라

미국 실리콘밸리은행(SVB)의 파산은 세계 경제에 큰 충격을 안겼다. 부실이 없어도 은행이 망할 수 있고, 클릭 몇 번으로 은행 예금을 찾을 수 있는 시대에는 뱅크런 속도가 과거와는 비교할 수 없을 정도로 빨라졌다. 한국 상황도 다르지 않다. 위기를 피해 가기 위한 묘수가 필요하다.

광속으로 빨라진 '뱅크런' 속도라는 점도 역설적이다. 은행이 불안해지더라도 과거에는 사람들이 은행 창구에서 예금을 찾을 때 예금 인출에 시간이 걸렸다. 또 은행 창구 직원을 만나 상담하는 과정에서 안전하다는 설명을 들으면 예금을 찾지 않고 돌아가기도 했다. 은행은 이렇게 예금자 심리를 진정시키면서 시간을 확보하고 이 시간을 활용해 자산을 팔거나 대출을 회수해 예금을 돌려줄 수 있었다. 이러면 은행은 망하지 않는다. 하지만 SVB 사태에서는 예금자가 스마트폰을 이용해 광속으로 예금을 빼내 은행은 속수무책으로 당했다. 디지털화는 효율성을 높이는 '천사로

다가왔지만 언제든지 '악마'로 돌변할 수 있다는 점을 여실히 보여줬다.

인플레이션을 막기 위한 긴축정책과 금융위기가 동시에 발생한 점도 이례적이다. 과거 기준금리를 올리는 긴축정책이 진행될 때는 대출의 부실화가 진행된다. 돈을 빌린 개인이나 가계가 높은 금리를 부담하지 못하고 부도 처리되는 일이 많기 때문이다. 이럴 땐 금융회사가 개인과 기업의 옥석 가리기를 통해 일종의 구조조정 역할을 담당하기도 한다. 하지만 금융회사 파산과 긴축이 동시에 진행되면 구조조정을 진행할 주체가 사라진다. 금융회사가 무너지면 여신관리를 할 주체가 사라지고 개인과 기업의 부실화가 커지면 위기의 파장은 더욱 커진다.

미국 긴축에 따른 전염 경로도 달라졌다. 과거 미국 긴축에 따른 충격은 신흥국을 포함한 다른 나라에 고스란히 전가됐다. '미국 금리 인상→신흥국 자본 이탈→금융시장 불안→신흥국 위기'가 전통적인 경로다. 하지만 이번에는 미국 긴축의 충격이 미국에서 직접 터졌다. 이후로도 선진국인 유럽 스위스와 독일로 전이됐다. 선진국에서 선진국으로 전이되는 위기는 흔한 현상이 아니다.

발상을 깨는 아이디어 필요

이런 점에서 이번 위기 국면은 과거에 한 번도 경험하지 못한 것이다. 케인스나 프리드먼처럼 기존 발상을 깨는 파격적인 아이디어가 나와야 해결이 가능한 숙제처럼 보인다. 한

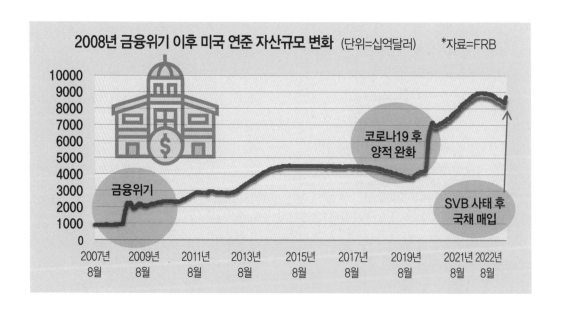

2008년 금융위기 이후 미국 연준 자산규모 변화 (단위=십억달러) *자료=FRB

금융위기

코로나19 후 양적 완화

SVB 사태 후 국채 매입

가지 분명한 점은 문제는 미국에서 발생했지만 이 문제를 해결하는 과정에서 피해는 다른 나라가 볼 가능성이 높다는 것이다. 미국은 항상 문제를 그렇게 풀어왔다. 벌써부터 그런 조짐이 보인다. 미국이 SVB 예금자에 대해 '전액 보호'라는 카드를 내밀었다.

또 유동성 위기를 겪고 있는 은행이 미국 국채나 주택저당증권(MBS)을 들고 오면 연준이 액면가로 담보가치를 평가해 최장 1년 만기로 대출을 해주기로 했다. 예금 전액 보호는 예금자 책임을 묻지 않는 것이다. 금리 상승에도 액면가로 담보가치를 평가해 대출해준다는 것은 금융회사에 책임도 묻지 않겠다는 얘기다. 모두가 도덕적 해이(모럴해저드)를 부추기는 조치다. 이 과정에서 연준 자산은 다시 큰 폭으로 늘어났다. 연준이 시중에 돈을 공급하고 시중 국채 등 자산을 매입하면 자산이 늘어난다. 연준이 나서야 할 만큼 상황이 어렵다는 얘기다.

미국의 이런 조치는 어느 정도 효과를 거두겠지만 그 불똥은 다른 나라로 튈 수 있다. 다른 나라 은행도 미국과 유사한 시스템을 갖추고 있다. 이런 가운데 글로벌 금융회사는 유동성 부족 사태가 발생하면 미국 국채를 팔기보다 다른 나라에서 자금을 회수할 가능성이 높다. 또 미국이 예금 전액 보호를 해준다고 하면 다른 나라에 있는 금융회사는 상대적으로 불안감이 커진다. 미국처럼 예금 전액 보호를 해주기에는 재정 여력이 부족한 나라가 많다. 원인은 미국이 제공했고 사태도 미국에서 터졌지만 다른 나라가 더 위험한 상태다.

미국을 비롯한 세계 금융시장은 미국발 금융위기 가능성에 인플레이션 위험까지 떠안으면서 극도의 혼란상을 이어갈 전망이다. 특이한 것은 두 위험이 '상호 대체적'이라는 점이다. 시스템 리스크가 커지면 미국은 금리를 올릴 수 없다. 이때 미국 긴축에 따른 위험은 줄어든다. 미국 국채까지 액면가로 사주겠다는 대책을 내놓은 마당에 연준이 공격적으로 금리를 올리기는 어렵다. 그렇다고 인플레이션 위험이 사라진 것은 아니다. 금융 시스템이 어느 정도 안정되면 곧바로 인플레이션 위험이 현실화된다. 당분간 두 가지 위험이 상호작용을 하면서 글로벌 금융시장을 뒤흔들 것으로 보인다.

금융위기가 심화되면 인플레이션 위험이 줄어들면서 미국 채권과 금 등 안전자산에 돈이 몰린다. 투자자는 보고 싶은 것만 본다. 위기가 심화되는 것은 보지 못하고 인플레이션 위험이 줄어드는 것만 봐서 공격적인 투자를 하기도 한다. 하지만 인플레이션 리스크가 줄어드는 것은 더 큰 위험이 도사리고 있기 때문이다. 금리가 떨어진다고 공격에 나서기보다는 더 큰 파도가 몰려오는 데 따른 대책이라는 점을 인식하고 방어를 우선적으로 하는 것이 맞는 방법이다. ■

경제안보에 대한 이해

흔들리는 미국 달러 패권

2023년 사우디아라비아가 중국과 위안화 대출 협력을 맺었다. 중국 수출입은행이 위안화를 사우디 국영은행에 대출해주고 사우디는 이 돈을 양국 무역 관련 자금에 사용한다는 내용이다. 이에 앞서 시진핑 중국 국가주석은 2022년 12월 사우디를 방문하고 양국 간 '전면적 전략 동반자 관계 협정'을 체결했다. 중국과 사우디의 관계 개선이 눈에 띈다. 이는 미국과 사우디 간 관계가 소원해지는 것을 의미하기 때문이다. 사우디를 비롯한 산유국 연합체인 OPEC플러스(+)는 2023년 4월 하루 100만달러 규모 감산 결정을 내렸다. 이 같은 조치로 국제유가가 급등했다. 미국은 즉각 "시장 불확실성을 키우는 감산 발표는 현명하지 않다"고 비판하는 성명을 냈다.

원유의 100%를 수입하는 한국에 국제유가 급등은 매우 민감한 이슈다. 또 사우디가 미국 의사에 반하는 원유 감산을 주도하고 중국과 친밀해지는 것은 국제질서를 근본적으로 뒤흔들 수 있다는 점에서 주목된다. 미국과

달러 시대가 위기를 맞고 있다. 미국이 경제위기 때마다 돈을 풀어 달러값을 떨어뜨렸다. 여기에 국제적으로도 달러 질서에 반대하는 움직임이 강해지고 있다. 중국과 사우디의 결합이 특히 눈에 띈다. 달러 패권을 지키기 위한 미국의 힘과 여기에 저항하는 다른 나라의 힘이 맞서는 상황이다.

사우디 간 관계는 1970년대로 거슬러 올라간다. 미국은 1971년 '달러를 금으로 더 이상 바꿔줄 수 없다'는 금 태환 중단 결정을 발표했다. 이전에는 달러를 항상 금으로 바꿀 수 있었고 이것이 달러가 국제통화로 자리매김한

근본적인 원인이다. 하지만 금 태환 중단 결정으로 미국 달러는 신뢰를 잃어버리게 됐다. 이는 달러가치 하락으로 이어졌다. 이때 미국의 외무장관 헨리 키신저가 사우디를 방문해 양국 간 협정을 맺었다. 미국이 사우디 왕실의 안전을 보장해주는 대신 사우디 원유 결제는 달러로만 한다는 이른바 '페트로 달러' 협정이다. 당시 석유는 모든 나라에 필요한 자원이었다. 석유가 없이는 아무것도 할 수 없는 시대였다. 사우디는 최대 산유국이다. 사우디에서 원유를 수입하려면 달러가 반드시 있어야 했다. 금 태환 중지로 세계 각국에서 달러를 보유하지 않으려는 분위기가 팽배해지는 가운데 '페트로 달러' 협정은 원유를 수입하려면 달러가 반드시 필요하다는 인식을 심어줬다. 이를 계기로 미국은 달러가치 안정이라는 이익을 얻었고 달러는 글로벌 기축통화 지위를 유지할 수 있었다. 이렇게 사우디는 1970년대 이후 50여 년이 넘게 미국과 찰떡궁합이었다. 이 때문에 2023년 들어 사우디가 미국 대신 중국을 파트너로 삼으려는 움직임을 보이고 있는 것은 국제질서를 요동치게 만들 수 있는 요인이다.

경제안보 시대 본격 도래

경제안보 시대가 본격적으로 도래했다. 경제와 안보가 한 몸으로 움직이는 시대다. 정치가 경제와 직결되고 이는 외교와도 연결된다. 경제안보를 이해하지 않고서는 경제를 논하기 어렵다. 한 나라의 정치·경제·외교 정책을 다시 세워야 할 시점이다. 미국, 중국, 일본 등 강대국에 둘러싸여 있는 한국은 어느 때보다 외교안보가 중요해졌다. 경제 통상은 물론이고 북핵 문제 등에서 한국이 어떤 방침을 세우고 강대국과 외교를 진행해야 하는 상황이다. 경제가 무너지면 안보도 지키기 어렵고 안보가 무너지면 경제도 함께 무너지는 시대다. 이처럼 전 세계에서 정치·외교·안보 문제가 서로 맞물려 복잡하게 돌아가고 있어 경제에 대한 이해와 함께 외교안보 문제의 이해력도 높이는 것이 중요하다. 각종 경제안보 이슈를 살펴보자.

한국과 미국은 일단 외교적으로는 가장 가까운 나라다. 하지만 경제적으로는 서로 간에 껄끄러운 일이 계속 벌어지고 있다. 가장 대표적인 사례가 IRA를 둘러싼 문제다. IRA는 조 바이든 미국 정부의 재정 지출을 줄이고 세금 수입은 늘려 재정적자를 줄인다는 게 골자다. 재정 지출 감소를 통한 인플레이션 억제는 연준이 추진하고 있는 금리 인상에 비해 효과는 매우 미흡하다. IRA에 인플레이션이 없다는 얘기가 그래서 나온다. 특히 한국과 밀접하게 관련된 독소조항이 있다. 바로 미국 정부가 전기자동차에 대해 지급하는 최대 7000달러에 달하는 세액공제와 관련된 부분이다. IRA는 세액공제 혜택을 받으려면 전

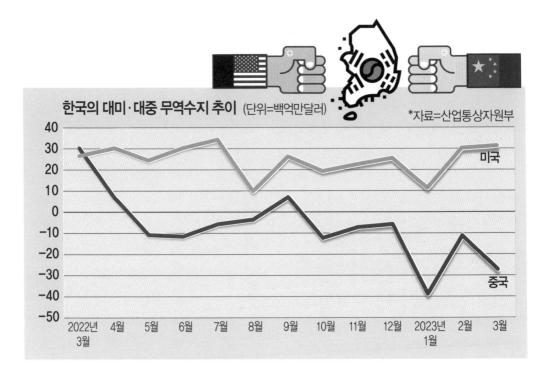

한국의 대미·대중 무역수지 추이 (단위=백억만달러) *자료=산업통상자원부

기차 핵심부품인 배터리에 들어가는 소재의 50% 이상을 북미에서 제조한 것을 사용해야 한다. 배터리 핵심광물은 미국 또는 미국과 자유무역협정(FTA)을 체결한 국가에서 채굴·가공한 광물을 40% 이상 사용해야 한다. 한국 기업에는 한마디로 미국과 FTA를 체결하지 않은 중국에서 만들어진 부품이나 광물을 사용하지 말라는 얘기다. 다만 미국과의 FTA 미체결국에서 채굴·수입된 재료를 한국에서 가공해 50% 이상의 부가가치를 창출해도 된다는 예외조항을 넣었다. 하지만 전기차에 들어가는 배터리 부품은 2024년부터, 핵심광물은 2025년부터 '외국 우려단체'에서

조달해서는 안 된다고 규정했다. 외국 우려단체에는 중국 기업이 상당수 포함될 것으로 예상돼 우리나라는 각각 2024년과 2025년까지 중국 기업 외 대안을 마련해야 하는 상황이다. 자유무역국가를 표방하는 미국에서 IRA 같은 강도 높은 보호무역을 들고나올 것이라고는 예상하지 못했다. 이처럼 국가의 이익 앞에서는 이데올로기도 내버리는 것이 국제사회의 현실이다.

우리나라는 중국과 외교적으로 서먹해지고 있다. 이와 함께 대중국 무역적자도 계속 늘어나고 있다. 산업부에 따르면 2023년 3월 우리나라의 대중국 무역적자는 27억7000만

달러를 기록했다. 대중 적자는 2023년 1월 39억3000만달러, 2월 11억4000만달러를 기록한 바 있다. 우리나라의 최대 교역국이면서 한때 최대 흑자국이었던 중국이 이제는 원유를 수입하는 중동을 제외하면 최대 적자국으로 바뀌었다. 경제적으로 중국 기술이 발전함에 따라 우리나라와의 무역수지가 개선되는 측면이 있지만 중국과 외교관계가 냉랭해지면서 교역에서 어느 정도 타격을 받을 수밖에 없는 측면도 있다. 우리나라는 경제적인 부분과 더불어 외교적으로도 활로를 모색해야 하는 상황이다. 특히 미국이 중국을 압박하려는 움직임이 점차 강해지고 있고 중국이 여기에 반발하고 있어 두 강대국 사이에서 우리나라가 효율적인 전략을 세우는 것이 가장

우리나라는 정치적으로는 미국, 경제적으로는 중국과 밀접한 관련이 있다. 중국 무역환경은 갈수록 악화되고 미국은 중국을 압박하는 전선에 한국의 적극적인 동참을 요구한다. 한국은 고래싸움에 새우 등이 터지듯 될 수도 있고 새로운 외교적 해법으로 번영의 길을 모색할 수도 있다.

중요한 국가 과제 중 하나가 됐다. 이 때문에 미·중 간 갈등이 어떻게 전개되는지에 따라 우리나라 시장도 요동칠 것으로 보인다.

북핵 문제와 대만 문제 등도 우리나라에 영향을 미치는 요인이다. 2023년 들어 북한은 하루가 멀다 하고 동해상으로 미사일을 발사하며 동북아시아에 긴장감을 높이고 있다. 북한은 수 차례에 걸쳐 '강력한 핵무장 국가로 만들 것'임을 천명했고 핵을 자국의 안전을 위해서만 사용하는 것을 넘어 '선제적 타격'까지도 가능하다고 밝히고 있다. 미국 전문가들도 "북한은 사실상 핵보유국"이라면서 북핵 문제가 새로운 국면에 돌입했다고 보고 있다. 북한은 미국과 군축협상을 통해 한미동맹을 약화시킬 의도를 지니고 있다. 이런 점에서 한국·북한·미국 간에 북핵 문제를 둘러싸고 새로운 게임의 법칙이 나올 가능성도 있다.

중국은 최근 남중국해와 대만 문제 등을 놓고 매우 공격적인 자세를 취하고 있다. 이는 시진핑 국가주석 3연임이 확정된 후 중국 내부 정치에서 권위주의가 팽배해지는 것과 관련이 깊다. 이 과정에서 대만이 미국과 밀착하려는 움직임을 보이자 중국은 대만 봉쇄 훈련 등으로 강하게 압박하면서 미국과 대립하고 있다. 대만에서 긴장이 고조되면 중국이 미국 전력을 분산시키기 위해 남북 간 긴장감도 높일 수 있어 한국 또한 예의 주시하고 있는 부분이다. ▪

주식

위기에 강한 주식으로 맘 편한 포트폴리오

시작은 미약했지만 끝은 텐배거 도전주

왜 월가는 테슬라 대신 페라리를 선택했나

경제적 해자 깊게 판 종목에 빠져들기

지배구조 개편에 반값된 지주사 투자할까

워런 버핏이 분산투자하는 이유

SM처럼 튀어오를 지분경쟁 후보군은

PSR로 본 美·中 고래싸움 피할 주식

31조 현금폭탄, 배당성장주 리스트

재고 회전 빠른 명품주는

삼성전자가 콕 찍은 M&A 가치 높은 곳

삼성전자, 지금 사면 4년 내 원금 회수 가능한 이유

시작은 미약했지만 끝은 텐배거 도전주

'네 시작은 미약하였으나, 네 나중은 심히 창대하리라'는 성경 욥기의 유명한 구절이다. 욥기는 전형적인 고난 극복과 인생 역전 스토리다. 사탄이 욥의 재산과 건강까지 모두 빼앗아 갔지만 그는 '꺾이지 않는 마음'으로 전진한다.

결국 모든 재앙을 버텨낸 욥은 이전보다 더 많은 재산을 축적한다. 당시 재산은 양, 낙타, 소의 마릿수로 계산되는데 그의 자산이 최대 10배까지 뛴 것이다.

국내에서도 주가가 10배 오른 '텐배거(ten bagger)' 주식은 이런 욥기의 '천로역정'(고난 극복으로 천국에 이르는 여정)을 담고 있다.

2012년부터 2022년까지 주가가 1000% 넘게 오른 주식은 10년 전에 망하기 일보 직전이거나 적자로 신음하던 종목이었다. 이 같은 과거 텐배거 종목의 특징을 현시점에 대입해 10년 후 대박을 칠 종목을 선점하는 것이 주가 조정기 재테크족의 덕목으로 꼽힌다.

금융정보 업체 에프앤가이드의 10년간 빅데이터를 이용해 2022년 연간 실적 추정치가 있는 종목 280곳을 분석했다. 조사 당시 연간 실적이 나오기 직전이어서 편의상 추정치를 적용했다.

실적 추정치가 있는 종목은 증권사가 주목하는 곳으로 시장에서 이름난 종목 중에서 텐배거가 나온다는 것이다. 280곳 중 2012년 말 대비 2022년 말 주가 수익률이 1000%가 넘는 곳은 엘앤에프, 포스코케미칼, 피엔티, JYP엔터테인먼트 등 4곳뿐이었다. 텐배거 종목을 고를 확률은 1.4%인 셈이다.

업종별로 보면 3곳이 전기자동차 관련주다. 이는 ESG(환경·책임·투명경영) 바람에 따른 '머니 무브' 덕분이다.

테슬라처럼 대박 난 엘앤에프

ESG는 1972년 로마클럽이 낸 '인류와 지구의 미래에 대한 보고서' 이후 꾸준히 제기돼 왔다. 그러나 막상 돈의 흐름을 바꾼 계기는 세계 최대 자산운용사 블랙록의 래리 핑크 회장이 보낸 서신이었다. '앞으로 기업에 투자할 때 ESG를 중점적으로 보겠다'는 편지 속 한 문장이 전기차 시장에 불을 붙였다.

지금은 2차전지 소재주로 핫한 엘앤에프는 욥기 구절처럼 그 시작은 미약했다. 이 회사는 2차전지 4대 핵심 소재 중 하나인 양극재를 생산한다. 엘앤에프는 'ESG 투자 붐 → 전기·자율주행차 급성장 → 테슬라 공급사로 엘앤에프 낙점 → 실적과 주가 동반 급등' 코스를 밟는다.

자산운용사 돈과 정부 보조금이 전기차로 몰리면서 테슬라와 엘앤에프는 주가 상승 측면에서 동행하는 모습을 보였다. 2019년 영업손실 857억원을 기록한 테슬라는 전기차 판매 급증으로 2020년 2조5000억원, 2021년 8조1000억원의 이익을 냈다. 엘앤에프도 2019년 77억원 적자에서 2020년 고작 15억원의 흑자를 냈지만 주가가 이때부터 폭등했다. 2022년 엘앤에프 영업이익은 2663억원에 달한다.

2019년 말 수정주가(액면분할 반영 주가) 기준 30달러 수준이었던 테슬라 주가는 2021년 말에 300달러를 뛰어넘으며 텐배거 자리에 오른다. 2019년 말 2만원이었던 엘앤에프 주가 역시 2021년 말에 20만원을 뚫었다.

테슬라나 엘앤에프와 같은 텐배거를 10년 전에 알아봤더라도 8년은 인내해야 주가 상승 열매를 딸 수 있었던 것이다. 막상 텐배거

10배 오른 '텐배거' 종목 주가

엘앤에프
30만원
15만원
18만 1600원
6959원
2012년 12월 7일
2019년
2023년 1월 17일

	영업이익 (단위=억원)
2019년	-77
2020년	15
2021년	443
2022년	3163

피엔티
8만원
4만원
4만 2050원
2995원
2012년 12월 7일
2019년
2023년 1월 17일

2019년	15
2020년	553
2021년	544
2022년	733

JYP
8만원
4만원
6만 3900원
5460원
2012년 12월 7일
2019년
2023년 1월 17일

2019년	435
2020년	441
2021년	579
2022년	1008

*2022년은 증권사 3곳 이상 추정치 평균값. 자료=에프앤가이드

가 난 이후로는 투자 리스크가 높다. 물가 상승으로 차 가격이 비싼 전기차가 덜 팔리면서 엘앤에프 주가는 최고점 2023년 대비 1월 12일 현재 31% 하락했다.

코스닥 상장사 피엔티도 2차전지 소재주다. 음극, 양극 분리막과 디스플레이 소재 사업을 주로 하며 테슬라 등 전기차 판매 증가의 수혜를 봤다. 2015년 2억원 적자에서 2016년 흑자 전환한 이후 2020년부터 실적 대박과 주가 상승 코스를 따르고 있다. 10년 주가 수익률이 1251%에 달하지만 상승분 대부분이 2020년 이후에 집중돼 있다.

이들에 비하면 포스코케미칼은 실적이 꾸준했다. 10년간 단 한 번도 적자의 수렁에 빠지지 않았다. 2012년 대비 2022년 영업이익은 2.6배 증가했다. 이 회사 역시 엘앤에프처럼 2차전지 소재 기업이며 작년 전남 광양에 세계 최대 규모 양극재 공장을 준공했다. 2012년 이후 10년 주가 수익률은 1346%다.

잘하는 것에 집중한 JYP

박진영 최고운영책임자(COO)가 이끄는 JYP도 오랜 기간 적자로 고전했다.

JYP는 2000년대까지 SK텔레콤, 다음(카카오) 등 기존 콘텐츠 업계 '거인'과 협업하며 이들의 도움으로 손쉽게 성장하려 했다. 그러나 업계 거인들은 그리 호락호락하지 않았고, 야심차게 도전한 미국 진출은 실패로 돌아갔다.

박진영 COO는 2010년 제이튠엔터테인먼트를 인수하면서 JYP로 사명을 바꾸고 강점인 국내 사업 '걸그룹' 키우기에 집중했다. JYP는 합병 작업이 이뤄지는 과정에서 인건비 등 비용이 크게 들며 2012년과 2013년 연속 적자를 기록했지만, 2014년에 흑자(83억원)로 돌아선다.

2015년 데뷔한 걸그룹 '트와이스'는 그야말로 히트 상품이었다. 일본을 시작으로 기어코 미국 공연까지 성공리에 마치며 수익성을 높였다. 트와이스가 데뷔하기 전 8%였던 JYP 영업이익률은 이후 지속적으로 상승해 2022년 예상 이익률 기준 30%까지 수직 상승했다.

10년 전 적자에 신음했던 JYP는 현재 영업이익 1000억원을 기록하고 있으며, 외국인 지분율도 34.7%에 달한다.

미래 텐배거 후보는

이제 10년 후(2033년) 텐배거 후보군을 골라보자. 에프앤가이드에 따르면 2022년과 2023년 실적과 관련해 증권사 예상치가 있는 곳은 285곳으로 집계됐다.

증권사들은 비용 절감을 이유로 유망하지 않은 종목의 분석 인력(애널리스트)을 대거 줄였다. 추정치가 있는 곳은 조금이라도 가능성이 엿보이는 상장사라는 뜻이다. 이 중 작년 적자 혹은 흑자 폭이 −100억~100억원에 속하면서 2022년보다 2023년 예상 영업이익이 증

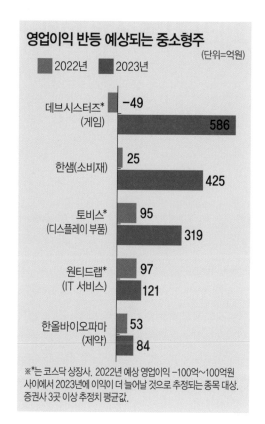

영업이익 반등 예상되는 중소형주

(단위=억원)

■ 2022년 ■ 2023년

데브시스터즈*
(게임)
-49
586

한샘(소비재)
25
425

토비스*
(디스플레이 부품)
95
319

원티드랩*
(IT 서비스)
97
121

한올바이오파마
(제약)
53
84

※*는 코스닥 상장사. 2022년 예상 영업이익 -100억~100억원
사이에서 2023년에 이익이 더 늘어날 것으로 추정되는 종목 대상.
증권사 3곳 이상 추정치 평균값.

급'을 받아 본격적인 캐시카우가 될 전망이다.

부동산 경기 악화로 실적 침체를 겪고 있는 가구업계 1위 한샘도 텐배거를 노린다. 2022년 2조원이 넘는 매출에도 25억원의 낮은 이익이 예상되는 한샘은 2023년 영업이익이 425억원까지 늘어날 전망이다. 물가가 상승하며 일반 소비자의 지갑이 얇아지면서 한샘 가구로 바꾸려는 수요가 급감했다.

2022년 3분기 기준 한샘 매출 중 개인 소비자(홈 리모델링과 홈 퍼니싱) 비중이 63%에 달하다보니 부동산 침체 영향을 직접적으로 받았다고 볼 수 있다. 한샘은 호텔가구 시장에 적극적으로 뛰어들며 사업구조를 바꿔 실적 안정성을 높이려 한다. 2019년 호텔신라와 전략적 제휴를 맺은 데 이어 서울·제주에서 호텔을 운영하는 '글래드'와도 손을 잡았다.

토비스 역시 코스닥 중소형 상장사다. 2020년과 2021년 연속 적자를 기록한 후 2022년 95억원 흑자가 예상되고 있다. 이 회사는 산업용 모니터와 디스플레이 부품(모듈)을 만든다. 토비스가 생산하는 산업용 모니터가 주로 카지노 슬롯머신 제조회사에 납품되고 있어 '리오프닝'이나 '카지노' 관련주로 분류되곤 한다.

디스플레이 모듈 고객사로는 LG전자 등 LG 계열사와 일본 소니 등을 잡고 있어 경기가 회복돼 전자기기 수요가 늘면 곧바로 이익이 늘어날 것으로 예상된다.■

가하는 상장사는 6곳으로 추려졌다. 포스코케미칼을 제외한 텐배거 3종목 모두가 10년 전 당시 이익을 기준으로 중소형주였다.

코스닥 게임사 데브시스터즈는 2022년 49억원 적자에서 2023년 586억원 흑자가 예상된다. 이 상장사는 게임 '쿠키런'으로 유명한데 이런 게임 지식재산권(IP)과 플랫폼 다양화로 실적이 급반전할 것으로 보인다. 향후 실적을 좌우할 게임은 '데드사이드클럽'으로 이용자 간 대결이 가능한 생존형 슈팅 게임이다. '15세 등

왜 월가는 테슬라 대신 페라리를 선택했나

2023년 3월 모건스탠리는 뜬금없이 '테슬라' 대신 '페라리'를 외쳤다. 자동차 업종을 담당하는 애덤 조너스 애널리스트가 최선호 종목을 페라리로 교체한 것이다. 페라리 목표주가도 280달러에서 310달러로 올렸다.

교체 이유는 단순하다.

페라리는 가격을 올리는 명품주이고, 테슬라는 가격 인하에 나선 자동차 주식이기 때문이다.

테슬라는 2022년 4분기에 중국에서 일부 자율주행차 재고가 쌓이자 가격 인하를 단행해 '명품주' 대열에서 살짝 이탈한다.

가격 할인과는 한참 거리가 먼 페라리는 바로 이런 이유에서 세계 어느 자동차 브랜드보다 높은 이익률을 자랑한다. 페라리의 매출총이익률과 자기자본이익률(ROE)은 2022년 말 기준 각각 48.01%, 39%에 달한다. 제조업체에 매출총이익률은 지속 가능 지표다.

이전까지 경주용 차를 주로 만드는 명품 이미지를 지니고 있던 페라리는 2022년에야 비로소 대중적인 명품차로 변신을 시도한다.

이탈리아 스포츠카 브랜드 페라리가 2022년 9월 14일 75년 역사상 최초로 4도어(문) 4인승 스포츠유틸리티차량(SUV) '푸로산게(Purosangue)'를 출시했다.

페라리는 그동안 스포츠카 위주로 자동차를 출시했고 반도체 전문가 최고경영자(CEO)가 오기 전까진 SUV를 출시하는 일이 없을 것이라고 공언해왔다. 그런데 경쟁사 람보르기니가 2019년 SUV 우루스를 출시하고 대박이 나자 이에 자극을 받은 것으로 보인다.

12기통에 집착한 페라리의 반전

페라리의 푸로산게는 12기통 자연흡입 엔진에 7단 듀얼 클러치 변속기가 완벽한 조화를 이뤄 최고 출력이 725마력이다. 말 725마리의 힘이 한꺼번에 나온다는 뜻이다. 평소에는 사륜구동으로 달리다가 4단 기어 이

상 혹은 시속 200km 이상의 속도에
선 후륜구동으로 변경된다.

뒷문 2개는 반대로 문이 열리며 페
라리 역사상 처음으로 실내에 4개의
분리된 독립 조절 좌석이 설치됐다.
차체는 알루미늄에서 탄소섬유에 이
르는 다양한 재료로 만들어졌는데 무
게는 줄이고 강성은 25%나 올렸다.

내리막길제어(HDC) 기능은 페라
리가 이 차에 처음 적용한 기술이다. 가파른
내리막에서도 차가 운전자를 안전하게 보호
한다. 시속 100km까지 도달하는 데 걸리
는 시간(제로백)은 3.3초이며 최고 속도는
310km까지 낸다.

영국 프리미어 리그에서 뛰는 손흥민처럼
빠른 속도를 선보이며 판매 실적도 대박이
났다. 차 한 대 가격은 필자와 같은 일반인이
라면 꿈도 못 꿀 5억4000만원 선에서 출발
한다. 웬만한 옵션을 추가하면 6억원이 넘어
간다는 뜻인데, 정작 페라리 대기 수요자는
물가 상승을 고려해 차 가격이 합리적이라고
판단하고 있다는 후문이다.

신제품이 나왔을 땐 항상 비판하는 세
력이 있기 마련이다. 이탈리아어로 '순종
(thoroughbred)'을 의미하는 푸로산게라
는 이름에 걸맞지 않게 외부 디자인이 페라
리 로마 등 기존 차의 외모를 짜깁기했다는
비판도 이 중 하나다.

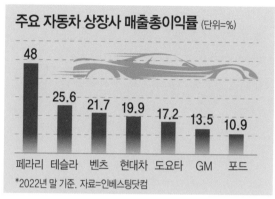

주요 자동차 상장사 매출총이익률 (단위=%)

페라리	테슬라	벤츠	현대차	도요타	GM	포드
48	25.6	21.7	19.9	17.2	13.5	10.9

*2022년 말 기준. 자료=인베스팅닷컴

그러나 이 차는 기본에 충실하다. 푸로
산게는 페라리 모델 중 유일하게 자연흡기
V12 기통 엔진을 달고 있다. 직전 12기통
모델인 페라리 데이토나 SP3는 전 세계에
599대만 내놨는데 이미 다 팔려 버렸으니
V12 엔진 중독자라면 푸로산게를 사는 수
밖에 없다.

전기차 시대를 정면으로 맞서고 있는 페라
리는 자동차 상장사 중 차 한 대로 남기는 마
진이 가장 높다. 매출총이익률이 40~50%
를 왔다 갔다 하는 이유다.

매출에서 매출원가를 빼면 매출총이익이
나온다. 이를 다시 매출로 나누면 매출총이
익률이 나오며 40%가 넘으면 초특급 우량
주로 분류된다.

이 회사는 미국 시장에도 상장돼 있다. '질
주'를 나타내는 'RACE'다. 이 주식이 매력적
인 또 다른 이유는 비용 절감형 사업이라는
것이다. 판매관리비 비중은 분기 대비 7%에

불과하며 이는 애플과 비슷한 수준이다.

페라리나 애플이나 비싼 제품을 만드는데 인건비는 덜 쓰고 있다는 뜻이다.

페라리의 유동비율(1년 내 현금화할 수 있는 자산을 1년 내 갚아야 하는 부채로 나눈 것)은 348%(2022년 기준)로, 자산이 부채 대비 4배 이상 많다.

변속 충격과 지연이 있는 가솔린 차 위주의 페라리 브랜드는 테슬라의 전기차를 상대로 속도 면에서는 뒤처질 수 있다. 실제 테슬라는 이런 속도감으로 페라리와 같은 기존 전통 차 브랜드를 맹추격해 왔고, 추월하기도 했다.

주식시장은 이런 분위기와 속도감을 더 빨리 반영한다. 테슬라 주가는 순익이 10배 급증하는 기미가 보이자 주가 역시 바로 10배로 뛰었다.

이제 이런 속도감을 유지하지 못하는 순간 주식시장에서는 도태될 수 있다. 테슬라가 순이익이 1년 새 60%가 늘어도 부족하다는 평가를 받는 이유다. 전기차 판매 속도가 워낙 높아서 조금이라도 제동이 걸리자 투자심리가 위축되고 있다는 것이다.

비용절감 혁신가 머스크

테슬라의 혁신은 자율주행 기술만큼이나 일론 머스크 CEO 자체의 브랜드도 중요한 자리를 차지했다. 다른 자동차 업체가 막대한 홍보비용을 써서 자사 차 브랜드를 홍보할 때 머스크는 트윗만 올려도 테슬라 구매자를 손쉽게 늘렸다.

테슬라에 숨겨진 혁신은 홍보비 '제로(0)'였던 것이다.

판매관리비 혁신으로 승승장구해 온 테슬라는 사회관계망서비스(SNS) 업체 트위터를 전량 현금으로 사겠다는 머스크의 선언에 주춤하고 있다.

2022년까지 머스크는 트위터를 인수하기 위해 테슬라 주식을 29조6000억원어치나 팔았다. 반면 서학개미로 대표되는 국내 투자자는 2022년 10월 이후 2023년 1월까지 테슬라 주식을 6조4000억원 매수했다.

테슬라의 2022년 4분기 매출은 243억2000만달러(약 30조원)로 전년 4분기보다 37% 증가했다.

순익은 36억9000만달러로 같은 기간 59% 늘었다.

수정주가를 고려한 주당순이익(EPS)은 1.19달러로 1년 새 42% 증가했다.

매출과 순익 모두 월가 예상치를 넘었다. 월가 예상치는 매출과 EPS가 각각 240억7000만달러, 1.13달러였다.

월가의 눈높이를 맞추지 못한 것은 테슬라의 차량 인도 대수다. 당분간 테슬라의 주가 흐름을 좌지우지할 지표다.

소비자에게 차를 얼마나 배송했는지를 뜻

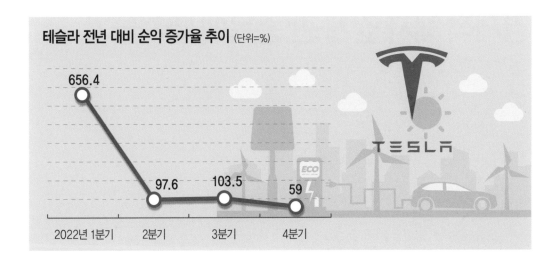

테슬라 전년 대비 순익 증가율 추이 (단위=%)

656.4

97.6 · 103.5 · 59

2022년 1분기 · 2분기 · 3분기 · 4분기

하는 인도 대수는 2022년 4분기 40만5278 대였다. 월가는 43만9701대를 예상했다. 테슬라는 2023년 목표치로 180만대를 제시했다. 2022년 131만대에 비해 37%나 늘어난 수치이지만, 테슬라 중장기 인도량 연평균 증가율 목표치(50%)에는 13%포인트나 미치지 못했다.

테슬라의 오버행 이슈

기본적으로 주식시장에서는 머스크와 같은 대주주의 '오버행'을 대표적인 고점 신호로 인식한다. 오버행이란 대주주 등 주요 주주의 대량 대기 매물을 뜻한다. 은행에서 돈을 인출해 나가면서 은행이 위험해지는 '뱅크런'처럼 대주주가 지분 일부를 팔기 시작하면 일반 주주까지 너도나도 주식을 팔아 주가가 급락하는 사례가 국내외에서 빈번했다.

'테슬라는 다를 거야'라는 말은 그동안 수없이 반복돼온 얘기다.

테슬라의 투자 관점은 명확하다. 과거 덜 알려졌을 때에는 중장기 투자하기에 적당했지만 지금은 마음 편하게 투자하기엔 리스크가 높은 주식이다.

테슬라의 전년 대비 순익 증가율은 '2022년 1분기 656.4% → 2분기 97.55% → 3분기 103.5% → 4분기 59%'로 낮아졌으니 성장성만큼은 하락세다.

코로나19 직후 불어닥쳤던 '성장주' 열풍은 시간이 갈수록 잦아들고 있다. 테슬라와 같은 고속 성장주가 언제까지나 성장률을 유지할 수는 없는 노릇이다.

페라리와 같은 전통의 가치주가 성장까지 장착한다면 그런 주식만큼 투자하기 좋은 종목은 없다. ■

경제적 해자 깊게 판 종목에 빠져들기

워런 버핏이 이끄는 투자회사 버크셔해서웨이가 2022년 한때 투자처로 삼성전자 대신 TSMC를 택했다. 이유는 명약관화하다.

순이익을 매출로 나눈 순이익률이 2.5배나 차이 나기 때문이다. 순이익률은 해당 회사가 매출 중 주주에게 얼마만큼 줄 수 있는지를 나타내는 지표다.

2022년 TSMC는 매출 759억3600만달러, 순이익 340억9700만달러로 순이익률 44.9%를 기록했다. 반면 삼성전자는 같은 해에 매출과 순이익을 각각 302조2314억원, 55조6541억원 올려 순이익률은 18.4%다. 순이익률은 버핏이 중장기 투자 대상으로 고려할 때 쓰는 주요 판단 잣대다. 통상 20%가 넘어야 매수를 고려한다고 알려졌다. 버핏은 40%가 넘는 TSMC 순이익률에 매료돼 2022년 3분기 6000만주(41억달러)를 처음으로 샀다. 물론 1년도 안 돼 TSMC 지분을 대거 정리하기도 했지만 어쨌든 버핏의 투자 목록에 들었다는 것 자체가 주식시장에서는

'레벨업'을 뜻한다.

버핏의 포트폴리오 40%는 애플이 차지하고 있다. 그는 2022년에도 애플을 추가로 샀다. 2022년 애플 순이익률은 24.6%에 달한다. 애플 순이익률은 꾸준히 20%가 넘고 있다. 반면 삼성전자는 2020년 11.2%, 2021년 14.3%로 상승 추세이지만 여전히 10%대에 머무르고 있다.

순이익률이 이처럼 차이 나는 것은 '경제적 해자' 등 사업의 독점성과 법인세율 등 해당 국가의 지원 정도로 요약된다. 버크셔해서웨이는 2022년 하반기 이후 삼성전자, TSMC 등 주요 반도체 기업 주가가 곤두박질치자 이들 중 저가 매수 대상을 찾았다.

경제적 해자의 중요성

버핏은 '해자'를 자주 언급한다. 해자는 적(경쟁자)이 접근할 수 없도록 파놓은 성벽 외곽의 물길을 뜻한다. 주식시장에선 기술력이나 점유율이 높아 순이익률이 압도적으로 높

은 기업이 해자를 갖췄다고 말한다.

삼성전자와 TSMC가 공통적으로 경쟁하는 곳은 파운드리(반도체 위탁 생산) 분야다. 삼성이 투자를 대거 늘리면서 경쟁이 치열해지고 있다.

그러나 2022년 3분기 기준 세계 파운드리 시장점유율(트렌드포스 기준)은 TSMC 56.1%, 삼성전자 15.5%였다. TSMC가 높은 점유율을 기록하는 것은 기술력도 있지만 애플 등 미국 기업을 주요 고객사로 두고 있기 때문이다.

확실한 순이익을 담보해주는 애플의 존재는 TSMC의 또 다른 해자다. 대만과 미국의 전폭적 지지를 받는 TSMC에 비해 삼성전자는 2022년까지 정부 지원도 제대로 받지 못하고 있다. 한국의 높은 법인세율은 또 다른 걸림돌이다. 물론 반도체 분야 세제 혜택으로 사정은 나아지고 있다.

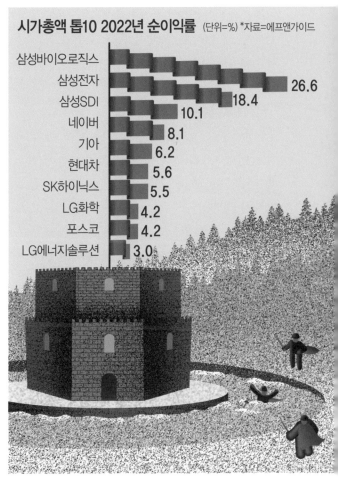

시가총액 톱10 2022년 순이익률 (단위=%) *자료=에프앤가이드

삼성바이오로직스	26.6
삼성전자	18.4
삼성SDI	10.1
네이버	8.1
기아	6.2
현대차	5.6
SK하이닉스	5.5
LG화학	4.2
포스코	4.2
LG에너지솔루션	3.0

영업이익은 회사의 영업 성과를 나타낸다. 순이익은 영업이익에서 법인세를 빼고 계산한다. 2022년까지 삼성전자 등 국내 대기업의 법인세율은 25%로 미국(21%)보다 높았다. 이는 삼성전자만의 문제가 아니다.

경제적 해자 없이 고군분투하는 국내 기업은 높은 법인세율로 신음하느라 순이익률이 높지 않다. 한국과 미국의 2023년 2월 7일 기준 시가총액 상위 톱10(금융사 제외) 상장사의 2022년 연간 순이익률을 비교해봤다.

미국 상장사 10곳의 순이익률은 평균 15.6%였고 한국은 10.6%였다. 미국은 평균 순이익률보다 높은 곳이 6곳인데 한국은 삼성바이오로직스와 삼성전자 등 2곳뿐이다. 기업 경쟁력이 분산돼 있는 미국과 달리 한국은 삼성그룹에 집중돼 있다는 뜻이다. 투자 기준을 순이익률 20%로만 봤을 때 삼성바이오로직스(26.6%)는 버핏이 국내 시총 상위 톱10 중 유일하게 노려볼 만한 기업이다.

삼성전자 닮은꼴 삼성바이오

삼성바이오로직스는 작년에 국내 제약·바이오 업체 최초로 연간 매출액 3조원을 돌파했다. 2020년 매출 1조원을 넘긴 지 2년 만에 이룬 쾌거다.

삼성전자처럼 위탁생산 분야에서 빠르게 성장하고 있다. 바이오 의약품을 위탁받아 새 공장을 짓는 식인데 신속하고 과감한 투자 의사결정과 반도체 제조처럼 온습도 제어 '클린룸' 공정이 중요하다. 생산과정이 반도체 제조와 유사해 '삼성 DNA'와 맞는다는 평가를 받는다. 2022년 6월 송도 4공장이 완전 가동되면 산술적으로 총생산능력이 60만ℓ가 된다.

스위스 론자, 독일 베링거인겔하임 등이 30만ℓ 대인 것을 감안하면 삼성바이오로직스의 생산능력은 경쟁사의 2배 수준이 된다. 이에 따라 에프앤가이드 기준 2023년 예상 매출과 순이익은 각각 3조3980억원, 7810억원으로 추정된다. 예상 순이익률은 23%로 전년보다 3%포인트 이상 하락할 전망이다. 고성장을 바탕으로 주가를 끌어올리는 전형적인 성장주여서 배당은 아직 주지 못한다.

또 다른 투자 리스크 요인은 높은 주가수익비율(PER)이다. 2022년 말 기준 PER이 92배에 달한다. 2023년 예상 실적 기준으로는 73.1배로 낮아진다.

증권사 3곳 이상 추정치 평균값으로 본 2023년 예상 순이익률 기준으로 봤을 때 10%가 넘는 곳은 삼성바이오로직스와 네이버뿐이다. 2022년 8.1%였던 네이버 순이익률은 2023년 10.9%로 높아질 것으로 보인다. 네이버는 광고와 전자상거래 중심의 사업구조를 갖추고 있어 경기 침체 정도에 따라 실적이 연동된다. 심각한 침체만 겪지 않고 완만하게 반등만 해도 순이익이 늘어날 것이라는 예상이다. 2023년 예상 순이익은 작년보다 60.4% 늘어난 1조653억원이다.

챗GPT 기회 잡은 네이버

증권사들이 네이버 순이익이 2021년 이후 2년 만에 '1조원 클럽'으로 복귀할 것으로 예상하는 이유는 인공지능(AI)과 비용 통제 등 크게 두 가지다.

전 세계에서 '챗GPT' 광풍이 불자 이 시장에서 가장 앞서 있는 네이버가 주목받고 있다. 챗GPT의 약점은 한국어 서비스인데, 네이버가 발 빠르게 한국형 챗GPT '서치 GPT'에 공을 들이고 있다. 영어 기반 개발 모델을 한국어로 번역하고 최신 자료를 통한 AI 학습으로 시장을 선점한 뒤 유료화해 돈을 벌겠다는 심산이다.

시가총액 상위 10곳 2023년 예상 실적과 주가지표 (단위=원·%·배)

종목	매출액	순이익	순이익률	PER
삼성전자	272조8431억	15조5819억	5.7	27.05
LG에너지솔루션	35조2938억	1조6922억	4.8	78.69
SK하이닉스	25조9357억	-6조6730억	-25.7	-
삼성바이오로직스	3조3980억	7810억	23.0	73.13
삼성SDI	23조9557억	2조1619억	9.0	23.88
LG화학	63조201억	2조5691억	4.1	22.71
현대차	147조8428억	8조9912억	6.1	5.69
네이버	9조7675억	1조653억	10.9	30.41
기아	91조3832억	6조4997억	7.1	4.40
포스코홀딩스	85조7221억	3조7738억	4.4	7.43

*2022년 연간 잠정 실적 발표 기업 중 2023년 2월 6일 기준 시총 상위 10곳. 실적, PER은 2023년 증권사 3곳 이상 추정치 평균.
자료=에프앤가이드

네이버는 AI 학습량을 측정하는 기본 지표인 '매개변수(파라미터)' 2040억개의 '하이퍼클로바'를 개발한 경험이 있다.

챗GPT의 파라미터는 1750억개에 그친다. 여기에 더해 네이버는 기존 적자 사업부인 콘텐츠와 클라우드 사업부에서 비용을 줄일 계획이다. 이에 따라 2023년 들어 기관투자자는 분석 대상 10곳 중 네이버를 가장 많이 순매수(2023년 2월까지 2201억원)하고 있다.

2023년 초반 기관투자자 순매수 2위는 1999억원의 기아다.

순이익률이 2022년 6.2%에서 2023년 7.1%로 높아질 것으로 보이며 외국인 투자자도 비슷한 규모로 순매수했다. 현대차와 마찬가지로 기아는 2023년 1월 미국에서 역대 최다 판매 기록을 갈아치웠다. 기아 전기차

니로가 월간 판매 1000대를 넘겼고 스포티지, 텔루라이드 등 기아의 SUV 투 톱이 모두 7000대 넘게 팔리면서 2023년 실적 전망을 밝게 하고 있다. 수익성 높은 차량 판매 증가는 예상 실적으로 반영되고 있다.

2023년 기아 매출은 2022년보다 5.6% 늘어날 것으로 보이는데 순이익은 같은 기간 20.2%나 급증할 것으로 추정된다.

기아는 PER 기준으로 시총 상위 10곳 중 가장 저평가돼 있다. 순이익 증가 예상에 따라 2022년 말 5.2배, 2023년 예상 실적 기준 4.4배로 오히려 PER이 내려가는 추세다. 이 외에도 2022년보다 2023년 순이익률이 증가하는 곳은 현대차(추정 6.1%), LG에너지솔루션(4.8%), 포스코홀딩스(4.4%) 등이다. ■

지배구조 개편에 반값된 지주사 투자할까

글로벌 지주회사 구글(알파벳) 주가는 최근 5년(2018년 1월 12일~2022년 1월 10일) 55.7% 올랐다.

국내 2022년 순이익 기준 1위 지주사 SK는 같은 기간 주가가 34.1% 하락했다. 두 지주사의 주가가 엇갈린 것은 '더블 카운팅(중복 계산)' 여부 때문이다. 더블 카운팅은 자식(자회사)의 실적을 부모(지주사)의 성과로 연결하는데 우리나라 지주사는 모회사와 자회사가 모두 상장돼 있다. 예를 들어 구글은 유튜브 등 100곳이 넘는 자회사가 모두 비상장사인 반면, SK는 텔레콤, 하이닉스, 이노베이션 등 수많은 자회사가 대부분 상장돼 있어 대조된다. 투자자 쪽에선 국내 지주사에 투자하느니 실제 사업으로 돈을 버는 똘똘한 자회사로 투자심리가 몰렸고, 이것이 지주사가 '만성 저평가' 병에 걸린 계기다.

증권사들은 지주사 주가가 설명이 안 되다 보니 목표주가를 계산할 때 순자산가치(NAV) 대비 40~50%에 달하는 할인율을 적용해왔다. 2022년부터 이런 공식이 깨지고 있다. 코스피가 2022년 25% 하락한 가운데 지주사 주가가 이것보다 덜 빠지며 선방한 것이다. 지주사가 워낙 저평가된 데다 다양한 업종의 자회사를 거느린 상장지수펀드(ETF) 성격으로 투자자에게 분산투자 효과를 안겨줬다. 2023년에도 낮은 PER과 높은 배당수익률을 갖춘 지주사가 시장 방어주로 각광받고 있다.

지주사 제도는 1999년 도입됐다. 1997년 외환위기 당시 기업들이 서로 지분을 보유한 복잡한 '순환출자' 구조로 연쇄 부도를 맞자 정부가 앞장서서 주요 오너들에게 투명한 지주사 체제를 권한 것이다. LG가 2003년 지주사 체제로 가장 빨리 바꿨다. 지주사 LG는 전자, 화학, 생활건강 등 주요 계열사 지분 30% 이상을 보유한 최대주주다. 이 중 핵심 지배구조는 '구광모 회장 → LG → LG화학 → LG에너지솔루션'이다.

이 지배구조 축에 관심이 쏠리는 것은 미래

5대 그룹 지주사 투자지표 (단위=%)

그룹	삼성	SK	현대차	LG	롯데
지주사	*삼성물산	SK	*현대모비스	LG	롯데지주
최대주주(지분율)	17.97 이재용	17.5 최태원	17.4 기아	15.95 구광모	13.0 신동빈
순익증가율 2021년 대비 2022년 (추정치) 순익상승률	30.5	36.2	15.5	-2.3	58.2
주가수익비율(PER·배) 2023년 예상 실적 기준	11.16	6.95	6.14	5.76	9.57
배당수익률	2.56	4.25	1.97	3.93	4.9
주가 상승률 (2022년 연간 등락률)	-4.6	-24.7	-21.2	-3.5	3

※*는 정식 지주사가 아닌 그룹 내 지주사 역할 상장사. 배당수익률은 2022년 회계기준 예상 배당금을 해당 연도 말 주가로 나눈 값.
자료=금융감독원·에프앤가이드

자율주행 시장의 버팀목이 될 배터리 제조사인 LG에너지솔루션이 지배구조 하단에 있기 때문이다. LG 주가는 2022년 한 해 동안 주가 하락률이 3.5%에 그쳤다. 지배구조 개편이 마무리된 데다 순익 대비 주가 수준이 낮다는 점이 부각됐다. 2023년 예상 실적 기준 PER 역시 5대 그룹 지주사 중 가장 낮은 5.76배다. PER이 낮다는 것은 순익 대비 주가가 저평가됐다는 뜻이다.

2023년 LG의 순익은 유가가 좌우할 것으로 보인다. 지주사 LG는 LG화학 지분 30.1%를 보유 중이다. 석유화학 업종은 유가가 상승하면 원가율이 올라가 마진이 감소한다. 그래서 주주 쪽에선 '유가 하락 → 화학 마진 증가 → LG화학 순익 증가 → LG 배당 증가'라는 시나리오를 기대하게 된다.

이혼 소송에 휩싸였던 SK

LG와 마찬가지로 지주사 체제가 자리 잡은 SK는 2022년 주가가 부진했다. 오너가의 이혼 소송으로 지주사 SK의 오버행 악재가 작용했기 때문이다. 오버행은 잠재적 매도 물량으로 지주사 SK 지분이 재산 분할 대상이 됐다. 노소영 아트센터 나비 관장은 최태원 회

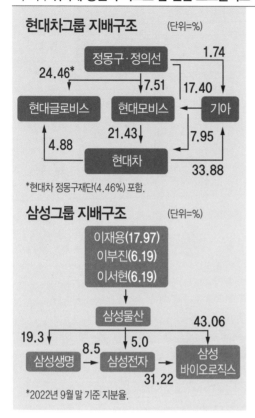

현대차그룹 지배구조 (단위=%)

정몽구·정의선
24.46*
7.51
1.74
17.40
현대글로비스
현대모비스
기아
21.43
4.88
7.95
현대차
33.88

*현대차 정몽구재단(4.46%) 포함.

삼성그룹 지배구조 (단위=%)

이재용(17.97)
이부진(6.19)
이서현(6.19)

삼성물산
43.06
19.3
8.5
5.0
삼성생명
삼성전자
삼성바이오로직스
31.22

*2022년 9월 말 기준 지분율.

장을 상대로 SK 지분 42%(1조원 상당)를 요구했지만 법원은 SK 지분을 '특유재산'으로 판단했다. 특유재산은 '부부 일방이 혼인 전부터 보유한 고유재산과 혼인 중 자기 명의로 취득한 재산'을 뜻하는데 이혼 소송 때 재산분할 대상이 아니다. SK가 오버행 악재에서 벗어나며 증권가에서는 2023년에 SK가 저평가 구간을 벗어날 것으로 보고 있다.

순수 지주사는 그룹 내 상표권이나 자회사 배당금을 수익원으로 삼는데 SK는 돈을 잘 버는 비상장 자회사 3곳을 거느린 사업형 지주사다. 반도체 사업을 하는 SK실트론, 수소 사업을 하는 SK E&S, 바이오 사업으로 미

국 주식시장을 노크하는 SK팜테크가 비상장 '삼총사'다. SK의 2022년 순익은 2021년과 비교해 30% 이상 증가했지만 주가는 25% 가까이 하락했다. 배당수익률은 시중은행 예금 금리 수준인 4%대로 매력적이라는 평가다.

LG, SK와 달리 삼성그룹은 정식 지주사가 아닌 삼성물산이 지배구조의 정점에 있다. 2022년 삼성물산의 순이익은 전년 대비 30.5% 증가했다. 2022년 이 회사 주가가 4.6%밖에 안 떨어진 이유다.

삼성물산 배당성향 높아질까

삼성물산은 삼성전자를 비롯한 계열사 공사를 도맡아하는 등 실적 안정성이 뛰어난 데다 중동발 해외 건설 붐, 상사 부문과 패션 사업 등이 모두 고루 성장하고 있다. 늘어난 순익을 바탕으로 배당 등 주주 환원도 늘려갈 것으로 보인다. 2022년 말 주가 기준 배당수익률 2.56%는 아쉽지만 배당성향이 42.47%(2021년 기준)에 달해 5대 그룹 정식 지주사와 지주사 역할을 하는 상장사 중 가장 높다.

배당성향은 상장사가 벌어들인 순이익 대비 배당금 수준을 뜻하며 상장사의 배당 의지를 읽을 수 있는 수치다. 이처럼 높은 배당성향은 삼성의 지배구조가 '이재용 회장 → 삼성물산 → 삼성생명 → 삼성전자'로 이어지면서 삼성물산이 지배구조 정점에 있기 때문에 가능

하다. 게다가 삼성 오너가는 2026년까지 상속세 8조원가량을 납부해야 한다. 이재용 회장뿐만 아니라 이부진 신라호텔 사장과 이서현 삼성복지재단 이사장 역시 똑같이 삼성물산 지분 6.19%씩을 보유하고 있다. 오너가는 삼성물산을 거쳐 들어오는 배당금과 시중은행 대출로 상속세를 내고 있어 삼성물산 배당성향은 더 높아질 여지가 있다.

지배구조 숙제 남은 현대차

지배구조 개편에서 삼성보다 더 복잡한 곳은 현대차그룹이며, 이는 지주사 역할로 주목받는 현대모비스 주가의 저평가 요소로 작용하고 있다. 현대차그룹은 '현대글로비스-현대모비스-현대차-현대글로비스' '현대제철-현대모비스-현대차-현대제철' '현대제철-현대모비스-현대차-기아-현대제철' '현대모비스-현대차-기아-현대모비스' 등 4개의 순환출자 고리를 형성하고 있다. 다른 그룹의 지주사 최대주주가 그룹 회장인 것과 달리 현대모비스의 최대주주는 기아(지분율 17.4%)다.

현대모비스의 2022년 순익은 전년 대비 15.5% 상승했지만 복잡한 지배구조 탓에 주가는 20% 이상 하락했다.

그룹 주력 계열사인 현대차와 기아가 모두 순익이 증가하면서 두 곳에 부품을 공급하는 현대모비스의 실적 안정성은 뛰어나다. 이에 따라 현대모비스의 현금성 자산은 2021년 4조1000억원에서 2022년 9월 말 4조4000억원으로 늘어나고 있다. 2023년 예상 실적 PER과 주가순자산비율(PBR)은 각각 6.14배, 0.49배로 저평가된 상태다. 다만 배당수익률과 배당성향이 각각 1.97%, 15.5%로 배당 매력이 떨어진다. 주요 그룹 지주사 중 롯데지주는 고위험 고수익 투자 대상으로 꼽힌다. 배당수익률 4.9%와 2022년 순익 증가율 58.2%는 다른 그룹 지주사를 압도한다.

롯데지주는 쇼핑, 제과, 칠성음료 등 주력 계열사가 물가 상승 기조 속에서도 가격 전가력이 높다. 문제는 롯데지주가 당당히 '지주'라는 이름을 달고 있지만 아직까진 반쪽짜리라는 점이다. 지배구조 핵심 회사는 호텔롯데로 비상장사다. 호텔롯데는 일본 롯데홀딩스(19.07%)가 최대주주다. 증권가에선 신동빈 회장이 호텔롯데를 상장시켜 일본 롯데의 지분을 줄이고, 기존 롯데지주와 합병시키면서 지배구조를 완성시킬 것으로 보고 있다.

고질적인 더블 카운팅에 지주사 순익이 의미 없다는 시각도 있다. 이는 어느 정도 맞는 말이다. 그러나 2023년 행동주의 펀드가 등장하며 주주 환원 기대감이 드높은 가운데 오너들도 상장 지주사 배당을 높일 수밖에 없는 상황에 처해 있다. 이런 시장 분위기를 감지해 지주사 주가 자체가 오르기보다는 배당주로서의 지주사 가치를 따져보는 것이 현명한 투자자의 자세다. ■

워런 버핏이 분산투자하는 이유

젊음과 순발력, 정교한 데이터까지 갖춘 미국 월가의 난다 긴다 하는 펀드매니저 모두가 83세, 99세 노인에게 무릎을 꿇었다. 평소 주식 시세조차 보지 않는다는 두 노인은 미국 투자 전문회사 버크셔해서웨이를 이끄는 거물 워런 버핏과 찰리 멍거다. 월가 펀드매니저들이 보유한 성장주는 2020~2022년 수익률에서 이들 노인을 이기지 못했다.

집중투자인가 분산투자인가

승리 비결은 분산투자에 있었다. 버핏은 정보기술(IT), 에너지, 필수소비재 등 주식이 골고루 분산돼 있는 반면, 젊은 펀드매니저들은 IT에 지나치게 치중했던 것이다.

버핏이 이끄는 버크셔해서웨이의 보유비중 1위는 애플(41.9%)인데, 이 주식은 2022년 27.3%나 떨어졌다. 보유비중 2위인 금융주 뱅크오브아메리카(10.3%)는 주가가 29.9%나 하락했다.

포트폴리오의 절반을 차지하는 1·2위 주식

이 모두 하락했는데도 버크셔해서웨이 주가가 플러스로 돌아서며 월가는 버핏을 2022년의 승자라고 부른다.

버크셔해서웨이의 사업은 크게 두 가지로, 주식투자 부문과 자회사에 기반한 제조·판매업으로 나뉜다. 주식 분야 비중이 커지면서 이 회사의 주식 포트폴리오 수익률과 버크셔해서웨이 주가가 거의 동행하는 흐름을 보이고 있다.

월가의 승자로 불리는 비결은 버핏이 13F에 공시한 보유비중 3·4위 주식에 있었다.

13F는 버핏처럼 운용 자산 규모가 1억달러를 넘는 기관투자자가 의무적으로 제출하는 공시보고서를 말한다. 13F에 따르면 버핏의 보유비중 3위와 4위는 각각 셰브론(8%), 코카콜라(7.6%)다. 두 주식은 2022년 각각 44.3%, 6.8% 올랐다.

버핏의 포트폴리오에서 '구원투수' '소방수' '구세주'는 셰브론인 셈이다.

2022년 급격하게 주식 수를 늘린 옥시덴틸

워런 버핏 보유 상위 7대 종목과 2022년 주가 수익률

(단위=%)

● 비중

애플
41.9
−27.3

뱅크오브
아메리카
10.3
−29.9

44.3
셰브론
8.0

6.8
코카콜라
7.6

아메리칸
익스프레스
6.9
−13.6

99.9
옥시덴털
페트롤리엄
4.0

11.7
크래프트
하인즈
3.7

*종목 비중은 워런 버핏이 이끄는 버크셔해서웨이 13F
(기관투자자 공시) 기준, 2022년 12월 23일까지 주가 수익률.

페트롤리엄(비중 4%) 주가가 같은 해 2배 뛴 것도 버핏이 애플 주식으로 본 손실을 일부 보전해줬다.

에너지 주식의 반전

버핏의 포트폴리오는 만천하에 공개돼 있는데 양면성이 있다. 애플이 전체 비중에서 40%가량을 차지하기 때문에 그를 '집중투자'의 대가로 보기도 한다. 그러나 2022년 보유비중이 10%가 채 안 되는 셰브론과 옥시덴털페트롤리엄 주가가 급등하면서 결국 '분산투자'의 미학을 보여줬다.

코로나19가 발생한 이후 전 세계가 막대한 돈을 공급하면서 2020~2021년 주식시장에 큰 장이 섰지만 버핏은 별다른 투자를 하지 않았다. 기업 본질의 가치와 무관한 유동성 장세로 본 것이다. 2022년 주식시장이 크게 하락하자 그는 되레 주식을 대거 채워 넣었다.

셰브론과 옥시덴털페트롤리엄은 유가에 영향을 받는 에너지 주식이지만 업종을 제외한다면 ROE와 영업이익률, 유동비율이 높다는 공통점이 있다. 최우선순위는 ROE에 있는 것으로 추정된다. ROE는 자기자본 대비 순이익을 얼마나 남겼는지를 뜻하는 수익성 지표다. CEO가 얼마나 효율적으로 경영했는지를 가늠할 수 있는데 기준 자체가 순익이다 보니 투자나 배당을 늘릴 여력도 보여준다.

버핏의 애플, 뱅크오브아메리카, 셰브론은 모두 ROE가 20%를 넘는다. 삼성전자의 2022년 연환산 추정 ROE가 11.2%(에프앤가이드 기준)인 것을 감안하면 이들의 위력이 드러난다. 셰브론의 ROE는 23.2%이며 또 다른 수익성 지표인 영업이익률 역시 16.3%였다. 영업이익률은 영업이익을 매출로 나눈 수치다. 삼성전자의 2022년 3분기 영업이익률은 14.1%였다.

월가와 여의도 모두 버핏이 삼성전자 대신 대만 반도체 기업 TSMC를 신규 매수한 것을 두고 이러쿵저러쿵 말이 많았다. ROE와 영업이익률을 중시하는 버핏에겐 당연한 선택이었다. TSMC의 3분기 ROE와 영업이익률은 각각 37.9%, 50.6%에 달해 삼성전자를 능가하고 있다.

한국판 셰브론을 찾아라

버핏이 보유한 종목은 공통적으로 유동비율이 높은 편이다. 셰브론은 유동비율이 140%에 달한다. 빚 부담이 낮아 고금리 상황에서도 버틸 힘이 있다는 뜻이다.

버핏이 셰브론 주식을 늘린 것은 이처럼 수익성과 재무 안정성이 높은 주식을 늘려 포트폴리오를 방어하기 위함이다. 한국 상장사 중에서도 셰브론의 주가지표에 버금가는 종

2022년 우량한 수익성과 재무지표 기록한 국내 상장사 (단위=%)

	ROE	영업이익률	유동비율		ROE	영업이익률	유동비율
에스디바이오센서	54.2	53.2	630.8	동진쎄미켐*	32.8	16.6	161.7
HMM	53.2	50.9	590.5	DN오토모티브	31.8	16.4	143.2
해성디에스	52.1	25.6	197.7	휴스틸	30.6	24.5	295.4
DB하이텍	45.8	49.3	324.4	OCI	26.7	22.5	254.9
골프존*	41.5	25.5	206.7	솔브레인*	25.4	18.1	388.1
대덕전자	35.5	20.9	200.6	쿠쿠홈시스	24.1	18.0	190.1
영원무역	33.9	23.7	315.5	엔씨소프트	23.2	23.9	544.1

※*는 코스닥 상장사. 2022년 3분기 누적 영업이익 1000억원 이상이면서 ROE(연환산 기준) 23.2%, 3분기 영업이익률과 유동비율이 각각 16.3%, 140% 이상을 충족한 상장사. 자료=에프앤가이드

목이 많다.

금융·지주사를 제외하고 셰브론의 ROE (23.2%)와 영업이익률(16.3%), 유동비율 (140%) 이상의 숫자를 보여주면서 2022년 3분기까지 누적 영업이익이 1000억원 이상인 국내 기업을 추적해보니 14곳이 나왔다.

글로벌 체외진단 업체 에스디바이오센서는 2022년 말 '20억달러 수출의 탑'을 수상하는 기염을 토했다. 의료기기 업체가 이 정도의 수출 실적을 쌓은 것은 이례적이다. 더구나 이 같은 고속 성장주가 배당도 준다는 점에서 진정한 의미의 '한국판 셰브론'이라고 부를 만하다는 평가다. 셰브론의 배당수익률은 3.4%인데, 에스디바이오센서는 2022년 말 4.2%의 배당수익률을 약속했다. 이 상장사는 'M10'이라는 코로나19 진단기기를 전 세계에 수출하는데 2022년 기준 매출 중 95%가 해외에서 발생했다.

향후 전망이 좋은 것은 이 업체가 미국 체외진단 기업 '머리디언'을 인수·합병(M&A)했기 때문이다. 이에 따라 유럽에 이어 미국으로까지 유통망이 넓어졌다.

주가는 코로나19가 잠잠해지면서 2022년 3분기까지 크게 하락했다가 중국에서 코로나19가 확산되며 반등세를 보이기도 했다. 특히 에스디바이오센서는 국내에선 보기 드문 '50-50클럽'이다. ROE와 영업이익률이 모두 50%가 넘는다. 이 클럽에 가입된 또 다른

버핏이 셰브론 주식을 늘린 것은 이처럼 수익성과 재무 안정성이 높은 주식을 늘려 포트폴리오를 방어하기 위함이다. 한국 상장사 중에서도 셰브론의 주가지표에 버금가는 종목이 많다.

회사는 해운사 HMM이다. 다만 경기 호황과 침체 속에서 해운운임이 급등락하며 변동성이 심한 편이다.

'노스페이스' '룰루레몬' '파타고니아' 뒤에 숨어 막대한 외화를 벌어들이는 영원무역도 중장기 포트폴리오에 담을 만한 종목이다. 영원무역은 의류 소재와 주문자상표부착생산(OEM) 업체로, 캐나다 레깅스 브랜드 룰루레몬 등을 주요 고객사로 두고 있어 수익성이 뛰어나다. 영원무역의 고객사는 모두 고가 브랜드로 경기 침체에 따른 민감도가 덜한 편이다. 이 상장사의 ROE와 영업이익률은 각각 33.9%, 23.7%이며 유동비율은 315.5%, 배당수익률은 2.7%로 '팔방미인'이다.

다만 달러 강세가 주춤해지면 매출이 줄어들 여지가 있다. ■

SM처럼 튀어오를 지분경쟁 후보군은

2023년 들어 SM엔터테인먼트·오스템임플란트에 이어 주요 금융지주처럼 오너 지분이 낮거나 없는 상장사에 지분경쟁이 붙어 주가가 급등하는 사례가 속출하고 있다.

이 같은 지분경쟁은 대주주 위치에서는 피를 말리는 싸움이다.

하지만 이들 싸움과 관련해 '강 건너 불구경'하지 않고 미리 매수한 투자자는 초과 수익률을 거두면서 진정한 승리자로 자리매김하고 있다.

2022년 8월 이수만 전 SM 총괄프로듀서(2022년 9월 말 기준 지분율 18.46%)는 지분 1%를 보유한 행동주의 펀드 얼라인파트너스의 공격을 받았다.

얼라인 측 주장은 이 전 총괄이 개인회사 '라이크기획'을 이용해 음반 수익을 고정적으로 가져가고 있다는 것이다.

여기에다 SM은 2021년 1332억원 규모 역대 최대 흑자를 기록하고도 배당금을 주당 200원만 책정해 해당 연도 말 기준 배당수익률이 0.27%에 그쳤다.

H.O.T., 보아, 소녀시대 등 1세대 한류가수를 키워낸 이 전 총괄은 최대 실적에도 낮은 주주 환원으로 회사 안팎에서 인심을 잃게 된다.

특히 새 경영진이 이 전 총괄을 몰아내려고 하자 그는 방탄소년단(BTS) 소속 기업 하이브에 지분 14.8%를 매각하고 지배력을 스스로 낮췄다.

낮은 지분율에다 지배력까지 흔들리자 K팝 콘텐츠의 중심이었던 SM은 하이브·카카오 등 외부 세력 지분경쟁의 각축장이 됐다.

마치 스티브 잡스가 애플에서 쫓겨난 양상과 비슷하지만 일반 주주는 주가 급등에 2023년 1분기까지 환호성을 올렸다.

급부상한 주주 환원 운동

얼라인은 2023년 들어 KB, 신한, 하나, 우리금융 등 금융지주에 선전포고를 하기도 했다. 역대 최대 순이익을 기록한 시중은행이익이 은행원 등 행내 임직원에게 돌아가기보다 주주에게 향해야 한다며 투자자의 공감을 이끌어냈다.

KB·신한·하나금융의 외국인 지분율은 60~70%에 달한다. 반면 이들 금융지주는 오너가 없으며 회장 역시 임기 2~3년이 보통이다.

2022년에 매출 1조원을 달성한 아시아 1위 임플란트 업체 오스템임플란트도 우호세력 없는 최대주주가 외부에서 공격을 당한 사례다.

오너 최규옥 회장은 회사에 대한 지배력을 유지하기 위해 지분 매집에 나섰으나 주가가 급등하면서 뜻을 이루지 못해 지분율이 20.6%에 불과하다.

최 회장은 지분 6.92%를 보유한 강성부펀드(KCGI)에 2023년 1월 후진적인 지배구조라고 대놓고 공격당했다.

KCGI는 최 회장이 횡령 등 회사 내부 문제에 책임지고 퇴진할 것과 독립적인 이사회를 구성할 것을 요구했다.

2018년 KCGI가 한진그룹을 공격할 때와 비슷하다. 당시 KCGI는 한진칼 2대 주주로 올라서면서 최대주주인 고 조양호 회장(지분율 17.8%)을 압박했다.

또 다른 빌미는 형편없는 주주 환원이다. 오스템은 2022년 사상 최대 실적에도 배당수익률이 0.2%에 그쳤다.

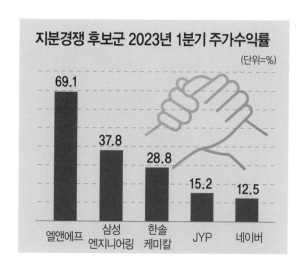

지분경쟁 후보군 2023년 1분기 주가수익률
(단위=%)

- 엘앤에프: 69.1
- 삼성엔지니어링: 37.8
- 한솔케미칼: 28.8
- JYP: 15.2
- 네이버: 12.5

낮은 지분율에다 지배력까지 흔들리자 K팝 콘텐츠의 중심이었던 SM은 하이브·카카오 등 외부 세력 지분경쟁의 각축장이 됐다. 마치 스티브 잡스가 애플에서 쫓겨난 양상과 비슷하지만 일반 주주는 주가 급등에 2023년 1분기까지 환호성을 올렸다.

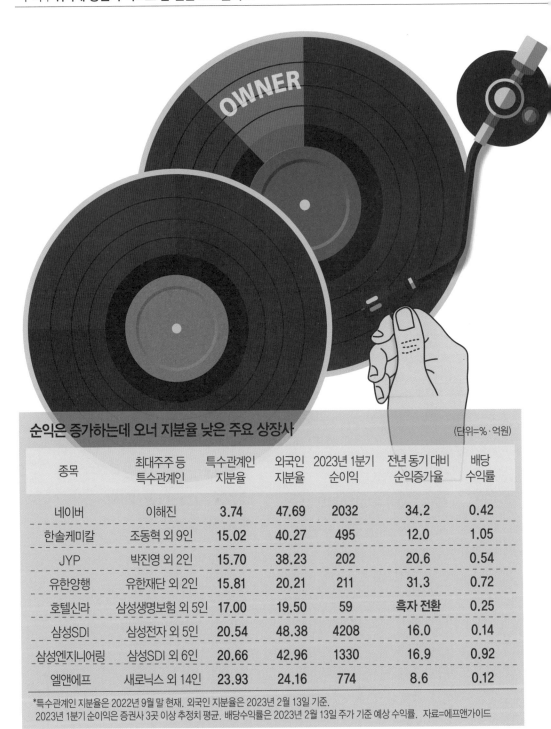

순익은 증가하는데 오너 지분율 낮은 주요 상장사

(단위=%·억원)

종목	최대주주 등 특수관계인	특수관계인 지분율	외국인 지분율	2023년 1분기 순이익	전년 동기 대비 순익증가율	배당 수익률
네이버	이해진	3.74	47.69	2032	34.2	0.42
한솔케미칼	조동혁 외 9인	15.02	40.27	495	12.0	1.05
JYP	박진영 외 2인	15.70	38.23	202	20.6	0.54
유한양행	유한재단 외 2인	15.81	20.21	211	31.3	0.72
호텔신라	삼성생명보험 외 5인	17.00	19.50	59	흑자 전환	0.25
삼성SDI	삼성전자 외 5인	20.54	48.38	4208	16.0	0.14
삼성엔지니어링	삼성SDI 외 6인	20.66	42.96	1330	16.9	0.92
엘앤에프	새로닉스 외 14인	23.93	24.16	774	8.6	0.12

*특수관계인 지분율은 2022년 9월 말 현재. 외국인 지분율은 2023년 2월 13일 기준.
2023년 1분기 순이익은 증권사 3곳 이상 추정치 평균. 배당수익률은 2023년 2월 13일 주가 기준 예상 수익률. 자료=에프앤가이드

수세에 몰린 최 회장은 KCGI 대신 또 다른 사모펀드 연합인 유니슨캐피탈코리아(UCK)와 MBK파트너스를 우호지분(백기사)으로 끌어들여 경영권을 방어했다.

이에 따라 오스템 주가가 2023년 1분기 한때 급등했다. 같은 기간 시장 수익률을 크게 웃돌았다.

이를 위한 필요조건은 오너의 낮은 지분율과 낮은 배당수익률에 더해 상대적으로 높은 외국인 지분율, 실적 증가 등 '4박자'다.

2023년 1분기(1~3월) 실적에 대한 증권사 3곳 이상의 추정치가 있으면서 대주주 지분율이 파악되는 상장사 183곳을 분석했다.

이 중 오너 등 특수관계인 지분율이 30% 미만인 곳은 57곳으로 좁혀진다. 지분율 30%는 최대주주의 지배력에 대한 최소 요건이다.

공정거래위원회 지주사 요건에서는 지주사가 상장 자회사를 지배하려면 지분 30% 이상을 보유하도록 강제하고 있다.

특수관계인 지분율이 30%를 밑돌면서 그 지분율이 외국인 지분율(2022년 2월 13일 기준)보다 낮은 곳은 35곳으로 추려진다.

높은 외국인 지분율 의미는

높은 외국인 지분율은 오너에게 배당 등 주주 환원 압박의 원동력이 된다. 얼라인과 같은 행동주의 펀드가 압박하는 근거 중 하나는 상대적으로 낮은 배당수익률이다.

이에 따라 추려진 상장사 35곳 중 배당수익률이 시중은행 예금금리(4%)보다 낮고 배당을 줄 만큼 2023년 1분기 실적이 2022년 1분기보다 늘어나는 곳으로 좁히면 최종 8곳이다.

국내 양극재 제조업체 엘앤에프도 이 요건에 포함돼 있다.

엘앤에프는 2023년 들어 세계 최대 전기차 업체인 테슬라에 3조8347억원 규모의 하이니켈 양극재 공급 계약을 발표하면서 '잭팟'을 터뜨렸다.

리튬 가격 변동에 따라 계약 규모가 변동될 여지는 있다.

이번 공급액은 2022년 매출과 맞먹는 규모

이 중 한솔케미칼은 행동주의 펀드가 추가 주주 환원을 노릴 만큼 실적이 좋다. 2023년 1분기 매출과 순이익은 각각 2323억원, 495억원으로 1년 전 대비 4.6%, 12%씩 늘어날 전망이다. 게다가 오너가 최대주주도 아니다. 조동혁 회장의 한솔케미칼 지분율(11.65%)은 최대주주인 국민연금(12.06%)보다 낮고 외국인(40.2%)에는 한참 밀린다.

다. 규모로 봤을 땐 테슬라에 2년간 연평균 전기차 30만대가량의 양극재를 공급하는 것으로 해석할 수 있다.

2000년 설립된 엘앤에프는 에코프로비엠, 포스코케미칼과 함께 국내 양극재 제조업체 '빅3'다.

최대주주는 지분 14.4%를 보유한 새로닉스다. 새로닉스는 LG디스플레이에 액정표시장치(LCD) 백라이트유닛(BLU)을 공급하기 위해 2000년 설립된 곳이다. 2021년 NCMA(니켈·코발트·망간·알루미늄) 양극재를 세계 최초로 개발하면서 시장에 본격

데뷔했다. GS가의 '오너 4세'인 허제홍 새로닉스 대표가 엘앤에프 이사회 의장을 맡고 있어 '범GS' 계열로 불린다.

다만 특수관계인을 포함해도 외국인 지분율과 비슷한 수준이어서 경영권이 탄탄하다고 보긴 어렵다. 외부 M&A에 취약하다고 볼 수 있다.

외부에서 군침을 흘리는 성장주는 가치가 높아지고 주가에 선반영된다. 2023년 들어 3개월 만에 주가가 약 69%나 오른 이유다.

또 다른 경영권 취약 후보인 한솔케미칼은 배당수익률이 1.05%에 그쳐 외국인 눈높이를 맞추지 못하고 있다.

한솔그룹은 고 이병철 삼성 창업주의 맏딸 이인희 고문이 별세한 후 한솔제지와 한솔케미칼 중심의 형제경영이 이뤄지고 있다.

고 이인희 고문의 맏아들 조동혁 회장은 한솔케미칼을 맡고, 셋째 아들 조동길 회장은 한솔홀딩스를 중심으로 계열사를 진두지휘하고 있다.

이 중 한솔케미칼은 행동주의 펀드가 추가 주주 환원을 노릴 만큼 실적이 좋다.

2023년 1분기 매출과 순이익은 각각 2323억원, 495억원으로 1년 전 대비 4.6%, 12%씩 늘어날 전망이다.

게다가 오너가 최대주주도 아니다. 조동혁 회장의 한솔케미칼 지분율(11.65%)은 최대주주인 국민연금(12.06%)보다 낮고 외국인

(40.2%)에는 한참 밀린다. 이런 지분구조는 한솔케미칼이 지속적으로 적대적 M&A에 노출돼 있다는 경고를 듣는 이유가 된다. 외국인은 2023년 초반 한솔케미칼 주식을 사모으기도 했다.

네이버도 안전지대 아니다

외부 세력의 보이지 않는 위협이 한솔케미칼과 같은 중견기업에만 있는 것은 아니다.

창업자 이해진 총수의 지분율이 3%대로 낮은 네이버는 2017년 이후 우호지분 확보에 열과 성을 다하고 있다.

2017년 6월 미래에셋증권(1.71%)을 시작으로 2020년 CJ그룹, 2021년에는 신세계그룹·카페24 등과 자사주를 거래하면서 우호지분 3.6%를 추가했다. 콘텐츠 분야의 전략적 동맹 관계인 하이브도 네이버 우군으로 분류된다. 그러나 이 정도 우호지분은 최대주주 국민연금(8.03%)과 2대 주주인 미국사모펀드 블랙록(5.05%)에 못 미치는 수준이다.

네이버의 2023년 1분기 예상 순익은 1년 새 34.2% 급증한 2032억원으로 추정되지만 배당수익률은 0.42%에 그치고 있다.

박진영 COO(지분율 15.2%)가 이끄는 JYP 역시 K팝 인기에 따라 2023년 1분기 실적이 늘어날 것으로 예상된다.

1분기 순익은 202억원으로 2022년 동기 대비 20.6% 늘어날 전망이다. 그러나 배당수익률은 0.54%로 2019년 이후 0%대 배당에서 벗어나지 못하고 있다. 업계 경쟁자인 SM이 주주 환원이 약하다며 행동주의 펀드의 공격을 당했는데도 JYP가 SM의 전철을 밟고 있는 셈이다.

외국인은 박진영 COO보다 2배 이상 많은 지분(38.2%)을 보유하고 있어 JYP의 부족한 배당 의지가 문제점으로 지적되고 있다.

2021년 기준 JYP와 SM의 배당성향은 각각 18.1%, 3.5%에 그쳤다. 순이익 중 20%도 주주 배당에 쓰지 않았다는 뜻이다. 이들이 속한 코스닥 상장사의 평균 배당성향 26.9%(2021년 기준)에도 미달하는 수치다.

그럼에도 두 종목 모두 2023년 1분기까지 주가가 상승세를 보였다. 외국인 등 많은 지분을 보유한 외부 세력이 주주 환원을 강화할 것이라는 기대감이 미리 반영된 것이다.

이처럼 실적이 좋은데 오너 등 대주주 지분율이 낮은 곳은 행동주의 펀드의 공격을 당하기 십상이다. 그렇게 주가가 오르면 일반 주주에게는 차익 실현 기회가 나온다. 물론 장기적으로 주식을 보유하고자 하고 안정적인 배당금을 추구한다면 이렇게 급등락하는 주식이 취향에 맞지 않을 수 있다.

주식은 취향대로 골라야 한다. 남들 따라 억지로 보유했다간 입맛에 맞지 않고, 건강도 해칠 수 있다. ■

PSR로 본 美·中 고래싸움 피할 주식

삼성전자의 분기(2022년 9~12월) 매출이 70조원에 턱걸이하면서 1년 새 8%나 감소했다.

시장의 관심은 온통 같은 기간 영업이익이 68.9%나 감소한 것에 초점이 맞춰졌다.

영업이익은 대량 해고나 비용 절감 등으로 '회계상 방어'가 가능하다. 그러나 매출은 해당 회사가 돈을 벌지 못하면 감소를 막을 수 없다.

같은 기간 세계 시총 1위 기업 애플은 매출이 1171억달러라고 발표하면서 1년 새 5% 감소한 사실을 알렸다.

애플은 회계 기준상 2022년 9~12월을 2023년 1분기라고 공시한다. 한국 1등과 전 세계 1등 기업의 매출 감소가 경기 침체와 주식시장 약세의 근거로 작용하고 있다.

또 다른 공통점은 두 회사 모두 중국 매출 비중이 높아 중국 경제 상황과 미·중 무역분쟁 등 외부 변수에 주가가 큰 영향을 받는다는 것이다.

삼성전자와 애플은 매년 급성장해온 중국에 공을 들여왔지만 2022년에 유럽(유로존)이 선방하면서 두 회사의 전략은 빗나갔다.

침체할 것이라는 예상과 달리 유로존은 2022년 3.5%(유로스탯 기준) 성장했다. 이는 중국(3.0%)과 미국(2.1%)의 성장률을 뛰어넘은 것이다.

중국 경제 리오프닝(경제활동 재개)에 따른 유럽 관광과 유럽산 명품 수요 증대 효과, 이에 따른 유럽 기업의 깜짝 실적이 복합적으로 작용했다.

S&P글로벌이 발표한 유럽의 2023년 2월 종합 구매관리자지수(PMI)도 52.3을 기록했다. 9개월 만에 최고치다. 50이 넘으면 경기 확장을 뜻한다. 여기서 국내 주식 투자 아이디어는 삼성전자보다 유로존 매출 비중이 높은 곳으로 초과 수익률을 노리는 것이다.

유럽 매출 비중 높아야 하는 이유

삼성전자는 2022년 연결 기준 감사보고서

를 내고 지역별 매출을 공시했다.

삼성전자의 유럽 지역 매출은 50조2840억원으로 전체 매출(302조2314억원)의 16.6%를 차지한다.

이 상장사는 미·중 무역전쟁 리스크로 유로존 매출을 늘리는 데 주력하고 있다. 한쪽에 치우쳤다간 향후 매출 감소를 피할 수 없기 때문이다.

추가로 주가매출비율(PSR)이 삼성전자보다 낮은 곳은 상대적 저평가 주식으로 볼 수 있다.

PSR은 성장주 투자 대가이자 260조원의 자산을 운용하는 켄 피셔가 창안한 투자지표다. 주가(시총)가 매출 대비 몇 배나 비싼지를 놓고 주가를 평가한다.

그의 원칙에 따르면 PSR 0.75배 주식은 무조건 사야 하고 1배 미만은 관심을 가져볼 만한 상장사다.

그래서 시총 상위 100개 종목의 공시자료를 분석했다. 유럽 매출 비중은 최근 공시된 자료인데 2022년 감사보고서나 2022년 3분기 보고서다.

100곳 중 삼성전자보다 유럽 매출 비중이 높은 곳은 삼성바이오로직스(65.8%) 등 6곳이었다. 6곳 모두 2023년 2월 20일 기준 최근 1년 주가 수익률이 삼성전자(-16.2%)보다 높았다.

2023년 삼성전자의 예상 매출은 272조

> PSR은 성장주 투자 대가이자 260조원의 자산을 운용하는 켄 피셔가 창안한 투자지표다. 주가(시총)가 매출 대비 몇 배나 비싼지를 놓고 주가를 평가한다. 그의 원칙에 따르면 PSR 0.75배 주식은 무조건 사야 하고 1배 미만은 관심을 가져볼 만한 상장사다.

8378억원(에프앤가이드 기준)으로, 시총(374조3054억원)을 감안한 PSR은 1.37배로 계산된다. 켄 피셔의 유망 리스트에서 제외된다.

이에 비해 LG화학의 PSR은 0.75배로 저평가 구간에 있다. 시총이 47조원인데 2023년 예상 매출이 63조원에 달한다.

LG화학의 유럽 매출 비중은 23.1%로 삼성전자보다 높은 편이다.

이 상장사는 향후 가속화될 미·중 무역전쟁에 대비해 유럽 중심의 배터리 공급망 구축에 힘쓰고 있다.

LG화학의 자신감

신학철 LG화학 부회장은 2023년 들어 각

종 외신과 인터뷰하며 글로벌 공급망 전략을 설명했다.

그는 유럽을 중심으로 미국, 중국 등 3개 권역에서 배터리 소재를 자급자족하겠다며 미국은 그중 한 곳에 불과하다고 강조했다. 신 부회장이 큰소리치는 이유는 지역별 매출

에서 그대로 나온다.

LG화학의 중국과 북미 지역 매출 비중은 각각 31.2%, 11.8%로 미국보다 중국이나 유럽 의존도가 높다.

이에 따라 LG화학은 유럽 분리막 시장을 공략하기 위해 일본 도레이와 헝가리 합작사

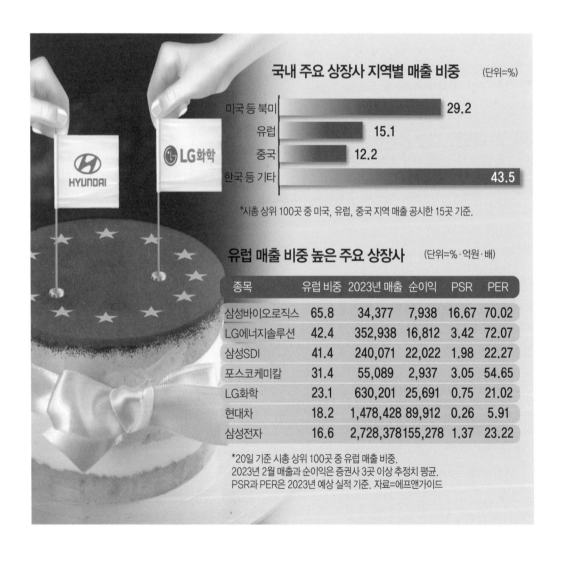

국내 주요 상장사 지역별 매출 비중 (단위=%)

지역	비중
미국 등 북미	29.2
유럽	15.1
중국	12.2
한국 등 기타	43.5

*시총 상위 100곳 중 미국, 유럽, 중국 지역 매출 공시한 15곳 기준.

유럽 매출 비중 높은 주요 상장사 (단위=%·억원·배)

종목	유럽 비중	2023년 매출	순이익	PSR	PER
삼성바이오로직스	65.8	34,377	7,938	16.67	70.02
LG에너지솔루션	42.4	352,938	16,812	3.42	72.07
삼성SDI	41.4	240,071	22,022	1.98	22.27
포스코케미칼	31.4	55,089	2,937	3.05	54.65
LG화학	23.1	630,201	25,691	0.75	21.02
현대차	18.2	1,478,428	89,912	0.26	5.91
삼성전자	16.6	2,728,378	155,278	1.37	23.22

*20일 기준 시총 상위 100곳 중 유럽 매출 비중.
2023년 2월 매출과 순이익은 증권사 3곳 이상 추정치 평균.
PSR과 PER은 2023년 예상 실적 기준. 자료=에프앤가이드

를 준비하고 있다.

도레이와 손잡고 총 1조원을 투자해 2028년까지 연간 8억㎡ 이상의 분리막 생산능력을 확보할 계획이다. 분리막은 양극재, 음극재, 전해질과 함께 배터리를 구성하는 4대 핵심 소재다.

LG화학은 삼성전자 못지않게 사업상 분산이 잘돼 있다. 배터리, 석유화학, 바이오 등 3대 축으로 성장 중이다.

전기차 배터리 사업이 약할 땐 화학 사업이 수익을 내며 고령화 추세에 발맞춰 바이오·제약 사업까지 몸집을 키우고 있다. 이를 위해 LG화학은 미국 항암제 개발기업 '아베오'를 8131억원에 인수했다.

아베오는 보스턴 소재 항암제 회사로 나스닥 상장사다. 이 회사의 신장암 치료제는 미국 식품의약국(FDA) 승인까지 받았다.

이 같은 기대감에 2023년 LG화학의 영업이익과 순이익은 각각 3조5068억원, 2조5691억원으로 예상된다. 이는 2022년 대비 모두 17% 증가한 수치다. 2023년 들어 2월까지 주가가 두 자릿수로 오르면서 실적 증가 기대감이 일부 반영됐다.

2023년 예상 순익 기준 PER은 약 21배로, 코스피 평균 PER(13배·2023년 2월 기준)보다 고평가됐다.

현대차 주가는 실적에 대비해 다소 부진하면서 PER이나 PSR 기준에서 저평가 상태를 2023년 1분기까지 유지했다. PER은 5.9배이며 PSR은 0.26배에 불과하다.

강력한 노조의 입김에다 물가 상승과 인건비 부담을 동시에 받고 있는 와중에 미국 인플레이션 감축법(IRA) 악재에도 시달리고 있다.

IRA 변수 영향은

IRA는 북미 지역에서 생산된 전기차에만 보조금(세액 공제)을 주는 내용인데 현대차는 한국에서 생산해 미국으로 수출하는 구조다.

> **LG화학은 삼성전자 못지않게 사업상 분산이 잘돼 있다. 배터리, 석유화학, 바이오 등 3대 축으로 성장 중이다. 전기차 배터리 사업이 약할 땐 화학 사업이 수익을 내며 고령화 추세에 발맞춰 바이오·제약 사업까지 몸집을 키우고 있다. 이를 위해 LG화학은 미국 항암제 개발기업 '아베오'를 8131억원에 인수했다.**

현대차의 유럽 매출 비중은 18.2%로 삼성전자보다도 높은 수준이다. 현대차는 중국에서 공장을 매각하고 완전 철수를 검토할 정도로 중국 비중을 줄이고 있는데, 미·중 갈등이 심화되는 현 상황에선 오히려 호재로 볼 수 있다. 유럽에서도 유로존 내 공장 신·증설을 유도하고자 '유럽판 IRA'인 핵심원자재법 (CRMA)이 구체화되고 있다.

현대차 전기차 모델 '아이오닉6'는 2022년에 독일, 영국, 프랑스, 노르웨이, 네덜란드 등 5개국 1차 공급 물량(2500대)이 하루 만에 완판되는 등 인기몰이 중이다.

이 회사 전기차는 주로 미국에서 인기가 있어 미국 매출이 유럽의 2배 수준이다. 그러나 유로존 경제가 선방하면서 전기차 매출이 꾸준히 늘고 있다.

현대차의 유럽 매출 비중은 18.2%로 삼성전자보다도 높은 수준이다.

현대차는 중국에서 공장을 매각하고 완전 철수를 검토할 정도로 중국 비중을 줄이고 있는데, 미·중 갈등이 심화되는 현 상황에선 오히려 호재로 볼 수 있다.

유럽에서도 유로존 내 공장 신·증설을 유도하고자 '유럽판 IRA'인 핵심원자재법 (CRMA)이 구체화되고 있다.

배터리 소재 기업 포스코케미칼은 이에 대응하기 위해 유럽 내 공장 설립을 준비 중이다. 앞서 포스코케미칼은 2025년까지 유럽에 3만t 규모의 양극재 생산능력을 갖추겠다고 밝혔다. 양극재는 배터리 원가 비중이 40~50%에 달하며 에너지 밀도를 결정하는 핵심 소재다.

포스코케미칼은 새 공장 후보지로 동유럽을 검토 중이다.

이 회사의 국내 거래처인 LG에너지솔루션(폴란드)이나 삼성SDI·SK온(헝가리)의 생산기지가 이미 있는 지역이다. 다만 포스코케미칼의 PSR은 3배가 넘으며 PER 역시 약 54배로 높은 편이다.

포스코케미칼 주가는 2023년 들어 3개월 새 42% 이상 급등했다.

주식시장에선 항상 좋아 보이는 주식은 미리 주가가 급등해 있다.

2023년 3월 말 기준 최근 1년 주가 수익률은 무려 122%에 달한다. 2배 이상 급등한 것이다.

국내 주력 수출 산업이었던 반도체와 화학이 주춤한 사이 2차전지 산업과 관련된 주식의 주가가 미리 뛰고 있다.■

31조 현금폭탄, 배당성장주 리스트

LG그룹 지주사 LG는 2019년 이후 3년 연속 주당 배당금을 올리고 있다. 2021년 배당성향은 16.7%였는데 2022년 22.4%로 상승했다. 배당성향은 해당 연도의 배당금을 순이익으로 나눈 값으로 상장사의 배당 의지를 상징한다. 특히 미국의 금리 인상과 주요 은행 파산 등 대내외 환경이 악화되면서 장기 침체를 우려한 경고가 나오는 가운데 꼬박꼬박 주주에게 꽂히는 현금 배당의 가치는 어느 때보다 높아지고 있다. 상장사가 배당을 늘리려면 매출을 늘리거나 비용을 줄여 순이익을 증가시켜야 한다.

LG 집안싸움 이유는

LG는 LG화학, LG전자 등 상장 자회사 11곳을 거느리고 있어 배당 재원인 순익이 꾸준히 증가할 것으로 보인다.

전기차용 배터리 '절대 강자'인 LG에너지솔루션의 순익은 LG화학을 거쳐 지주사로 연결된다. LG화학은 LG에너지솔루션 지분 81%를 들고 있다. LG는 배터리, 화학, 가전 등 알짜 사업을 모두 연결 실적으로 반영해 이 중 22%를 주주 배당으로 쓰고 있는 셈이다. 이는 2023년 2월까지 2022년도 현금 배당과 순이익을 공시한 833곳의 평균 배당성향(20.1%)보다 높다.

LG의 배당 인상은 오너 등 주주 모두에게 희소식이다. 그러나 지분율이 낮은 일부 오너가에는 '배 아픈 소식'이기도 하다. 2023년 2월 9일 LG는 전년도 실적을 놓고 주당 3000원을 배당하겠다고 공시했다. 2021년도 주당 2800원보다 200원 인상됐다. LG의 배당 총액은 4745억원에 달한다. 이 중 지분율(15.95%)에 따라 757억원이 구광모 회장에게 돌아간다.

이런 공시 이후 한 달 만에 LG 일가가 75년 만에 처음으로 상속 분쟁에 빠졌다. 상대적으로 지분율이 낮은 가족들이 불만에 사로잡힌 것이다. 고 구본무 선대 회장은 LG 지분 8.76%를 장자인 구광모 회장에게,

**배당정책 발표 이후 배당주 가치가
하락하는 곳도 있다.
영원무역홀딩스는 2023년 3월 초에
갑자기 배당정책을 기존 '연결 기준
배당성향 10%'에서 '별도 기준 배당성향
50%'로 변경했다.
영원무역홀딩스의 2021년 별도 기준
배당성향은 98.4%였다.
주주 배당금이 반 토막 나는 셈이다.**

2.52%를 구광모 회장의 모친인 김영식 여사
와 여동생(구연경·구연수 씨)에게 물려줬다.
이에 김 여사와 여동생 등 오너 일가는 구광
모 회장을 상대로 상속회복 청구소송을 내면
서 LG 지분을 다시 나누자고 주장했다.

배당가치 하락 조심해야

배당정책 발표 이후 배당주 가치가 하락하
는 곳도 있다. 영원무역홀딩스는 2023년 3월
초에 갑자기 배당정책을 기존 '연결 기준 배
당성향 10%'에서 '별도 기준 배당성향 50%'
로 변경했다. 영원무역홀딩스의 2021년 별도
기준 배당성향은 98.4%였다. 주주 배당금이

반 토막 나는 셈이다. 변경 전까지는 주주들
이 영원무역홀딩스에 대한 주주 환원 기대감
이 높았다. 그러나 실제 주당 배당금은 3050
원에 그쳤다. 영원무역홀딩스는 자회사로 국
내 '노스페이스' 판권을 소유한 영원아웃도어
(비상장)와 캐나다 요가복 '룰루레몬'을 만드
는 영원무역 등을 두고 있다. 연결 기준 영원
무역홀딩스 배당성향은 2021년 5.2%에서
2022년 3.9%로 하락했다.

카카오는 2022년에 순익 1조원을 올렸는
데 이 중 배당금으로 262억원을 결의했다. 배
당성향이 고작 0.6%다. 2020년 1734억원이
었던 순익이 2년 새 6배가량 급증했지만 같은
기간 배당금은 2배 오르는 데 그쳤다. 카카오
의 관심이 주주 환원보다는 SM 인수에 쏠려
있기 때문이다. SM 지분 39.9%를 1조2500
억원을 들여 사들이는 등 카카오 경영권에 관
심이 많다보니 배당 여력이 없다는 것이다.

카카오는 자회사 카카오엔터테인먼트와
SM을 묶어 덩치를 키운 뒤 상장시키려는 움
직임이 포착되기도 했다. 카카오 주주는 기
대에 못 미치는 배당에 이어 핵심 자회사가
별도로 빠져나가는 '쪼개기 상장'을 지켜봐야
하는 처지다. 분통이 터진 카카오 외국인 주
주가 2023년 들어 1분기까지 해당 주식을
내다팔기도 했다. 2023년 들어 3월 13일까
지 외국인의 카카오 순매도 규모는 2660억
원에 달했다.

경기 침체에 따른 약세장을 버티려면 포트폴리오에서 배당주 비중을 높여야 한다. 일단 주주 환원을 나 몰라라 하는 종목을 먼저 걸러내는 것이 중요하다. 배당 지급이 들쭉날쭉하거나 시장 평균 배당성향보다 낮은 기업은 투자 대상에서 제외하는 편이 낫다. 또 단순히 배당수익률만 볼 것이 아니라 배당의 지속성과 순익 증가율도 함께 고려해야 한다.

현금 배당을 확정한 코스피와 코스닥 상장사 1048곳을 기준으로 실적과 배당을 살펴봤다. 이들은 2022년 사업 실적에 대해 2023년 240조3108억원의 현금 배당을 의결했다. 12월 결산법인 기준으로 통상 3월에 주주총회를 개최해 전년도 기준 배당을 확정하고 4월에 배당금을 주주에게 지급한다.

국내 상장사 배당 총액은 2021년(39조7803억원)보

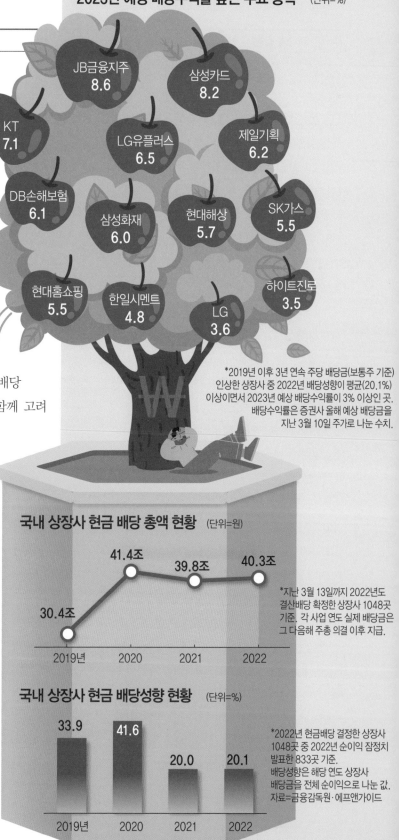

2023년 예상 배당수익률 높은 주요 종목 (단위=%)

- JB금융지주 8.6
- 삼성카드 8.2
- KT 7.1
- LG유플러스 6.5
- 제일기획 6.2
- DB손해보험 6.1
- 삼성화재 6.0
- 현대해상 5.7
- SK가스 5.5
- 현대홈쇼핑 5.5
- 한일시멘트 4.8
- LG 3.6
- 하이트진로 3.5

*2019년 이후 3년 연속 주당 배당금(보통주 기준) 인상한 상장사 중 2022년 배당성향이 평균(20.1%) 이상이면서 2023년 예상 배당수익률이 3% 이상인 곳. 배당수익률은 증권사 올해 예상 배당금을 지난 3월 10일 주가로 나눈 수치.

국내 상장사 현금 배당 총액 현황 (단위=원)

- 2019년 30.4조
- 2020년 41.4조
- 2021년 39.8조
- 2022년 40.3조

*지난 3월 13일까지 2022년도 결산배당 확정한 상장사 1048곳 기준. 각 사업 연도 실제 배당금은 그 다음해 주총 의결 이후 지급.

국내 상장사 현금 배당성향 현황 (단위=%)

- 2019년 33.9
- 2020년 41.6
- 2021년 20.0
- 2022년 20.1

*2022년 현금배당 결정한 상장사 1048곳 중 2022년 순이익 잠정치 발표한 833곳 기준. 배당성향은 해당 연도 상장사 배당금을 전체 순이익으로 나눈 값. 자료=금융감독원·에프앤가이드

다는 늘었지만 코로나19 사태 직후인 2020년(41조3609억원)보다는 감소해 아쉬움을 남긴다. 그래서 국내 배당주는 미국 배당주보다 훨씬 주의해서 투자를 결정해야 한다. 국내 배당 기업 중 3년 연속 배당금 인상과 2022년 기준 배당성향 평균(20.1%) 이상, 2023년 예상 배당수익률 3% 이상으로 기준을 세워봤다.

분석 대상 1048곳 중 3대 조건을 충족하는 상장사는 13곳(1.2%)에 그쳤다. 이 조건에 부합한 곳 중 하나가 LG였고, 삼성그룹 중에선 삼성카드, 삼성화재, 제일기획 등 3곳이 기준에 부합한 것으로 나왔다. 삼성카드는 2022년 6223억원의 순익을 내며 전년 대비 12.9% 성장했다. 비용 절감 등 내실경영이 주효했다는 평가다. 이를 통해 카드 업계 1위 신한카드와 점유율 격차를 좁혔다.

2019년까지만 해도 1위 신한카드와 4%포인트 차이가 났지만 2022년 말에는 2%포인트 이내로 줄였다. 이 같은 성장을 바탕으로 주당 배당금을 같은 기간 1600원에서 2500원까지 올릴 수 있었다. 2019년 이후 4년 연속 배당성향은 40%대를 유지했다. 2022년 기준 42.9%다. 2023년 3월 중순 기준으로 배당수익률은 8.24%에 달한다.

PER은 6배로 코스피 평균 12배의 절반 수준으로 저평가돼 있다. 다만 미국 실리콘밸리은행(SVB) 등 미국 은행 파산으로 금융주 투자에 대한 리스크가 전 세계에서 높아진 것은 변수다.

배당성향 높은 삼성그룹주

경기 침체가 가속화될수록 카드 소비도 급감할 수 있다. 애플페이와 손잡고 맹추격 중인 현대카드의 존재도 잠재적 위험 요인이다. 삼성카드뿐만 아니라 삼성화재 역시 배당성향이 4개년 모두 40%를 넘을 정도로 주주환원에 적극적이다.

경기 침체 위기로 광고 감소가 염려되면서 제일기획 주가는 2023년 들어 3월 14일까지 13% 넘게 하락했다. 이에 따라 이 광고사 PER은 10배 수준으로 시장 평균보다 낮아졌다. 2022년 주당 배당은 1150원으로 배당성향이 59.5%에 달한다. 이익의 절반 이상을 주주에게 돌려준다는 뜻이다.

한일시멘트 역시 숨은 '배당성장주'다. 2023년 순익 예상치는 990억원으로 2022년보다 13% 증가할 것으로 추정된다. 유연탄 등 원료 가격이 오르자 이를 시멘트 가격에 전가해 매출이 2022년에 크게 늘었다. 건설 경기를 많이 타는 데다 경기 침체에도 이런 가격 인상이 지속될지는 미지수다. 그러나 시중은행 예금금리가 2023년 3월 기준 4% 초반으로 하락하고 있다. 한일시멘트와 같은 주식은 올해 배당수익률이 4.82%를 찍을 것으로 보여 예적금보다는 나은 투자처라는 것이다. ■

재고 회전 빠른 명품주는

2023년 3월 20일 베르나르 아르노 루이비통모에헤네시(LVMH)그룹 회장이 서울 강남에 등장했다. '패피'(패션에 민감한 사람)들은 아르노 일가가 휘감은 명품을, 서학개미는 LVMH 주가에 주목했다.

아르노 회장 방한 이후 같은 달 30일 LVMH 주가는 사상 최고가를 찍었다. 2023년 들어 19% 이상 올랐다. 이 프랑스 회사 주가는 827유로(3월 30일 현지시간 기준)로 116만원이 넘지만 주식 3주는 있어야 이 그룹 계열사 '디올'의 가장 저렴한 여성용 가방을 살 수 있다.

루이비통보다 더 비싼 가방을 파는 에르메스 주가는 같은 날 사상 최고가인 1841유로를 기록했다. 2023년 25% 급등했다. 한화로 254만원이 넘지만 이 주식 5주는 모아야 에르메스의 가장 싼 가방 구매에 도전할 수 있다.

불황에도 명품은 잘 팔린다는 격언은 익숙한데, 이들 명품기업의 재고자산회전율이 올

랐다는 문장은 생소하다. 사실은 같은 말이다. 재고자산회전율은 해당 연도 매출원가 총액을 사업기간의 연평균 재고가치로 나눈 값이다. 통상 연초와 연말 자산을 2로 나눠서 계산한다.

국내 상장사 중에는 매출원가를 공시하지 않는 기업이 있어 연매출로 분자를 잡는다. 회전율이 높다는 것은 물건을 내놓기 무섭게 팔린다는 뜻이며 손님이 가게에 들어왔다가 양손 무겁게 비싼 제품을 사들고 나간다는 의미다. 제품 가격을 깎아 주기라도 한다면 매출이 줄어 회전율도 떨어진다. 업종마다 회전율이 다르기 때문에 추세가 중요하다.

명품 중 명품 에르메스

에르메스는 코로나19 이후 재고자산회전율이 되레 상승해 '명품 중 명품'이라는 소리를 듣는다. 프랑스 회사인 에르메스는 2022년 매출이 116억200만유로(약 16조2742억원)로 전년 대비 29.2% 증가했다. 재고

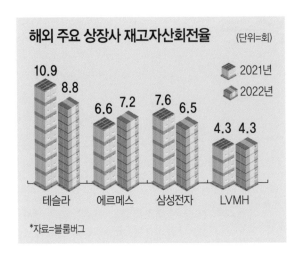

해외 주요 상장사 재고자산회전율 (단위=회)

테슬라 10.9 / 8.8
에르메스 6.6 / 7.2
삼성전자 7.6 / 6.5
LVMH 4.3 / 4.3

2021년
2022년

*자료=블룸버그

자산은 2021년 말과 2022년 말 재고의 평균인 16억1400만유로다. 이에 따라 2022년 회전율은 7.2회다. 2021년 6.6회보다 상승했다. 이는 같은 방식으로 계산한 LVMH(2021·2022년 모두 4.3회)보다 한 수 위였다. LVMH 측은 상대적으로 떨어지는 회전율이 유달리 많은 가품(짝퉁)에 있다고 보고 최근 방한했을 때 진품을 인증하는 AI 기술에 관심을 보였다.

애플은 명품주인가

유럽과 달리 미국 대형주는 고전 중이다. 아이폰을 판매하는 애플은 재고자산회전율이 떨어졌다. 2021년(9월 결산) 68.8회에서 2022년 68.4회로 하락했다. 아르노 회장과 세계 최고 부자 1, 2위를 다투는 머스크 CEO의 테슬라마저도 침체 여파를 피해 가지 못했다.

유럽 명품기업이 가방 가격을 올릴 때 테슬라는 매출 방어를 위해 전기차 가격을 인하했다. 작년 한때 중국 내 재고가 쌓여 판매관리비가 증가하기도 했다. 이에 따라 회전율은 2021년 10.9회에서 2022년 8.8회로 하락한다. 매출과 재고회전율이라는 '두 마리 토끼'를 잡으면서 주가가 사상 최고가를 기록한 곳이 진정한 명품주로 불리는 이유다.

유럽 명품기업도 원래는 숙련된 디자이너와 도제식 교육(1대1로 엄하게 가르침) 등 기술력으로 승부하는 상장사였다.

비슷한 기준으로 한국 유망주를 찾기 위해 2023년 실적 예상치가 있는 상장사 222곳의 재무제표를 분석했다.

일단 이들의 2022년 매출은 2429조8686억원으로 집계됐다. 전년 대비 21.6% 성장했다. 문제는 같은 기간 연평균 재고가 31.1%나 상승한 294조838억원으로 나왔다는 것이다. 이에 따라 재고자산회전율은 8.9회에서 8.3회로 떨어졌다. 제품 판매보다 재고 쌓이는 속도가 더 빨라 국내 상장사의 비용 부담이 가중되는 상황이다.

실제 222곳의 평균 영업이익률은 2021년 8.6%였는데 2022년에는 5.9%로 급락했다. 상장사 실적이 경기 침체를 고스란히 드러내는 와중에 90곳(40.5%)은 회전율이 상승했다. 이 중 금융사나 지주사를 제외하고 같은 기간 현금성 자산이 증가하면서 2023년 예상 매출 증가율이 28.2%를 넘는 곳으로 좁혔다. 여기서 28.2%는 분석 대상 222곳의 2022년도 평균 재고자산증가율이다. 재고증가율에 비해 2023년 매출이 늘어날 것으로 추정되는 곳(에프앤가이드 기준)을 최종 유망주로 볼 수 있다는 아이디어에 근거한다.

이 기준을 적용해보니 코스피 대형주는 모두 이 기준에 미치지 못했고, 코스닥 상장사만 6곳이 이를 충족했다.

그 유명한 에코프로비엠이 포함됐다. 이 회사의 평균재고는 2021년 2481억원에서 2022년 5979억원으로 141% 증가한다. 그러나 같은 기간 매출은 261%나 급증해 회전율이 같은 기간 6회에서 9회로 뛰었다. 에코프로비엠이 만드는 2차전지 양극재가 내놓는 족족 잘 팔린다고 회계장부에 써 있는 셈이다. 양극재는 전기차 배터리 핵심 소재 중 하나다.

코스닥 시총 1위 상장사인 에코프로비엠은 2022년 15만t이었던 양극재 생산능력을 2025년까지 40만t으로 키우겠다고 선언했다. 통상 상장사의 계획은 실적과 무관한 사례가 많지만 배터리 소재나 바이오 기업은 수주를 받아놓고 공장 증설에 나선다. 허풍이 아니라는 뜻이다.

그 유명한 에코프로비엠이 포함됐다. 이 회사의 평균재고는 2021년 2481억원에서 2022년 5979억원으로 141% 증가한다.

에코프로비엠은 주로 삼성SDI에 양극재를 공급한다. 양극재는 배터리 생산원가에서 40%를 차지한다. 전기차 수요가 증가하는 한 에코프로비엠 매출은 늘어난다는 것이다. 그러나 주식시장의 초점은 급등한 주가와 높은 수준의 PER에 맞춰져 있다. 주가가 2023년 들어 3개월 만에 145% 이상 급등해 2023년 예상 실적 기준으로도 PER이 53.8배에 달한다.

명품주의 필요조건은

지속적으로 '유럽 명품 주식'(PER 50~60배) 대접을 받으려면 2023년에는 삼성 외에 튼튼한 수주처를 찾아 매출을 다각화해야 한다는 지적도 있다.

2022년 사상 최대 실적을 기록한 파크시스템스는 원자현미경(AFM) 개발 업체다. AI 수요가 늘자 첨단 반도체 공정에 AFM 장비

재고자산회전율 상승한 주요 코스닥 상장사 (단위=억원·회·%·배)

종목	재고자산		회전율		2023년 예상 매출		주가 수익률	PER
	2021년	2022년	2021년	2022년		전년 동기 대비 상승률		
에코프로비엠	2,481	5,979	6.0	9.0	89,947	67.9	145.4	53.8
비올	25	36	7.2	8.6	448	44.1	41.7	15.4
파크시스템스	224	313	3.8	4.0	1,606	29.0	24.2	22.1
아스플로	177	233	3.3	3.8	1,325	49.4	27.6	8.1
아셈스	140	176	3.0	3.0	721	360	23.86	10.8
나노신소재	315	351	1.9	2.3	1,193	49.3	91.2	86.8

*재고자산은 해당 연도 연초와 연말 재고의 평균값. 2023년 매출은 증권사 3곳 이상 추정치 평균. 주가는 2023년 3월 27일까지 수익률. PER은 예상 실적 기준.   자료=에프앤가이드

도입이 급증하고 있어 코스닥 상장사인 파크시스템스 실적은 꾸준한 흐름을 나타낼 전망이다. 파크시스템스는 전체 매출 비중에서 산업용 장비가 차지하는 비중이 60~70%에 달해 경기 침체 여파가 상대적으로 덜하다는 특징이 있다. 재고가 별로 쌓일 일이 없으니 회전율이 2021년 3.8회에서 2022년 4회로 높아졌다.

현금성 자산도 덩달아 늘었다. 2023년 들어 주가는 1분기 만에 24.2% 올랐으며 PER은 22.1배 수준이다.

기술력이 명품 만든다

코스닥 중소형주 비올은 의료기기 업체다. 북미 시장을 중심으로 피부미용 의료기기 '실펌엑스' '스칼렛' 등을 판매하는데 인기가 높다. 2022년 매출은 311억원으로 사상 최고 실적을 기록했다. 같은 해 재고자산회전율은 8.6회로 2021년(7.2회)보다 높아졌다.

이처럼 회전율이 높은 것은 이 회사의 '마이크로니들' 기술 덕분이다. 환자 통증을 최소화하면서 약물 투입 효과를 높인 것이 특징이다.

코스닥 상장사 아스플로는 2000년까지 일본에서 전량 수입해온 국내 반도체 공정 가스 공급용 '튜브'를 2001년에 국산화했다. 고객사는 삼성전자와 SK하이닉스 등 반도체 기업이다. 2022년 매출은 887억원을 기록했으며 2023년 처음 1000억원이 넘을 전망이다. 2023년 들어 3개월 만에 30% 이상 올랐지만 PER이 8.1배로 저평가돼 있다는 점이 눈에 띈다. ■

삼성전자가 콕 찍은 M&A 가치 높은 곳

위기는 M&A의 최대 기회이고, M&A를 당하는 회사 주가는 천정부지로 치솟는다.

2023년 국내 경기가 하강 국면을 이어가고 해외에서 불어닥친 '금융위기' 불안감으로 시장이 연일 혼조세를 보이고 있다.

이 가운데 탄탄한 기술력을 바탕으로 M&A 시장에서 두각을 나타내는 기업이 주목받고 있다.

이들 회사는 현재의 기업가치보다 미래의 성장성을 인정받으며 M&A 시장에서 높은 값에 팔리고 있고 여기에 투자한 이들은 반사이익을 얻는다.

당장 국내 최대 기업인 삼성전자가 지분을 늘리는 기업이 주목받고 있다. 삼성전자는 2023년 초 레인보우로보틱스 지분을 늘렸다. 이 소식이 시장에 전해지면서 해당 상장사 주가는 2023년 들어 3개월 만에 3배 넘게 뛰었다.

경기 침체와 금융 시스템 붕괴라는 국내외 악재는 이런 위기를 적극 활용하는 상장사에 미래 성장 동력이 된다. 또 그 기업에 선택당한 회사의 투자자에게는 막대한 이득을 안겨준다. M&A를 당할 가능성이 높은 '알토란' 같은 회사에 미리 투자하는 선견지명이 있다면 투자 환경 악화가 오히려 기회가 될 수 있다는 뜻이다.

삼성전자가 레인보우로보틱스를 선택하기까지 과정은 개인투자자가 중장기로 투자할 만한 기업을 찾는 데 중요한 실마리를 제공한다.

삼성전자의 눈썰미

2022년 4분기 경기 침체로 가전제품과 반도체의 재고가 쌓이면서 삼성전자는 총체적 난국이었다. 반도체를 포함한 디바이스솔루션(DS)사업부 영업이익이 고작 2700억원으로 시장 예상치의 절반에도 미치지 못했다. 그런데 삼성전자 외곽에 있던 사업부 한 곳이 3700억원의 이익을 올렸다. 2016년 삼성전자가 M&A한 미국 오디오 회사 하만의 실적

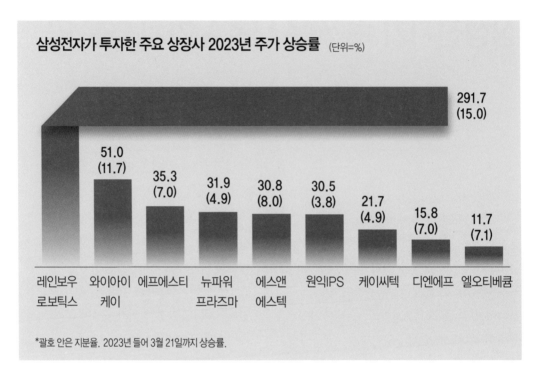

삼성전자가 투자한 주요 상장사 2023년 주가 상승률 (단위=%)

291.7
(15.0)

51.0
(11.7)

35.3
(7.0)

31.9
(4.9)

30.8
(8.0)

30.5
(3.8)

21.7
(4.9)

15.8
(7.0)

11.7
(7.1)

레인보우   와이아이   에프에스티   뉴파워   에스앤   원익IPS   케이씨텍   디엔에프   엘오티베큠
로보틱스   케이   프라즈마   에스텍

*괄호 안은 지분율. 2023년 들어 3월 21일까지 상승률.

이 반도체를 뛰어넘은 것이다.

2008년 금융위기가 다시 찾아올 수도 있다는 공포에 삼성전자는 하만과 같은 M&A '보험'이 필요했다. 이는 2023년 1월 3일 뜬금없는 공시로 이어졌다. 삼성전자가 590억원을 투자해 로봇 플랫폼 회사 레인보우로보틱스 지분 10%를 확보한 것이다. 3월 들어서는 이 지분율을 15%까지 늘린다.

대박 난 레인보우로보틱스

레인보우로보틱스는 국내 최초로 인간형 로봇인 '휴보(Hubo)'를 개발한 오준호 KAIST 기계공학과 명예교수가 기술 개발

을 담당하고 있다.

특출한 인재와 기술력, 흑자 전환하는 재무제표도 삼성전자의 눈을 사로잡았다. 2020년과 2021년 각각 13억원, 10억원의 영업손실을 기록한 이 로봇 회사는 2022년 13억원 흑자로 돌아섰다. 특히 M&A 등 투자 대상으로 볼 때 기준이 되는 상각전영업이익(EBITDA) 역시 2021년 -5억원에서 2022년 20억원으로 바뀌었다. EBITDA는 세금, 감가상각비, 무형자산 상각비 등을 빼기 전 이익이다. 기업이 실제로 버는 돈의 흐름을 의미해 주식시장보다는 M&A 시장에서 삼성전자 같은 '큰손'이 투자 대상을 찾을

때 쓰는 지표다.

레인보우로보틱스 시총은 2023년 3월 말 현재 2조4000억원에 육박하지만 2022년 말에는 6555억원을 기록했다. 2022년 EBITDA 대비 같은 해 말 시총은 328배에 달했다. 삼성전자가 이 로봇 회사의 현재 실적보다 높은 값에 지분을 사줬다는 뜻이다. 고평가 논란에도 삼성전자가 이 회사를 높이 평가한 것은 적자 와중(2020·2021년)에도 매출총이익률이 모두 50%를 넘었기 때문이다. 매출총이익은 매출에서 매출원가를 뺀 수치다. 적자 기업이더라도 원가 경쟁력을 갖추면 매출총이익률이 높게 나오며 결국 흑자 전환으로 이어진다.

'제2 레인보우로보틱스'는 어디서 나올까. 일단 기존에 삼성전자가 투자한 기업에 관심이 높아지고 있다.

고평가 논란에도 삼성전자가 이 회사를 높이 평가한 것은 적자 와중(2020·2021년)에도 매출총이익률이 모두 50%를 넘었기 때문이다. 매출총이익은 매출에서 매출원가를 뺀 수치다. 적자 기업이더라도 원가 경쟁력을 갖추면 매출총이익률이 높게 나오며 결국 흑자 전환으로 이어진다. '제2 레인보우로보틱스'는 어디서 나올까. 일단 기존에 삼성전자가 투자한 기업에 관심이 높아지고 있다.

삼성전자의 열두 제자들

삼성전자의 개별 재무제표 '타 법인 출자 현황'을 보면 국내 소재·부품·장비(소부장) 상장사 12곳의 이름과 지분율이 함께 표시돼 있다. 삼성전자가 지분을 투자한 기업들이다. 이는 2022년 말 기준으로 레인보우로보틱스는 아직 포함되지 않았다.

레인보우로보틱스 주가 급등과 함께 삼성전자가 300조원을 투자해 시스템 반도체 단지를 만든다는 청사진에 이들 소부장 주가도 덩달아 오름세다.

반도체 장비 업체이자 삼성전자가 지분 11.7%를 소유하고 있는 와이아이케이는 2023년 들어 3월 21일까지 주가가 51%나 급등했다. 레인보우로보틱스(15%)가 새로 편입되기 전에는 지분율 1위였다.

이 밖에 에프에스티(지분율 7%), 뉴파워 프라즈마(4.9%), 에스앤에스텍(8%), 원익 IPS(3.8%) 등도 반도체 관련 투자 기대감에 주가가 같은 기간 30% 이상 뛰었다.

이 중 원익IPS는 삼성전자가 투자 지분을

삼성전자보다 이익률 높은 주요 IT 관련주

(단위=%·억원·배)

종목	매출총이익률	부채비율	EBITDA	EBITDA대비 시총
넥스틴*	67.68	28.71	766	7.6
파크시스템스*	65.01	34.87	517	18.7
고영	64.16	28.35	626	17.7
한미반도체	56.48	16.75	1,144	13.7
바텍*	50.09	44.96	977	4.6
유진테크	48.84	25.18	663	9.6
나노신소재*	42.98	8.08	300	50.8
인텔리안테크*	39.68	89.15	480	17.1
더존비즈온	39.41	89.94	839	12.4

※*는 매출총이익률, 부채비율이 2022년 9월 말 기준. 나머지는 2022년 말 기준
EBITDA(2023년)는 증권사 3곳 이상 추정치 평균. 시총은 2023년 3월 20일 기준.

확대할 가능성이 높은 곳이다. 2023년 1분기까지 지분율은 4%도 안 된다. 삼성전자가 인위적 감산(생산 축소)은 하지 않겠다는 방침이어서 원익IPS 매출은 중장기적으로 늘어나는 구조다. 2022년 9월까지 누적으로 삼성전자를 통해 번 매출은 3485억원이다. 전체 원익IPS 매출 중 50.4%를 차지했다.

삼성전자는 2022년 6월 3나노미터(㎚·1㎚는 10억분의 1m) 파운드리 제품 생산을 위한 신규 공정에서 원익IPS 설비를 활용했다.

특히 정부가 반도체 대기업의 설비투자에 대한 세액공제율을 높여주기로 한 것도 원익IPS 같은 소부장 기업에는 호재다.

이 회사의 매출총이익률은 2021년 38.3%에서 2022년 41.1%로 되레 상승했다. 부채비율은 같은 기간 45.8%에서 40.2%로 하락

해 재무 안정성이 더해졌다. 삼성전자의 매출총이익률은 2022년 기준 37.1%였다. 이익률이 삼성보다 높으면서 부채비율이 작고 시총이 EBITDA 대비 낮아 저평가된 곳은 언제든지 큰손의 M&A 대상이 될 수 있다.

이런 기준에서 넥스틴은 국내 IT 관련주의 대표 주자다.

넥스틴은 낸드플래시 반도체 공정 검사 장비를 만든다. 미국과 중국의 반도체 개발 경쟁에서 넥스틴은 조용히 수혜를 보고 있다. 중화권 수출 호황에 2022년 매출과 영업이익이 2021년 대비 각각 2배 이상 급증했다. 2022년 9월 말 기준 매출총이익률은 67.7%에 달한다. 부채비율은 3년 동안 10~20%대로 매우 낮게 유지되고 있어 고금리 상황에서 강하다. 2023년 3월 20일 기준 시총은 5855억원으로 2023년 추정 EBITDA(766억원) 대비 7.6배 수준이다.

또 다른 로봇기업 고영 역시 주목받고 있다. 전 세계 3차원(3D) 반도체 검사장비 시장에서 점유율 1위 기업이며 테슬라를 고객사로 두고 있다.

전기차 확산과 무인화 바람에 따라 고영의 실적도 크게 오르고 있다. 2020년 이후 3년간 전년 대비 매출 증가율이 꾸준히 10%를 넘었다.

창업주 고광일 대표가 기술 개발과 영업·홍보 등에 열정적인 것도 주가에 호재다.

특히 정부가 반도체 대기업의 설비투자에 대한 세액공제율을 높여주기로 한 것도 원익IPS 같은 소부장 기업에는 호재다. 이 회사의 매출총이익률은 2021년 38.3%에서 2022년 41.1%로 되레 상승했다. 부채비율은 같은 기간 45.8%에서 40.2%로 하락해 재무 안정성이 더해졌다.

2023년 들어 1분기까지 주가도 오름세다. 고 대표는 서울대 전기공학 학사와 제어계측공학과 석사, 미국 피츠버그대 로봇틱스 박사를 거쳤다. LG전자 기술원, 미래산업연구소장을 지낸 후 40대 중반에 고영을 창업한 국내 대표 로봇공학자다. 고 대표가 만든 고영 검사장비는 경쟁사 대비 20% 비싸게 팔리는 것으로 알려져 있다.

2023년 매출과 영업이익 추정치는 각각 3084억원, 515억원으로 전년 대비 각각 12%, 16% 증가할 것으로 보인다. 매출총이익률은 최근 3년 연속 60%를 넘었다. 2023년 들어 고부가가치 의료장비 사업에 진출해 이익률이 더 상승할 여지가 있다. ■

삼성전자, 지금 사면 4년 내 원금 회수 가능한 이유

삼성전자는 만년 저평가 주식이다.

업종에 상관없이 기업가치 대비 주가 수준을 말하는 EV/EBITDA가 2배 수준까지 내려간 것은 한국 주식시장이 극도로 저평가됐음을 보여준다.

EV/EBITDA를 다른 말로 하면 투자자의 원금 회수 기간을 뜻한다. 2배면 투자 원금을 2년 안에 회수할 수 있다는 의미다.

금융투자 분야 세계 최대 빅데이터를 자랑하는 블룸버그 데이터로 보니 2022년 말 삼성전자의 EV/EBITDA는 2.85배였다.

먼저 분자인 EV 계산 방식은 '시가총액+(총차입금−현금성 자산)'이다.

시총에 차입금을 더하고 현금을 빼주는 고생을 하는 것은 여기서 EV가 M&A 사냥꾼이 회사를 살 때 값어치를 뜻하기 때문이다.

삼성전자를 인수하기 위해 M&A를 하려면 그 회사가 진 빚(부채)도 떠안아야 한다는 것이다.

이제 분모인 EBITDA(Earnings Before Interest, Taxes, Depreciation and Amortization)라는 복잡한 용어를 알아보자. 이것은 세금과 이자를 내지 않고 감가상각(기계 설비 등)도 하지 않은 상태에서의 이익을 말한다. 감가상각비는 회계에 표시는 되지만 실제 현금이 빠져나간 것은 아니다. 따라서 영업이익에 감가상각비를 더해서 계산한다. 실제 회사의 현금 흐름으로 보면 된다.

베스트 일레븐 중 저평가주는

2022년 삼성전자의 영업이익은 43조 4000억원이었고, 감가상각은 41조원이 이뤄졌다. EBITDA는 84조4000억원이 적용됐다. 이에 따라 2022년 말 당시 블룸버그는 삼성전자 기업가치(EV)를 240조원으로 평가했다. 2023년 들어 삼성전자의 EV는 증가했다. 일단 주가가 4월 17일까지 17.7% 올라 시총이 그만큼 상승했다. 여기에 추가 반도체 투자를 위해 부채가 늘어나면서 현금은 다소 감소했다.

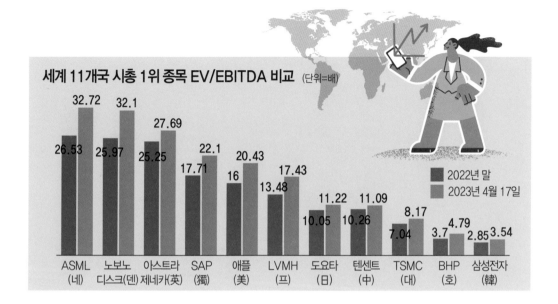

세계 11개국 시총 1위 종목 EV/EBITDA 비교 (단위=배)

범례:
- 2022년 말
- 2023년 4월 17일

종목	2022년 말	2023년 4월 17일
ASML (네)	26.53	32.72
노보노 디스크(덴)	25.97	32.1
아스트라 제네카(英)	25.25	27.69
SAP (獨)	17.71	22.1
애플 (美)	16	20.43
LVMH (프)	13.48	17.43
도요타 (日)	10.05	11.22
텐센트 (中)	10.26	11.09
TSMC (대)	7.04	8.17
BHP (호)	3.7	4.79
삼성전자 (韓)	2.85	3.54

2023년 EBITDA 역시 늘어날 것으로 보인다. 핵심은 영업이익인데 4월 들어 호재가 발생했다.

삼성전자가 적자 사업부인 메모리 반도체 생산량을 줄이기로 했다. 공급이 감소하면 제품 가격은 오른다. 2023년 추정 이익이 늘어날 수밖에 없는 구조다.

4월 17일 기준 삼성전자 EV/EBITDA는 3.54배로 상승했다. 2022년 말(2.85배)에 비해 크게 올랐기 때문에 주식을 사기 두려워질 수도 있다. 그러나 3.54배라는 수치는 삼성전자에 투자했을 때 그 원금을 3년6개월쯤 지나면 회수할 수 있다는 뜻이다. 이는 다른 국가 1등주와 비교해도 여전히 낮은 수치다.

한국을 포함해 미국, 중국, 일본, 독일, 영국, 프랑스, 네덜란드, 덴마크, 대만, 호주 등 11개국 증시 시총 1위 종목과 비교해봤다. 정도의 차이는 있지만 삼성전자처럼 이들 1등주는 모두 주가가 오르면서 EV/EBITDA가 상승했다. 2023년 4월 17일 현재 삼성전자의 EV/EBITDA가 가장 낮았다.

EV/EBITDA는 기업이 순수한 영업활동을 통해 번 이익에 대비해 시장에서 얼마의 가치를 뜻하는지 보여준다. 실제 다국적 기업 M&A 때도 이 수치를 갖고 협상 테이블에 앉는다.

EV/EBITDA 비율은 수익성 지표인 PER과 현금 흐름을 나타내는 지표인 주가현금흐름비율(PCR)을 보완하는 지표다. 특히 대형주는 업종과 상관없이 상호 비교하기 용이하다. 삼성전자처럼 저평가된 주식으로는 호주의 1등주 BHP가 있다. BHP의 EV/EBITDA는 2023년 4월 17일 기준 4.79배로 삼성전자보다 소폭 높다.

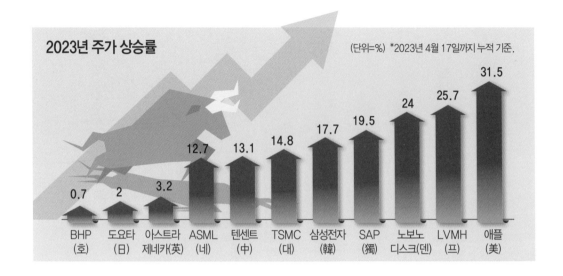

2023년 주가 상승률

(단위=%) *2023년 4월 17일까지 누적 기준.

BHP(호)	도요타(日)	아스트라제네카(英)	ASML(네)	텐센트(中)	TSMC(대)	삼성전자(韓)	SAP(獨)	노보노디스크(덴)	LVMH(프)	애플(美)
0.7	2	3.2	12.7	13.1	14.8	17.7	19.5	24	25.7	31.5

BHP는 호주 멜버른에 본사를 둔 광물회사로 철광, 구리, 니켈 등 핵심 광물을 생산한다. 니켈은 전기차 시대에 매우 중요하다. 전기차의 주행거리는 니켈에 달려 있다 해도 과언이 아니다. BHP는 그런 니켈을 2000만t 보유해 세계 2위 매장량을 자랑한다.

최대 니켈 업체는 러시아 모스크바 소재의 노르니켈(OJSC MMC Norilsk Nickel)이다. 니켈 가격이 2023년 들어 같은 해 1분기까지 하락하면서 BHP 주가 역시 제자리 걸음에 그쳤다. 삼성전자와 업종은 다르지만 BHP 역시 대량의 제품을 낮은 가격에 파느라 높은 기업가치를 받지 못하는 셈이다.

지속되는 애플의 고평가

삼성전자는 반도체 외에도 스마트폰 사업을 영위한다. 이에 따라 미국 애플과 곧 잘 비교되고, 실제로도 라이벌 관계다. 애플의 EV/EBITDA는 2022년 말 16배에서 2023년 들어 20.43배로 뛰어올랐다.

애플 주가는 2023년 들어 4월 17일까지 31%나 올랐다. 삼성전자 상승 폭(17.7%)보다 월등히 높고 EV 역시 상승했다. 삼성전자와 다른 점이라면 애플은 2023년 EBITDA가 2022년보다 크게 상승할 여지가 작다는 것이다.

삼성전자는 반도체 사업부에서 2023년 1분기에만 4조원의 적자가 났을 것으로 추정하고 있다. 반도체 감산에 나서면 적자 폭은 크게 감소할 것으로 보인다. 애플과 경쟁하는 스마트폰 부문에서 현상 유지만 해도 삼성전자의 2023년 EBITDA는 늘어날 여지가 크다.

삼성전자의 EV/EBITDA가 3~4배로 낮

게 유지되면 외국인 투자자의 삼성전자 러브콜은 이어질 전망이다. 실제 삼성전자에 대한 외국인 투자자의 순매수는 2023년 들어 4월 17일까지 6조6000억원에 달했다. 같은 기간 개인투자자는 5조5000억원어치를 내다 팔았다. 결국 외국인 투자자는 2020~2022년 국내 개인투자자에게 내줬던 점유율을 일부 찾아온 셈이다.

삼성전자 주가가 오르려면

세계 주요 증시 시총 1위 종목 중 애플보다 더 높은 가치를 평가받는 곳도 네 곳이나 됐다. 네덜란드 반도체 노광장비 기업 ASML과 덴마크 바이오주 노보노디스크는 EV/EBITDA가 32배가 넘었다.

ASML은 첨단 반도체 공정에 꼭 필요한 극자외선(EUV) 노광장비를 생산하는 세계 유일한 기업이다. 이 때문에 이재용 삼성전자 회장은 틈만 나면 이 네덜란드 회사에 방문한다. 첨단 반도체는 늘상 필요한데 ASML의 장비는 늘 부족하다. 연간 EUV 생산량이 제한되는 것은 이 장비를 만드는 것이 워낙 복잡해 시간이 오래 걸리기 때문이다. 다행스러운 것은 ASML의 EUV 장비 생산 대수가 소폭이나마 꾸준히 늘고 있다는 것이다. 이 때문에 2023년 들어 주가도 오르고 있다.

생산 대수는 2019년 22대에서 2020년 32대, 2021년 42대, 2023년에는 연간 50대

이상으로 늘어난다고 ASML 측이 밝혔다.

덴마크 제약회사 노보노디스크는 2023년 들어 당뇨병과 비만 치료에 대한 강력한 자신감과 이에 따른 실적 성장을 실제로 보여주고 있다. 이 회사는 GLP-1 계열 약물이 2023년에도 잘 팔릴 것이라고 내다봤다. GLP-1 유사체는 당뇨병 치료에서 높은 혈당 강하 효과와 함께 비만 치료로 강력한 체중 감량 효과가 있어 의약계에서 큰 주목을 받고 있다.

노보노디스크는 2023년 연매출을 당초 예상보다 30%까지 상향 조정해 최대 약 44조원의 매출을 올릴 수 있다고 자신했다. 이 회사는 2022년 매출로 34조1000억원을 공시한 바 있다. 이 중 14조4000억원이 이익으로 남아 영업이익률이 42.2%에 달했다. 높은 이익률에 회사의 전망치 상향은 주가 상승으로 이어졌다. 2023년 들어 4월 17일까지 24% 올랐다. ASML과 노보노디스크는 2022년 말에도 모두 EV/EBITDA가 25배가 넘는 고평가 주식이었다. 결국 고평가 주식이 추가로 주가가 더 오르려면 높은 이익률이 동반돼야 한다는 것을 확인할 수 있다. 이는 삼성전자가 파운드리(위탁생산) 사업에 뛰어드는 이유이기도 하다.

파운드리 사업을 주로 하는 대만 TSMC의 영업이익률은 2022년 기준 50%가 넘는다.

반면 삼성전자의 영업이익률은 같은 해 14%에 그쳤다. ∎

03

부동산

위기를 기회로 바꾸는 부동산 투자

2010년 빼닮은 집값 암흑기…무엇이 다를까

'시계 제로' 주택시장 결정할 주요 변곡점

부동산 바닥을 확인하기 위해 진짜 봐야 하는 지표는?

2023년에는 어떤 부동산 규제가 완화될까

내 집 마련하기 가장 좋은 기회…서울 유망 분양 단지

주택시장 주요 변수 광역교통망…올해 수혜 지역은 어디

불황 때 오히려 주목받는 부동산 경매시장

서울 미래 지도 미리 들여다보기 2040서울플랜 분석

'뜨거운 감자' 노후 계획도시 특별법

꼬마빌딩 투자에서 새로운 기회 찾기

2010년 빼닮은 집값 암흑기…
무엇이 다를까

불과 1년 사이에 주택시장 분위기가 완전히 바뀌었다. 정부가 여러 가지 부동산 규제를 완화하면서 급락세는 멈췄지만 시장이 조정기에 들어간 것은 대부분 일치하는 의견이다. 관심사는 지금 상태가 수년에 걸친 장기 하락세로 가는 길목인지, 아니면 단기 조정에 그칠지다.

일각에선 5~6년 이상 침체에 빠졌던 2008년 글로벌 금융위기 이후 부동산시장을 분석해 장기 하락 가능성을 가늠해볼 수 있다는 주장도 나온다. 이번 장에서는 글로벌 금융위기 이후 2010년대 초반을 덮쳤던 부동산 침체와 지금 시점의 부동산시장을 비교·분석해봤다.

강남 재건축 최대 30% 빠져

일단 글로벌 금융위기 이후와 지금 부동산시장의 가장 큰 공통점은 장기간 이어진 집값 급등세다. 시장이 이에 피로감을 느끼고 하락의 '핑곗거리'를 찾고 있었다는 뜻이다. 2008

년 금융위기가 터지기 전 서울 집값은 2004년 잠깐 떨어졌던 시기를 제외하고 2002년, 2006년 폭등기를 포함해 2000년 이후부터 무서운 상승세를 보였다. 그 후 2014년 상승 반전한 뒤 2021년까지 8년 연속 급등기를 이어갔다.

집값 상승세로 각종 부동산 관련 규제가 시장을 압박하고 있다는 점도 일치한다. 금융위기 발생 직전인 2007년은 노무현 정권 말기로 분양가상한제, 분양원가 공개제도, 부동산담보대출(LTV·DTI) 규제 등이 도입·확대됐다. 윤석열 정부가 들어서기 전에도 문재인 정부가 무려 26차례나 부동산 대책을 발표하며 분양가상한제 확대, 고가 아파트 대출 축소 등이 이뤄졌다. 물론 두 시기 모두 부동산시장 분위기가 급변한 후 정부가 각종 규제를 푸는 모습이다. 하지만 부동산시장 체력은 약해질 대로 약해진 상태로 보는 게 맞다.

그렇다면 글로벌 금융위기 이후 서울 아파트 가격은 얼마나 떨어졌을까. 하락세가 정점에 달했던 2012년 7월 부동산114 지수를 기준으로 서울 아파트값은 금융위기 직전보다 7.5%가량 내려갔다. KB국민은행 지수 기준으로는 4.7%, 국토교통부 실거래가 지수 기준으로는 9% 떨어졌다. 하지만 이 숫자는 모두 평균치라는 점이 함정이다.

실제로 경기 상황에 민감한 영향을 받는 강남 재건축 하락폭은 30% 전후로 서울 평균보다 훨씬 컸다. 강남 재건축의 상징인 은마아파트는 2012년 12월 전용면적 77㎡ 기준 실거래 가격이 7억1000만원까지 떨어지며 전고점(11억6000만원·2006년 11월) 대비 40% 가까이 급락했다. 같은 해 3월 개포주공3단지 전용 36㎡가 5억4500만원에 실거래됐는데, 이는 최고가 7억4500만원에 비해 27%나 빠진 가격이다. 서울 아파트가 글로벌 금융위기 이후와 비슷한 흐름을 보인다면 서울은 평균 10% 내외, 재건축 아파트는 평균 약 30%의 하락폭을 나타낼 것이라고 예측해볼 수 있다. 작년 하반기부터 올해 상반기까지 아파트 가격이 떨어진 폭과 비슷하다.

글로벌 부동산시장도 이상 징후

그동안 부동산시장 호황은 우리나라만의 일이 아니었다. 저금리에 따른 유동성 증가와 빠듯한 공급은 미국, 유럽 등을 가리지 않고 전 세계 부동산시장을 폭등시켰다. 하지만 최근 인플레이션 억제를 위해 각 나라가 잇달아 금리를 인상하면서 한껏 달아올랐던 부동산시장이 꺼질 것이라는 경고음이 울린다. 2000년대 초반 호황이었다가 글로벌 금융위기를 맞아 분위기가 정반대로 급변한 2010년대 초반과 비슷한 상황이다.

실제로 1년 전만 해도 "부르는 게 값"이라는 말이 나오던 미국 집값은 급격히 하락세로 돌아섰다. 미국 부동산중개인협회에 따르면 올 2월 미국 기존 주택 중위가격은 36만 3000달러(약 4억7000만원)로 지난해 같은 달보다 0.2% 떨어졌다. 미국에서 전년 동월 대비 집값이 하락한 것은 2012년 2월 이후 처음이다.

호주, 뉴질랜드, 캐나다 등에서도 부동산시장 상황이 급변하고 있다. 브라질, 칠레, 스페인, 남아프리카공화국, 인도 등도 인플레이션을 감안한 실질 주택 가격이 내려가는 것으로 나타났다. 상황이 이렇게 흐르면서 경제전문기관도 부동산시장 침체를 전망하고 있다. 골드만삭스는 최근 미국 주택시장에 관한 보고서를 내고 올해도 신규 주택 판매(8% 하락)와 기존 주택 판매(14% 감소)가 줄어드는 등 침체를 전망했다.

주택시장이 붕괴할 수 있다는 경고까지 나오고 있다. 2000년대 금융위기와 2008년 리먼 쇼크를 예측한 것으로 유명한 노벨경제학상 수상자 로버트 실러 예일대 교수는 최근 야후파이낸스 인터뷰에서 "주택 거래와 주택

서울 아파트 매매 가격 상승률 (단위=%)

*2022년은 1~7월 누계 기준. 자료=한국부동산원

인허가 건수가 감소하고 있다"며 "여러 조짐이 있는데, 재앙(버블 붕괴)이 아닐 수도 있지만 재앙을 고려해야 할 때가 됐다"고 말했다. 그는 "2008년 서브프라임 모기지 사태와 지금 상황이 매우 닮아 보인다"며 "무언가 큰 사건이 일어날 징조가 나타나고 있다"고 전했다.

10년 전보다 심한 '버블'?

하지만 금융위기 이후 부동산시장보다 지금이 더 심각하다는 주장도 제기된다. 현재 서울 집값이 일반적인 사람이 감당하기엔 벅찬 수준으로 넘어갔다는 것이다.

실제로 한국주택금융공사 주택금융연구원에 따르면 작년 3분기 서울의 주택구입부담지수는 214.6로 집계됐다. 주금공에서 해당 지수를 산출하기 시작한 2004년 이래 가장 높

다. 특히 200을 넘어선 것은 소득의 50% 이상을 대출 상환에 써야 한다는 의미다. 서울 집값이 작년 3분기부터 하락 분위기로 전환했음에도 소득 대비 여전히 높다는 뜻이다. 주택구입부담지수는 중위소득 가구가 표준 대출을 받아 중간가격 주택을 구입할 때 대출 상환 부담을 나타내는 지수다. 글로벌 금융위기 직전 부동산 호황기 때 가장 높았던 서울 주택구입부담지수는 164.8(2008년 2분기)이다.

거래절벽도 훨씬 더 심하다. 금융위기 이후 불황기에 서울 아파트 거래가 가장 적은 시기는 2012년(4만1079건)이었다. 2010년대 초반 최악의 불황 때도 서울 아파트 거래는 매년 5만~7만건을 기록했다. 하지만 작년 서울 아파트 거래는 1만2000건도 넘지 못했다.

집값에 엄청난 타격을 주는 '경제 충격'이 아직 없다는 사실도 다른 점이다. 2008년엔 금융위기로 부동산 버블이 붕괴되며 수년 동안 불황이 지속됐는데, 지금은 집값 약세 원인이 그때와 다르다는 것이다. 금리 인상과 장기간 주택 가격 상승에 대한 피로감 등이 원인으로 꼽히지만 명확한 요인은 없다는 의미다.

비슷하지만 미묘하게 다른 금리

지금까지 집값 상승세를 주도해온 저금리 상태는 힘이 빠지고 있다. 무섭게 오르는 금리와 모든 부채를 따지는 총부채원리금상환비율(DSR) 시행 등으로 자금 마련이 어려워졌고 이자 부담도 만만치 않다.

금융위기 이전 기준금리는 5.25%였으며 위기 발생 이후 2009년 2월까지 6차례에 걸쳐 2.00%로 내려갔다. 이후 금리가 슬금슬금 올라 3.25%까지 갔지만 인상 속도는 빠르지 않았다.

하지만 최근엔 글로벌 금융위기 당시 절반 수준에도 못 미치는 사실상 '제로금리'를 유지하다가 약 1년 사이에 3.5%까지 급등했다. 속도와 방향성이 2010년대 초반보다 더 좋지 않은 상태다.

피부로 느끼는 금리 인상 속도는 더 빠르다. 한국은행 발표에 따르면 올해 3월 신규 취급액 기준 가계대출 금리는 5.01%다. 가계대출에서 가장 큰 비중을 차지하는 주택담보대출 금리는 KB국민·신한·하나·우리·NH농협은행 등 5대 시중은행 기준 연 3.83~5.92%로 나타났다.

문제는 기준금리가 당분간 떨어질 가능성이 높지 않다는 점이다.

제롬 파월 미국 연방준비제도(Fed·연준) 의장은 올 3월 미국 기준금리를 0.25%포인트 인상한 후 "올해 금리 인하는 우리의 기본 예상이 아니다"며 "만일 우리가 금리를 더 올릴 필요가 있다면 그렇게 할 것"이라고 말했다. 예상을 벗어나는 경제 충격이 오지 않는 한 미국이 기준금리를 섣불리 내리진 않을 것이라는 전망이 우세한 이유다.

전세가율·공급 부족이 급락 위험 막아

하지만 금융위기 직후와 지금의 중요한 차이점 두 가지를 들어 이번 하락세가 장기 급락으로 이어지지 않을 것이라는 반론도 만만치 않다. 바로 정비사업 규제로 발생한 '공급 부족', 꾸준한 전세금 상승에 따른 '높은 전세가율'이다.

먼저 각종 규제에 따른 공급(입주 물량) 부족은 여전한 문제다. 2007년까지는 부동산 경기 흐름이 좋았고 분양가상한제 시행을 앞두고 밀어내기식 분양이 많았다. 이때 준공한 물량이 2008년 이후 대규모 미분양으로 이어지면서 당시 미분양 가구는 전국적으로 16만5000여 가구로, 수도권에서만 2만7000

글로벌 금융위기와 최근 부동산시장의 공통점과 차이점

2008년 금융위기 이후	공통점	최근 부동산시장 상황
2006~2007년 30% 이상 폭등	장기간 집값 급등에 따른 피로감	서울 주택구입부담지수 역대 최대 214.6
분양가상한제, 분양원가 공개 등	규제 덕분에 약해진 시장 체력	재건축 초과이익환수제 등
2008년 5.25%에서 2009년 2%로 인하 후 2011년 3.25%까지 상승	경제위기 이후 올라오는 기준금리	코로나 팬데믹 이후 0.25%까지 떨어졌다가 올해 3월 3.5%까지 급등

	차이점	
매년 3만~4만가구 웃돌던 서울 입주 물량 38.18%(2009년 1월 서울 기준)	입주 물량 추이 꽤 차이 나는 전세가율	올해 서울 입주 물량 2만2425가구 51.2%(2023년 2월 서울 기준)

여 가구에 달했다. 반면 지금은 전국 미분양 물량이 7만5000여 가구, 수도권이 1만2000가구에 불과하다.

미분양이 늘어나는 속도가 워낙 빨라 부동산시장을 압박하고 있지만 시스템 전체에 강력한 충격을 줄 수준은 아니라는 뜻이다.

또 재개발·재건축 규제 등으로 서울 입주 물량이 올해도 2만가구 안팎에 그칠 것으로 전망된다. 2010년대 초반에도 서울 입주 물량은 매년 3만~4만가구를 웃돌았다.

주택 수급 상황을 나타내는 주택보급률(일반가구 수 대비 주택 수 비율)도 공급 부족이 해결되지 않았다는 사실을 보여준다. 특히 주택 부족이 심한 서울은 2021년 기준 94.2%를 기록해 주택이 일반가구보다 20만가구 적다. 94.2%는 거의 10년 전 수준(2012년 94.8%)이다.

이 같은 상황 때문에 전세가율도 금융위기 직후보단 상대적으로 높다. 서울 아파트 기준 전세가율은 금융위기 당시 38.18%로 낮았지만 현재는 51.2%로 14%포인트가량 차이가 난다. 지역에 따라 전세시장이 불안한 곳이 있지만 서울 등 수도권 전체로 영향이 번질지는 미지수다.

물론 금융위기 이전엔 전세자금대출 제도가 없었기 때문에 완벽하게 비교하기는 어렵다. 일각에선 전세대출이 나타나기 이전과 이후의 전세가율 최고점을 비교하면 상대적인 추산이 가능하다는 지적도 있다. 전세대출이 없을 당시 역대 최고점은 64.6%(2001년 10월), 전세대출이 존재할 때는 75.1%(2016년 6월)였다.

이 같은 이유로 전문가들은 전세가율의 위험 수준을 '50%'가 깨지는 시점으로 보기도 한다. 전세대출이 전세가율을 10%포인트 정도 높였을 것으로 추측되는데, 예전 위험 시점이 전세가율 40%가 깨질 때였던 점을 감안하면 이런 예측이 가능하다. ■

'시계 제로' 주택시장 결정할 주요 변곡점

요즘 부동산시장은 말 그대로 '시계 제로'다. 2021년까지 폭등하던 집값은 급격한 금리 인상과 최악의 거래절벽이 동반하며 분위기가 완전히 바뀌었다. 상황이 이처럼 흐르면서 정부의 규제 완화도 상상 이상으로 빠르게 진행 중이다.

올해 시장 향방을 놓고 의견이 크게 엇갈린다. 급락한다는 전망도 있고, 규제가 완화되고 금리 인상 속도가 느려지면서 최악의 상황은 벗어난다는 시각도 있다.

하지만 집값은 주택 공급과 수요, 심리 등 다양한 요소가 복잡하게 얽혀 결정된다.

2023년 주택시장에 변곡점을 줄 이벤트와 시장에 미칠 영향이 무엇인지 하나씩 짚어보자.

2~8월 '강남 전셋값은 어떻게 될까'

설 연휴가 지나고 봄이 오면 부동산시장은 대개 성수기를 맞는다. 입학 등을 앞두고 이동이 많아지기 때문에 전월세, 매매 가격 등이 출렁이고 이때 분위기로 시장 방향이 결정되는 경향이 짙다.

올해는 시간 영역을 더 넓혀 2월부터 8월까지가 매우 중요한 변곡점이 될 것으로 보인다. 서울 강남권 전월세시장 흐름을 결정지을 입주 단지의 영향이 가시화되기 때문이다.

개포동에서 개포자이프레지던스(3375가구)가 올해 2월 입주하면서 개포동 신축 전용 84㎡ 전세 시세가 9억원대까지 떨어졌다. 여기서 환경이 더 나빠지면 서울 전월세시장 전체에 충격을 줄 위험이 있다.

문제는 상반기 내내 강남권 전셋값에 영향을 줄 입주 단지가 많다는 점이다.

개포자이프레지던스를 시작으로 올해 8월 서초구 '래미안원베일리'(2990가구)가, 내년 1월엔 강남구 '디에이치퍼스티어아이파크'(6702가구)가 입주한다.

디에이치퍼스티어아이파크 입주장이 사실상 올해 12월에 시작된다는 점을 감안하면

향후 3년 강남권 주요 입주 단지

(단위=가구)

단지	가구 수	입주 예정일
개포 자이프레지던스	3375	2023년 2월
개포 디에이치 퍼스티어아이파크	6702	2024년 1월
반포 래미안원베일리	2990	2023년 8월
신반포 메이플자이	3307	2024년
반포 디에이치클래스트	5388	2025년
디에이치방배 (5구역)	3065	2025년
강동 올림픽파크포레온	1만2032	2025년 1월

*자료=호갱노노·업계 취합

올해 강남권에만 1만3000여 가구가 몰리는 것이다. 이는 2022년 강남권 입주량에 비해 4배 많다.

많은 사람이 강남권 물량을 주목하지만 서울 동북권과 서북권 물량도 살펴봐야 한다.

당장 올 1월 가장 먼저 입주를 시작한 청량리역해링턴플레이스(220가구) 국민평형은 현재 5억~6억원대에 전세 매물이 나오고 있다.

여기에 5월 입주하는 청량리역한양수자인 192(1152가구)와 7월 입주하는 청량리역롯데캐슬SKY-L65(1425가구)가 뒤를 잇는

다. 청량리역한양수자인 국민평형은 일찌감치 6억원 안팎에 전세가 나오고 있다. 두 단지의 입주가 본격적으로 시작되면 전세가는 더 떨어질 가능성이 높다.

서북권도 올 1월 입주한 DMC센트럴자이(1388가구)를 통해 전세 폭탄을 한 번 경험했다. 6월엔 다시 DMC아트포레자이(672가구)가 입주를 시작한다.

7월에는 DMC파인시티자이(1223가구)와 DMCSK뷰아이파크포레(1466가구) 등이 뒤를 잇는다. 같은 시기 3526가구가 동시에 입주한다는 것이다. 1월과는 비교가 안 되는 상황이다.

게다가 인천 검단 등 수도권 서남부에 몰려 있는 입주 단지도 만만치 않다.

현재 부동산 침체는 수요 측면을 압박하는 금리 탓이 크다.

그동안 매매시장에 비해 안정적이었던 전세시장은 매매 가격 하락세가 장기 급락으로 이어지지 않는다는 주장을 뒷받침하는 근거였다. 하지만 전월세시장이 흔들리면 공급에 충격이 오기 때문에 영향이 얼마나 클지 예상하기 어렵다.

특히 올해는 공교롭게도 임대차 3법 시행으로 계약갱신권 사용이 시작된 지 2년 차를 맞는 때여서 시장에 나오는 물량과도 겹치게 된다.

2021년은 전셋값이 여러 이유로 급등한 시

기이기 때문에 서울 전역이 역전세난의 영향을 받게 될 가능성이 높다.

입주를 앞둔 4월부터 6월까지 전세가 하락이 다시 시작돼 하반기에 하락세가 절정을 맞을 가능성이 크다. 연말이 다 될 즈음에야 입주장의 영향권에서 서서히 벗어날 수 있을 것으로 예상된다.

올해 입주장이 중요한 이유는 전세가 하락세 속에 맞은 대규모 입주장에서 서울 전체 전세가가 어느 정도 버틸지 체력을 테스트해볼 수 있어서다.

서울 아파트 가격이 본격적으로 반등할지, 아니면 다시 하락세로 향할지는 이 입주장 테스트가 마무리되는 시점에서야 윤곽이 드러날 것으로 보인다.

실거주 수요가 받치는 전세가의 반등이 확실하게 일어난다면 상승론이 다시금 고개를 들 것으로 보인다.

물론 올해 대규모 입주장은 임차로 거주하며 청약시장을 노리는 이들에게 저렴한 가격으로 실거주를 보장받는 절호의 기회이며, 일시적으로 하락한 이들 단지를 매수할 수 있는 기회이기도 하다.

4월 '주택 보유세 부담은'

4월 말부터 아파트 등 공동주택 1400만여 가구의 공시가격을 확인할 수 있다. 3월 중순에 예정액이 공개되고 주민에게 이의 제기

> 올해 입주장이 중요한 이유는
> 전세가 하락세 속에 맞은 대규모 입주장에서
> 서울 전체 전세가가 어느 정도 버틸지
> 체력을 테스트해볼 수 있어서다.
> 서울 아파트 가격이 본격적으로 반등할지,
> 아니면 다시 하락세로 향할지는
> 이 입주장 테스트가 마무리되는 시점에서야
> 윤곽이 드러날 것으로 보인다.

를 받은 후 조정을 거쳐 4월 최종 공시된다.

정부는 4월 말 공시가격을 확정하면서 재산세를 결정하는 또 다른 요소인 공정시장가액을 1주택자를 대상으로 인하하는 방안도 검토 중이다. 7월과 9월에 부과되는 재산세가 확 깎인다는 뜻이다.

6월엔 종합부동산세와 관련해 달라지는 부동산 제도가 많다.

먼저 종부세 공제금액이 6억원에서 9억원으로 오른다. 보유한 주택의 공시가격 합산액이 9억원 이하면 종부세를 내지 않아도 된다.

1가구 1주택자 종부세 기본공제도 현행 11억원에서 12억원으로 높아진다.

2주택자에 대한 종부세 중과도 없어진다.

올해 부동산시장 주요 일정

2월 3375가구 개포자이 프레지던스 입주 | 1기 신도시 정비 특별법 정부 발의 | **4월** 아파트 등 공동주택 공시가격 발표 | **6월** 종부세 과세 기준 완화 | **8월** 2990가구 서초구 래미안 원베일리 입주

조정대상지역 2주택 이상 보유자도 중과세율(1.2~6.0%)이 아닌 일반세율(0.5~2.7%)로 세금을 내면 된다.

보유세 부담은 주택 매수를 가로막는 요소다. 2018년 9·13 부동산 대책으로 하락하던 수도권 집값은 이듬해 발표된 종부세 개편안이 예상보다 강하지 않다는 판단이 나오자 바닥을 찍은 전례가 있다. 현재 분위기가 2019년 초보다 나쁘긴 하지만 정부의 세금 부담 완화는 시장에 영향을 미칠 중요한 변수다.

초과이익환수제 개정 주목

올해는 이 밖에도 부동산시장에 거의 매달 체크해야 할 변화가 쏟아진다. 하지만 부동산시장이 반등할지에 대해선 회의적인 시각이 많다.

한국건설산업연구원과 대한건설정책연구원 등 국내 부동산 관련 주요 연구기관은 2023년에 전국 집값이 올해보다 더 하락할 것이란 관측을 일제히 내놓았다.

결국 가장 중요한 요인은 금리가 될 것으로 보인다. 지난해 집값을 떨어뜨린 결정적 요인이 금리 인상이었기 때문이다. 이 때문에 기준금리를 결정하는 한은 금융통화위원회 일정에 관심이 집중될 수밖에 없다.

재건축 사업의 향방을 결정짓는 재건축 초과이익환수제 개선안 통과 여부도 주목할 만하다.

지난해 9월 국토부는 1주택 장기 보유자의 재건축 부담금을 최대 50%까지 경감하고, 초과이익 산정 기준일도 기존 재건축추진위원회 구성 승인일에서 조합설립 인가일로 늦췄다.

하지만 재건축 부담금은 거의 모든 세부 사항이 법률에 규정돼 있기 때문에 국회 동의가 필요하다. 더불어민주당이 법 개정에 반대하고 있지만, 2024년 총선이 다가오고 있어 어떤 태도 변화를 보일지도 관심사다. ■

부동산 바닥을 확인하기 위해 진짜 봐야 하는 지표는?

정부가 부동산시장 경착륙을 막기 위해 대대적인 규제 완화에 나서며 얼어붙었던 매수심리가 다소 살아나는 모양새다.

부동산 가격 하락폭도 일부 줄어들며 시장에서는 급매가 속속 빠지고 있다.

이제 관심은 시장 관련 각종 지표가 정말 바닥을 찍었는지에 쏠린다.

실제로 전문가들 사이에서는 지금 시장 상황을 어떻게 봐야 할지 의견이 엇갈린다.

집값 폭락론 유튜버로 유명한 '쇼킹부동산'은 최근 '역전세 대란'이라는 책에서 2023~2024년 초가 내 집 마련의 적기라고 주장했다.

이번 침체는 미국발 고금리라는 돌발 변수로 발생한 만큼 집값이 급반등할 가능성이 있다는 것이다.

국제통화기금(IMF) 외환위기 때는 폭락했던 집값이 1년 만에 급반등하며 'V'자형으로 회복했다.

반면 한문도 연세대 겸임교수는 3년, 이현철 아파트사이클연구소장은 7년 정도 집값이 하락할 가능성이 있다고 전망한다.

지금 반등을 확신할 수 없는 이유는 금리 정상화에 상당한 시간이 걸리고, 2026년부터 3기 신도시 대량 입주, 재건축·재개발 규제 완화에 따른 공급 급증 등 이른바 '공급 폭탄'이 터질 가능성이 있다는 것이다.

집값은 누구도 예상치 못한 변수가 좌우하는 경우가 많아 반등 시점을 정확하게 예상하는 것은 불가능하다.

그러나 본격적인 반등세를 확인하기 위해 꼭 확인해야 하는 지표는 존재한다. 이 같은 측면에서 수많은 부동산 관련 지표 중 어떤 게 허수이고, 어떤 게 진짜 확인해야 하는 것인지 구분하는 일은 꼭 필요하다.

한국부동산원에 따르면 3월 셋째주(20일 기준) 전국 아파트값은 0.22% 떨어져 전주(-0.26%) 대비 하락폭이 줄었다.

지난해 9월 이후 계속 커지던 감소폭이 1월 첫째주 처음으로 줄어든 뒤 진정세를 보이는

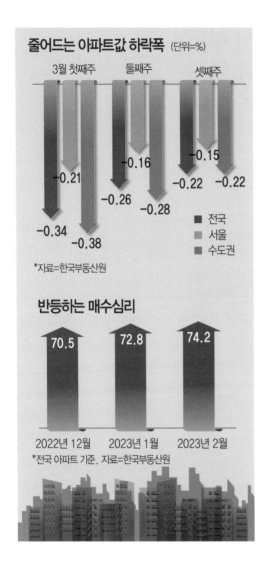

줄어드는 아파트값 하락폭 (단위=%)

3월 첫째주   둘째주   셋째주

-0.21
-0.16
-0.15
-0.26
-0.22
-0.22
-0.28
-0.34
-0.38

■ 전국
■ 서울
■ 수도권

*자료=한국부동산원

반등하는 매수심리

70.5   72.8   74.2

2022년 12월   2023년 1월   2023년 2월
*전국 아파트 기준. 자료=한국부동산원

(-0.15%) 등 강남권과 양천구(-0.07%)에서는 하락폭이 0%에 근접했다.

전세가도 감소폭이 전주보다 누그러들었다. 전국 주간 아파트 전세가는 0.36% 내려가 전주(-0.41%) 대비 하락폭이 줄었다. 서울 아파트도 전세가가 0.41% 떨어져 전주보다 하락폭이 축소됐다.

매수심리도 일부 되살아나는 모양새다. 3월 셋째주 전국 아파트 매매수급지수는 76.3으로 6주 연속 상승했다. 서울 아파트 매매수급지수도 69.3으로 70선 회복을 앞두고 있다.

서울의 경우 지난해 5월 이후 계속 떨어지던 매매수급지수가 올 1월 들어 반등하는 양상이다. 매매수급지수가 기준선인 100보다 낮을수록 시장에서 집을 팔려는 사람이 사려는 사람보다 많음을 의미한다. 아직 '매수자 우위' 시장인 것은 분명하지만 수요자들 심리가 일부 살아나는 것으로 해석할 수 있다.

이와 함께 수요가 회복되는 움직임도 감지된다. 서울 송파구 헬리오시티의 경우 지난해 11~12월 매매 계약이 25건 체결됐다. 연간 전체 거래(72건) 중 34%가 연말에 몰린 것이다.

최근 올림픽파크포레온(둔촌주공 재건축) 계약률이 시장 예상보다 선방한 것도 향후 시장 심리가 다시 살아나는 데 영향을 줄 것이라는 분석이다.

모습이다.

서울의 경우 지난해 12월 마지막주 0.74%에 달했던 하락폭이 올해 3월 셋째주 0.15%까지 빠른 속도로 줄어들고 있다. 특히 서초·강동구(이상 0%), 송파구(-0.06%), 서초구 시공사업단에 따르면 올림픽파크포레온 일반분양 물량 4786가구의 정당계약 및 무순위계약에서 모든 계약이 완료됐다.

하지만 집값이 확실히 반등하려면 몇 가지 요소가 추가로 더 확인돼야 한다. 우선 미국 기준금리 추이가 중요하다.

부동산시장에서는 "금리 앞에 장사 없다"는 말도 있다.

2021년 초 0.25%였던 미국 기준금리가 요즘 5%까지 올랐다. 한국도 이에 맞춰 2021년 말 기준금리를 1%에서 최근 3.5%까지 인상했다.

기준금리가 1년 만에 급격하게 오르면서 주담대 평균 금리 상단도 7%를 넘어섰다. 최근 주담대 금리가 다소 내려오는 추세라지만 부동산시장에 압박을 준다고 평가받는 '평균 5%'까지는 아직 갈 길이 멀다.

결국 미국 금리가 고점을 찍고 하락해야 부동산시장을 압박하는 요소가 누그러진다는 뜻이다.

미국 금리 인하가 2024년 이후로 미뤄지면 반등 시기는 그만큼 지연될 수 있다. 또 경기 침체가 얼마나 심하게 올지도 확인해야 한다.

특히 한국은 가계부채 비율이 높고 변동금리 대출이 많아 다른 나라보다 부동산시장이 외부 환경 변화에 취약한 측면이 있다.

영국 부동산 정보업체 나이트프랭크의 작년 3분기 '글로벌주택가격지수(Global

집값 반등의 4대 지표

금리	평균 주담대 금리가 5% 이하로 내려와야 함 미국이 기준금리 인하를 본격화해야함
미분양	1년여 만에 6만가구 급증 미분양 감소세가 확인돼야 함
전세	전세 W가격은 매매 가격의 선행지수 6개월 이상 전세 가격 안정 확인
주택구입 부담지수	소득·금리·집값을 모두 감안한 지표 평균 126, 작년 3분기 214.6

House Price Index)' 조사 결과에 따르면 56개 조사 대상국 중 한국이 하락률 1위를 기록했다.

작년 3분기 조사 대상국의 전년 동기 대비 평균 상승률은 8%였다.

집값이 내려간 국가는 한국(-7.5%)을 비롯해 홍콩(-7.1%), 중국(-2.2%), 뉴질랜드(-2%) 등 6개국이다.

나이트프랭크는 한국 집값 하락률이 높은 것은 주담대가 대부분 변동금리여서 금리 인상 충격에 취약하기 때문이라고 판단했다.

국제금융협회(IIF)의 세계 부채 보고서에 따르면 2022년 6월 말 한국의 국내총생산(GDP) 대비 가계부채 비율은 102.2%로 조사 대상 주요 35개국 가운데 1위였다.

집값 반등의 또 다른 전제 조건은 미분양 감소다. 미분양은 2021년 12월 1만7710가구에서 대폭 늘어나 올해 1월 7만5000여 가구를 넘었다.

2004년 조사 이후 주택구입부담지수 평균은 126이다. 서울 집값이 바닥을 찍고 막 올라왔던 2015년엔 83.7까지 내려갔다. 최악의 상황이 오지 않는다면 주택구입부담지수가 150 안팎까지 떨어질 경우 '버블' 위험은 줄어들었다는 뜻으로 해석할 수 있다.

상황이 좀 더 심각한 오피스텔, 생활형 숙박시설 등을 포함하면 10만가구에 육박한다는 예상도 나온다.

미분양이 급증하면 건설사가 자금 확보를 위해 할인 판매 등을 실시해 주변 아파트 시세를 끌어내린다.

주택시장의 반등 여부를 가늠해볼 수 있는 또 다른 지표는 전세시장이다.

이번 집값 하락은 전세 가격 급락을 동반한 것이 특징이다. 올해 서울 강남권과 서북권에 몰린 입주 물량 소화 여부가 중요한 이유다. 지난해부터 극도로 줄어든 주택 거래량의 증가도 반등의 전제 조건이다.

주택구입부담지수도 부동산 경기 상황을 판단할 수 있는 지표 중 하나로 활용할 수 있다.

주택구입부담지수는 중위소득가구가 표준대출로 중간가격 주택을 구입할 때 대출 상환 부담을 나타내는 지수다. 지수가 100이면 소득의 25%를 원리금 상환에 쓴다는 뜻이다.

가계 소득과 금리, 집값을 아우르는 지수로, 집값의 저평가와 고평가를 판단할 수 있다. 주금공 주택금융연구원이 분기별로 발표한다. 서울에선 이 지수가 2022년 3분기에 사상 최고치인 214.6을 찍었다. 소득의 절반 이상을 주담대 상환에 쓴다는 의미다.

작년 상반기 이후 집값이 내려가는 추세지만 금리가 무섭게 뛰면서 이 지수는 거꾸로 올라가는 상황이 벌어졌다.

2004년 조사 이후 주택구입부담지수 평균은 126이다. 서울 집값이 바닥을 찍고 막 올라왔던 2015년엔 83.7까지 내려갔다.

최악의 상황이 오지 않는다면 주택구입부담지수가 150 안팎까지 떨어질 경우 '버블' 위험은 줄어들었다는 뜻으로 해석할 수 있다.

물론 현재 정부 규제 완화가 집중된 가운데 금리 인하 가능성도 제기되는 만큼 부동산시장 분위기는 조금씩 좋아지고 있는 것이 사실이다.

하지만 아직 매수자 우위 시장이 전개되는 만큼 실수요자는 전세 가격 추이와 거래량 회복 등을 확인하고 움직일 필요가 있다.■

2023년에는 어떤 부동산 규제가 완화될까

2022년 부동산시장은 '역대급 변화'의 한 해였다. 2021년까지 집값은 폭등했고, 그해 초까지만 해도 하락세를 점치는 시각이 많지 않았다. 하지만 급격한 금리 인상과 최악의 거래절벽이 동반되며 폭락 가능성마저 제기된다. 상황이 이처럼 흐르자 정부의 규제 완화도 상상 이상으로 빠르게 진행됐다. 세금·재건축·대출·청약 등 분야를 가리지 않고 규제가 풀렸다. 2023년 부동산시장에 적지 않은 변화가 일어날 것으로 전망되는 이유다.

부동산시장 분위기가 워낙 좋지 않다 보니 어떤 환경 변화가 있어도 수요자들 반응은 냉랭하다. 하지만 과거를 돌이켜보면 최악의 시기가 '바닥'에 근접한 경우가 많았다. 2010년대 초반 부동산 침체기에도 정부의 대대적인 규제 완화가 마무리된 후 빠르면 2~3년, 늦어도 5년가량 지나 집값이 반등한 이력이 있다.

2023년 주택시장엔 어떤 변화가 있을까. 월별로 달라지는 부동산 제도와 환경 변화, 시장에 미칠 영향을 정리해봤다. 워낙 중요한 제도 변화가 많아 이미 제도가 바뀌었거나 예고된 사례도 정리한다.

1월 '재건축 안전진단 개선'

올해 시작부터 바뀌는 게 많다. 우선 부동산 취득세 과세표준이 '실거래가'로 바뀌었다. 특히 증여에 미칠 영향이 크다. 지금까지 부동산을 증여할 때 과세표준은 실거래가보다 상대적으로 낮은 '시가표준액'(개별공시가격 등)이었다. 이게 실거래가와 연동되는 '시가인정액'으로 바뀐다. 시가인정액은 취득일 전 6개월부터 취득일 후 3개월 사이의 매매 가격, 감정 가격 등을 시가로 보는 기준이다. 이렇게 되면 증여와 관련된 취득세 부담이 크게 늘어난다.

재건축 안전진단 문턱도 낮아졌다. 구조안전 항목에 대한 가중치가 50%에서 30%로 줄어들고, 주거 환경과 설비 노후도 비중은 30%로 높아진다. 구조적으로 안전하다는 평가를 받아도 주민이 생활하기에 불편하다고

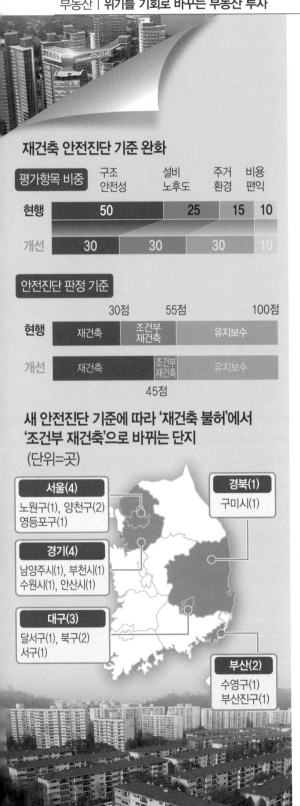

재건축 안전진단 기준 완화

평가항목 비중	구조 안전성	설비 노후도	주거 환경	비용 편익
현행	50	25	15	10
개선	30	30	30	10

안전진단 판정 기준

	30점	55점	100점
현행	재건축	조건부 재건축	유지보수
개선	재건축	조건부 재건축	유지보수

45점

새 안전진단 기준에 따라 '재건축 불허'에서 '조건부 재건축'으로 바뀌는 단지

(단위=곳)

서울(4)
노원구(1), 양천구(2)
영등포구(1)

경기(4)
남양주시(1), 부천시(1)
수원시(1), 안산시(1)

대구(3)
달서구(1), 북구(2)
서구(1)

경북(1)
구미시(1)

부산(2)
수영구(1)
부산진구(1)

느끼면 재건축이 가능할 수 있다는 뜻이다. 또 '조건부 재건축' 단지에 의무적으로 시행했던 공공기관 적정성 검토(2차 안전진단)를 지방자치단체 요청이 있는 경우에만 예외적으로 시행한다.

안전진단 문턱이 낮아지면서 1980년대 중반 중층 아파트가 수혜를 볼 것으로 전망된다. 실제로 안전진단을 통과하지 못하고 있던 목동신시가지 아파트는 제도 변화 이후 대부분 기준을 통과했다. '무순위 청약 거주지역 요건'도 폐지된다. 해당 시군 거주 무주택자로 제한된 무순위 청약 신청 자격이 무주택자면 참여할 수 있게 바뀌었다.

4월 청약 추첨제 부활 …1주택자 기회 열리나

4월부터는 아파트 등 공동주택 1400만여 가구의 공시가격을 확인할 수 있다.

3월 22일 발표된 아파트 전국 아파트와 다세대·연립주택 공시가격 예정액은 시세 하락으로 지난해보다 18% 이상 낮아졌다. 2005년 공시가격 제도가 도입된 후 최대 감소폭이다. 이에 따라 공시가격을 바탕으로 결정되는 재산세와 종부세 등 보유세도 20% 이상 줄어들 것으로 전망된다.

공동주택 공시가격이 역대 최대폭인 18% 이상 하락함에 따라 유주택자의 보유세 부담이 크게 줄어들면서 이에 따른 시장 영향에도 관심이 쏠린다. 전문가들은 세금 부담이 감소한 다주택자가 처분을 위해 내놨던 매물을 거둬들일 것이라고 내다본다. 급락하던 집값을 떠받치는 '지지선'이 확보될 수 있다는 얘기다. 또 1주택 실수요자의 상급지 갈아타기 수요도 일정 부분 증가할 수 있다.

투기과열지구 내 중소형 면적(전용 85㎡ 이하)에 추첨제도 신설된다. 그간 투기과열지구 내 중소형 면적은 가점제 100%로 공급돼 부양가족이 적고 무주택기간이 짧은 청년층의 당첨 기회가 적었다. 이에 규제지역 내 전용 60㎡ 이하 주택에 '가점 40% + 추첨 60%'를 적용하고, 60㎡ 초과~85㎡ 이하 주택은 '가점 70% + 추첨 30%'로 추첨제 비율이 늘어난다.

대형 면적(전용 85㎡ 초과)은 가점을 쌓기 유리한 중장년층을 위해 가점 비율을 높였다. '가점 50% + 추첨 50%'를 적용받던 투기과열지구 내 대형 면적은 '가점 80% + 추첨 20%'로 가점제 비율을 높였으며, 조정대상지역 내 대형 면적은 '가점 30% + 추첨 70%'에서 '가점 50% + 추첨 50%'로 조정됐다. 반면 비규제지역에서는 현행 규정이 유지된다. 전용 85㎡ 이하에는 '가점 40%+추첨 60%'를, 전용 85㎡ 초과에는 추첨 100%를 적용한다. 이 같은 변화로 무주택자뿐만 아니라 '갈아타기'를 노리는 1주택자에게도 기회가 열릴 것으로 전망된다.

4월 시행된 청약제도

면적	규제지역	투기과열지구	
		현행	개선(안)
60㎡ 이하		가점 100%	가점 40% 추첨 60%
60㎡ 초과 85㎡ 이하			가점 70% 추첨 30%
85㎡ 초과		가점 50% 추첨 50%	가점 80% 추첨 20%

5월 '다주택자 양도세 완화 연장'

조정대상지역 2주택 이상 보유자를 대상으로 양도소득세 중과(최고 75%)를 한시적으로 완화해 주기로 한 기간이 올해 5월 9일 종료된다. 윤석열 정부는 출범 직후 시행한 이 제도로 다주택자가 매물을 내놓을 것으로 예상했다. 정부는 최근 양도세 중과 유예 기간을 2024년 5월까지 1년 더 연장하겠다고 밝혔다. 주택시장 침체가 점점 심해지는 만큼 다주택자에게 퇴로를 열어준다는 의미다.

정부는 양도세 중과 외에도 다주택자 대상 각종 규제를 풀어주고 있다. 우선 3월 2일부터 서울 강남 3구(강남·서초·송파구)와 용산구 등 규제지역에서 다주택자의 주담대가 허용됐다. 주택 임대·매매사업자도 주담대를 받을 수 있게 됐다. 문재인 정부가 2018년 9·13 부동산 대책에서 다주택자의 주담대를 전면 금지한 것을 4년여 만에 푸는 것이다.

먼저 종부세 공제금액이 6억원에서 9억원으로 오른다. 보유한 주택의 공시가격 합산액이 9억원 이하면 종부세를 내지 않아도 된다. 1가구 1주택자 종부세 기본공제도 현행 11억원에서 12억원으로 높아진다. 2주택자에 대한 종부세 중과도 없어진다. 조정대상지역 2주택 이상 보유자도 중과세율(1.2~6.0%)이 아닌 일반세율(0.5~2.7%)로 세금을 내면 된다. 과세표준 12억원을 초과하는 3주택 이상 다주택자는 중과세율을 적용받지만, 최고세율이 6%에서 5%로 낮아진다. 주택 수에 따라 다르게 적용하던 종부세 부담 상한율은 150%로 일원화된다.

임차보증금 반환 목적 주담대와 관련된 각종 제한도 일괄 폐지됐다. 예를 들어 그동안 투기지역·투기과열지구 내 15억원 초과 아파트에 대해선 2억원의 대출 한도가 존재했다. 또 규제지역 내 9억원 초과 아파트에는 전입 의무 규제가 있었다. 생활안정자금 목적 주담대 한도(2억원)도 폐지돼 주택담보대출비

율(LTV)과 DSR 범위에서 2억원이 넘는 금액을 빌릴 수 있게 됐다.

6월 '2주택자 종부세 중과 폐지'

6월부터 달라지는 부동산 제도가 많다.

먼저 종부세 공제금액이 6억원에서 9억원으로 오른다. 보유한 주택의 공시가격 합산액이 9억원 이하면 종부세를 내지 않아도 된다.

1가구 1주택자 종부세 기본공제도 현행 11억원에서 12억원으로 높아진다. 2주택자에 대한 종부세 중과도 없어진다. 조정대상지역 2주택 이상 보유자도 중과세율(1.2~6.0%)이 아닌 일반세율(0.5~2.7%)로 세금을 내면 된다. 과세표준 12억원을 초과하는 3주택 이상 다주택자는 중과세율을 적용받지만, 최고세율이 6%에서 5%로 낮아진다. 주택 수에 따라 다르게 적용하던 종부세 부담 상한율은 150%로 일원화된다.

조정대상지역 2~3주택 이상 보유자는 세 부담 상한율이 300%였는데 이를 대폭 낮춘 것이다. 6월부터는 새로운 규제도 시행되니 주의해야 한다.

정부는 2021년 6월 1일 이른바 '전월세 신고제'로 불리는 주택임대차 신고제 시행 이후 1년간 계도 기간을 운영해 왔으나, 시민의 적응 기간을 감안해 2023년 5월 31일까지 계도 기간을 1년 더 연장했다. 계도 기간이 종료되는 올해 6월 1일부터는 신고 기한 내에

여야 주택분 종부세율 합의안

종부세 대상	1세대 1주택자 공시가격 11억 → 12억원으로 상향
기본공제	6억 → 9억원으로 인상 (1주택 부부 공동명의자 18억원)

과세표준	2021~2022년 일반	2021~2022년 *다주택	합의안 (일반세율)
3억원 이하	0.6%	1.2%	0.5%
3억~6억원	0.8	1.6	0.7
6억~12억원	1.2	2.2	1.0
12억~25억원	1.6	3.6	1.3
25억~50억원	1.6	3.6	1.5
50억~94억원	2.2	5.0	2.0
94억원 초과	3.0	6.0	2.7

다주택자	조정대상지역 여부 상관없이 3주택 이상 보유자

3주택 이상 합산 과표 12억원 이하	일반세율 (0.5~ 2.7%)	3주택 이상 합산 과표 12억원 초과	중과세율 (2.0~ 5.0%)

신고하지 않거나 거짓 신고할 경우 100만원 이하 과태료가 부과될 수 있으니 주의해야 한다. 또 올해부터는 전세계약을 체결한 세입자가 임대인의 동의 없이도 세금 체납 여부를 직접 확인할 수 있다.

임대차계약의 확정일자 이전에 발생한 조세채권이 임대차보증금채권보다 우선 순위가 돼 발생하는 임차인의 피해를 예방하기 위

한 것이다. 임대인에게 사전 동의를 얻는 경우에만 부동산 소재지 관할 세무서장이나 지자체장에게 열람을 신청할 수 있었으나, 앞으로는 임차 개시일 전까지 세입자가 계약서를 지참해 세무서장 등에게 열람을 신청하면 임대인의 세금 체납내역을 볼 수 있다. 국세의 경우 부동산 소재지 관할 세무서뿐 아니라 전국 세무서에서 미납 국세를 열람할 수 있도록 시스템이 개선된다.

12월 '월세 세액공제, 효과 기대감'

12월은 연말정산 시기다. 정부가 올해부터 시행하는 '월세 세액공제율 및 주택임차차입금 원리금 상환액 공제 한도 상향' 효과를 확인할 수 있다. 정부는 무주택 서민의 월세 부담을 낮추기 위해 월세 세액공제를 15%까지 확대했다. 이에 따라 2023년 연말정산분부터 총급여 5500만원 이하(종합소득금액 4000만원 이하)인 무주택 근로자 및 성실 사업자는 월세 세액공제를 최대 15%까지 받는다.

근로소득 총급여 7000만원 이하(종합소득금액 6000만원 이하)는 공제율이 기존 10%에서 12%로 높아졌다. 전세 원리금 상환액 소득공제 한도도 2022년보다 100만원 높아졌다. 무주택 근로자가 국민주택 규모(전용 85㎡ 이하)의 주택 전세대출 원리금을 상환 중일 경우 400만원까지 소득공제를 받을 수 있다. ■

내 집 마련하기 가장 좋은 기회…
서울 유망 분양 단지

'주택 청약 큰 장이 선다.'

올해 전국에서 분양될 예정인 민간 아파트는 약 25만가구다. 2014년 20만5327가구 이후 가장 적다.

부동산R114에 따르면 2022년 민영 아파트 분양은 부동산시장이 급랭하면서 계획 물량(41만6142가구)의 73%인 30만4142가구만 실제 분양으로 이어졌다. 나머지가 모두 올해로 넘어왔음에도 물량이 많이 안 나오는 셈이다. 서울(2만7781가구)도 올해 실적(2만7048가구)과 비교해 많지 않은 수준이다.

분양 단지의 '양'은 적지만 '질'은 만만치 않을 것으로 보인다. 반포·청담·방배 등 서울 강남 핵심지는 물론 동작구, 은평구, 서대문구 등에서도 굵직한 단지가 잇달아 나온다.

청담동 한강뷰 '청담르엘'

청담동에서는 청담삼익 재건축을 통해 공급되는 '청담르엘' 일반분양이 6월께 진행될 예정이다. 1980년 준공된 이 단지는 재건축 사업을 통해 최고 35층, 1261가구 규모로 탈바꿈한다. 롯데건설이 시공을 맡았고, 전체 물량 가운데 176가구가 일반분양이다. 이 아파트는 강남의 대표 부촌인 청담동에서도 한강을 조망할 수 있다. 지하철 청담역까지 걸어서 7~8분 거리이고 삼성동·압구정동 등과도 가까워 실수요자들 관심이 많다.

이 아파트의 가장 큰 특징은 한강변과 맞닿아 있다는 점이다. 단지 배치도를 살펴보면 소형 평수는 영동대로 라인으로, 대형 평수는 한강변으로 구성됐다. 청담동에서 한강 조망이 가능한 아파트가 공급되는 건 2014년 준공된 '청담래미안로이뷰' 이후 처음이다.

방배동 대표주자 '방배 5,6구역'

같은 시기 방배동에서도 대규모 단지가 분양을 앞두고 있다. 방배6구역에서 6월께 '래미안원페를라'가 분양될 예정이다. 총 1097가구 가운데 497가구가 일반분양 물량으로

2023년 서울 분양 예정 주요 단지

단지	가구 수(일반분양)	시공사	예상 분양가(전용 84㎡ 기준)
청담동 청담르엘	1261(176)	롯데건설	19억~20억원
반포동 래미안원펜타스	641(263)	삼성물산	19억~20억원
잠원동 신반포메이플자이	3307(236)	GS건설	19억~20억원
방배동 래미안원페를라	1097(497)	삼성물산	15억~16억원
방배동 디에이치방배	3080(1686)	현대건설	15억~16억원
신천동 잠실래미안아이파크	2678(578)	삼성물산 HDC현대산업개발	15억~16억원
이문동 래미안라그란데	3069(921)	삼성물산	9억~10억원
이문동 이문아이파크자이	4321(1641)	GS건설 HDC현대산업개발	9억~10억원
대조동 힐스테이트메디알레	2451(483)	현대건설	8억~9억원
상도동 상도푸르지오클라베뉴	771(771)	대우건설	10억~11억원
홍은동 서대문센트럴아이파크	827(409)	라인건설 HDC현대산업개발	8억~8억5000만원
연희동 연희SK뷰	1002(470)	SK에코플랜트	8억~8억5000만원

배정됐다.

최근 조합원 분양을 신청한 방배5구역(디에이치방배) 역시 올해 하반기 일반분양을 진행한다는 방침이다. 착공 시기가 크게 차이 나지 않았던 만큼 방배6구역 일정보다 조금 이후에 나올 것으로 보인다. 전체 물량은 3080가구로, 방배동 일대 재건축 사업장 가운데 가장 규모가 큰 이 단지는 일반분양만 1686가구에 달한다. 방배5구역 전용 59㎡ 분양가는 11억~12억원으로 책정될 것으로 전망된다. 전용 84㎡는 15억~16억원에 달할 것으로 보인다.

방배5구역은 입지도 우수하다. 이수역(4·7호선)과 내방역(7호선) 사이에 위치하고, 2호선 방배역도 걸어서 가기에 무리가 없다. 방배초·이수초·이수중 등 학교도 주변에 상당히 많다. 강남 테헤란로까지 직선으로 연결하는 서초대로를 끼고 있어 도로 교통도 좋다. 방배6구역은 방배5구역보다 규모가 작지만 입지는 밀리지 않는다는 평가를 받는다. 내방역과 이수역 사이에 있고, 서문여중·서문여고와 가깝다. 방배동 단독주택 재건축 구역 중

속도가 가장 빠르다.

서울 대표 부촌 반포에서도 분양

반포동과 잠원동에서도 각각 신반포15차 (래미안원펜타스)와 신반포4지구(메이플자이)가 올해 가을 이후 분양시장에 나올 것으로 전망된다. 신반포15차는 전체 641가구 가운데 263가구가 일반분양 물량으로 풀린다. 신반포4지구에서는 3307가구 가운데 236가구가 일반분양 물량이다.

래미안원펜타스는 재건축 이후 규모(641가구)가 작은 단지다. 하지만 입지는 반포대교 서쪽의 내로라하는 단지들 사이에서도 전혀 밀리지 않는다. 반포주공1단지 1·2·4주구와 아크로리버파크에 둘러싸인 이 아파트는 외국인 학교인 덜위치칼리지, 강남권의 유

일한 사립초등학교(계성초) 등을 끼고 있다. 반포중과 가깝고, 길 하나를 건너면 세화여고와 세화여중이 있다. 9호선 신반포역도 바로 앞에 있다. 이 아파트는 기존 5층 아파트 시절 중대형 평형(146~217㎡)으로만 구성돼 있어 재건축 사업성이 꽤 좋다는 평가를 받고 있다. 정비업계에선 현재 이 지역 '대장'인 래미안원베일리보다 오히려 뛰어나다는 얘기도 나오는 만큼 재건축 이후 고급화에 얼마나 성공할지 관심이 집중된다. 분양가는 래미안원베일리(3.3㎡당 5760만원)보다 높은 6000만원대 초반으로 예상된다. 특히 전용 107㎡, 137㎡, 191㎡ 등 강남권에선 보기 어려운 대형 평형이 분양돼 눈길을 끈다.

신반포메이플자이는 반포주공1단지 1·2·4주구(반포디에이치클래스트), 래미안원베일

래미안원펜타스

신반포메이플자이

리와 함께 '반포 대장주'로 거론되는 사업지다. 신반포 8·9·10·11·17차, 녹원한신, 베니하우스 등 7개 아파트와 상가 단지 2개를 통합했다. 시공사인 GS건설은 단지 남쪽 반포자이와 함께 거대한 '자이 타운'을 만든다는 계획이다. 경부고속도로 입체화 등 미래 개발 호재도 꽤 있다. 이 단지는 특히 한강이 보이는 스카이브리지가 특징이다. 단지 내 2개 동(210동·211동) 옥상을 다리로 연결하는 스카이브리지에는 커뮤니티시설도 들어선다.

총 2678가구(일반분양 578가구)에 달하는 송파구 신천동 '잠실래미안아이파크(잠실진주)'도 연내 분양을 목표로 하고 있다. 잠실에선 18년 만에 나온 새 아파트 단지다.

단지는 한강변은 아니지만 교통 요지에 위치했다는 평가를 받는다. 단지 바로 앞엔 서울 지하철 8호선 몽촌토성역이 자리했다. 5~10분 걸어가면 9호선 한성백제역, 2호선 잠실나루역, 2·8호선 잠실역 등 4개 역을 이용할 수 있어 '쿼드러플 역세권' 단지로 불린다. '공(원)세권' 입지를 갖추고 있다는 사실도 강점이다. 단지 건너편에 올림픽공원이 있다. 일부 가구는 집에서 올림픽공원을 내려다볼 수 있는 '공원뷰'도 가능할 것으로 전망된다. 걸어서 10분 거리에는 한강공원과 석촌호수, 성내천 등이 있다.

강북권에서는 이문휘경뉴타운 주목

비강남권에선 이문1구역(래미안라그란데)과 이문3구역(이문아이파크자이)이 최대 기대주다. 이문로를 사이에 두고 이문1구역과 마주 보는 이문3구역은 이문·휘경뉴타운

청담르엘

잠실래미안아이파크

에선 핵심이다. 사업지 규모가 15만7942㎡로 이문·휘경뉴타운 가운데 가장 크다. 1호선 외대앞역 역세권이고, 단지 북쪽에선 신이문역도 걸어서 5분 정도면 도착할 수 있다. 4321가구 중 전용 20~139㎡ 1641가구를 일반분양한다는 계획이다. 이문3구역에는 다소 밀리지만 이문1구역도 입지가 좋은 편이다. 한국외국어대와 맞닿아 있고 서쪽으로는 천장산을, 북쪽으로는 의릉을 뒀다. 다만 의릉 주변이어서 층수 제한에 걸려 아파트를 8층까지만 올릴 수 있다. 총 3069가구 중 일반분양 물량은 921가구가 나올 것으로 보인다. 이문1구역과 이문3구역은 성북구 장위자이레디언트 분양가(3.3㎡당 2834만원)와 비교해 다소 높은 가격으로 책정될 것으로 예상된다.

은평구 대조1구역(힐스테이트메디알레)도 눈에 띈다. 2451가구 중 483가구가 5월께 일반분양으로 나온다. 이 아파트의 강점은 뛰어난 교통 입지다. 3호선 불광역·연신내역, 6호선 역촌역·구산역이 모두 가깝다. 특히 연신내역에 수도권광역급행철도(GTX)-A 노선이 들어올 예정이다. 대은초가 바로 옆에 있어 '초품아(초등학교를 품은 아파트)'라는 사실도 또 다른 장점이다. 분양업계에선 전용 59㎡ 기준 6억5000만원 안팎에서 가격이 책정될 것으로 전망하고 있다.

홍은13구역(서대문센트럴아이파크)과 연희1구역(연희SK뷰), 상도11구역(상도푸르지오클라베뉴)도 올해 분양을 준비 중이다. 연희1구역은 가재울뉴타운에 붙어 있고, 경의중앙선 가좌역에서 도보로 5분 거리다. 서부선이 내년 착공해 2028년 계획대로 개통된다면 명지대역도 이용할 수 있다. 홍은13구역과 상도11구역은 지하철역에서 약간 멀다는 점이 단점이다. 각각 409가구, 771가구가 일반분양 시장에 나온다. 이들 단지는 원래 지난해 일반분양에 나설 것으로 예상됐던 곳이다. 그러나 사업 계획이 연기되면서 대부분 일정이 밀렸는데 올해는 상당수가 일반분양될 것으로 전망된다. 둔촌주공 사례처럼 분양 일정이 계속 늦춰지면 이자 비용 등 때문에 조합원 부담만 커질 가능성이 있기 때문이다.

서울에서도 강남권과 비강남권을 가리지 않고 유망 단지가 분양시장에 쏟아지면서 수요자 간에는 '수싸움'이 복잡해질 것으로 보인다. 한국부동산원 청약홈에 따르면 지난달 말 기준 서울 청약통장 가입자(청약예금과 부금 제외)는 389만명에 달한다.

분양업계에선 이 가운데 실제로 청약에 나설 수 있는 실수요자를 200만명 정도로 추산한다. 시장을 지켜보며 청약통장을 아껴놓고 있는 무주택자가 적지 않다는 뜻이다. 게다가 올해 4월부터는 전용 84㎡ 이하 평형에서도 추첨제 물량이 나오기 때문에 1주택자도 분양시장에 적극 도전할 것으로 보인다. ■

주택시장 주요 변수 광역교통망…
올해 수혜 지역은 어디

철도·도로를 포함한 광역교통망은 주변 지역 부동산 가격을 뒤흔드는 최대 변수다. 굵직한 교통 개발계획이 발표되면 부동산 가격을 형성하는 입지와 건물 중에서 입지 가치가 대폭 상승하기 때문이다.

개발업계에선 철도가 뚫리면 단계적으로 부동산 가격이 오른다고 판단한다. 일반적으로는 착공과 개통에 맞춘 두 번의 시기가 가장 큰 가격 상승기인 것으로 평가받는다. 실제로 신분당선 수지구청역 역세권 단지인 경기 용인시 수지구 풍덕천동 '신정마을 7단지' 가격 추이에서 이러한 경향을 뚜렷하게 확인할 수 있다. 이곳 전용 84㎡ 매매가는 착공 이후 1년(2010년 10월~2011년 10월)간 10%가량 상승했다. 또 2016년 1월 개통에 임박해서는 직전 한 달(2015년 12월~2016년 1월)간 약 5% 올랐다. 이 같은 의미에서 올해 개통될 예정인 수도권 신규 지하철·철도 노선이나 신설역을 소개하고, 해당 지역에 미칠 영향을 집중 분석해본다.

1호선 초성리 · 전곡 · 연천까지

수도권 신규 전철 노선 중에서 1호선 연천역 연장이 가장 먼저 이뤄질 것으로 보인다. 원래 1호선 연천역은 2022년 하반기 개통될 예정이었지만 착공 지연, 설계 변경, 코로나19 사태 등 여러 이유로 완공되지 못했다. 현재로선 올해 상반기에 뚫릴 가능성이 높다.

1호선 연천역 연장 구간은 소요산에서 끝난 1호선을 초성리~전곡을 거쳐 연천까지 잇는 노선이다.

지금은 연천까지 가려면 소요산역에서 내려 별도 통근 열차로 환승해야 하는데 1호선이 연장되면 갈아탈 필요가 없다.

연천에서 출발하는 열차가 어디까지 운행될지는 정해지지 않았다. 소요산행이 될지, 의정부행이 될지, 광운대행이 될지 아직 알 수 없다. 다만 부동산 가치 측면에서 보면 효과 범위가 연천과 전곡 일대 주민으로 제한돼 상대적으로 좁다. 사실 부동산과는 크게 관련이 없는 노선이라 할 수 있다.

수도권 서부 지역 잇는 대곡소사선

대곡소사선은 서해선과 1호선 환승역인 소사역에서 경의중앙선 대곡역을 잇는 철도다. 소사역부터 부천종합운동장역(7호선), 원종역, 김포공항역(5호선·9호선·공항철도·김포골드라인), 대곡역(3호선·경의중앙선)을 지나 일산역까지 운행할 예정이다.

대곡소사선 개통 일정은 벌써 세 차례나 밀렸다. 처음 계획대로라면 2021년 7월 일부 구간을 개통하려고 했으나, 한강 하부 터널 공사 지연으로 2023년 1월로 밀렸다. 그러다 차량 제작사인 다원시스의 차량 납품이 늦어지면서 올 1월에서 또다시 지연됐다. 국토부가 연초 발표한 업무보고에선 대곡소사선 개

통 시기를 2023년 12월로 제시했다. 국토부 관계자는 "업무보고에서 명시한 12월은 '올해 안에 한다'는 뜻"이라고 설명했다.

이 노선은 서울 강서구 마곡동·김포공항을 관통하고 경인 지역 서부(인천·부천·김포)와 경기 북부(고양·파주·양주·의정부·포천)를 잇는 첫 철도교통망이다. 노선이 뚫리면 수도권 서남부와 서북부 교통 여건이 천지개벽하기 때문에 일대 주민 800만명의 교통난 해소에 대한 기대감이 높다.

대곡소사선은 6개 역 중 부천 원종역을 제외하면 모두 환승역이다. 모든 역 주변이 부동산 측면에서 효과가 클 것으로 보이지만, 그중에서도 대곡역 주변의 기대감이 높다. 현재

대곡역은 지하철 3호선과 경의중앙선이 지나는 '더블역세권'이다. 하지만 앞으로 대곡소사선과 GTX-A 노선, 고양선(고양시청~창릉신도시~새절역)까지 뚫리면 '퀸터플 역세권'(5개 노선이 지나는 환승역)으로 탈바꿈한다. 부천 일대도 대곡소사선 외에 여러 지하철·전철 노선이 지날 계획이라 개발 기대감이 크다.

대장홍대선은 부천 대장신도시에서 원종역을 지나 서울지하철 2호선 홍대입구역까지 총 20㎞를 연결한다. 서울 도심을 지나진 않지만 현재 계획된 10개 역 중 6개가 환승역이다. 연결되는 노선이 2호선, 9호선, 공항철도 등이라 부가가치가 상당히 높다.

부전마산선, 창원과 부산 통근도 가능

부전마산선은 수도권 철도는 아니지만 지방에선 꽤 의미 있는 철도다. 경남 창원과 김해, 부산광역시를 잇는다. 지금도 이 세 도시를 연결하는 '경전선'이 있다.

하지만 밀양 삼랑진까지 올라갔다 내려가는 노선이어서 시간이 오래 걸린다는 단점이 있

다. 부전마산선은 부산과 김해, 창원을 직선으로 이어 이 문제를 해결해준다. 창원중앙역에서 환승하면 마산역(경전선)에서 부전역까지 38분 안에 도달할 수 있다. 1시간20분이 훌쩍 넘던 기존 노선과는 천지 차이인 셈이다. 비싼 요금(6200원 예상)이 문제지만, 마산에서 부산까지 철도로 출퇴근하는 것도 불가능하지 않다. 국토부는 마산~부전 구간에 KTX-이음 열차를 투입한다는 계획도 있다. 이렇게 되면 부전~울산 구간을 운영 중인 동해선 광역철도와도 시너지 효과가 기대된다. 최근 이슈인 부울경(부산·울산·경남) 클러스터를 탄생시킬 기반이 만들어지는 셈이다. 이 노선은 원래 2021년 개통될 예정이었지만 2020년 낙동강 구간에서 붕괴 사고가 일어나 일정이 밀렸다. 현재로선 올 하반기께 개통될 가능성이 높다.

남양주~잠실 잇는 8호선 연장

별내선은 정확히는 지하철 8호선 연장선이다. 8호선 암사역부터 남양주 별내별가람역

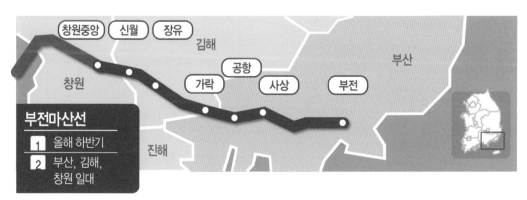

부전마산선
1 올해 하반기
2 부산, 김해, 창원 일대

까지 잇는다. 이 노선은 남양주 일대 신도시에 거주하는 주민에게 꼭 필요하다. 남양주시에 경의중앙선과 경춘선이 지나가지만 모두 가로 방향이라 서울은 강북 지역과만 연결돼 있다. 이에 반해 별내선은 세로로 뚫리는 노선이어서 서울 강동이나 송파, 나아가 강남 일대로 진입하는 데 큰 도움을 줄 것으로 보인다. 실제로 현재 별내역에서 잠실역까지 지하철을 이용하면 50분가량 걸린다. 하지만 별내선이 뚫리면 소요 시간이 27분으로 줄어든다. 일각에선 별내선 개통과 함께 구리시 가치가 올라갈 수 있다는 전망도 나온다.

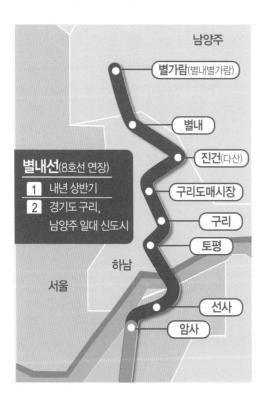

별내선(8호선 연장)
1 내년 상반기
2 경기도 구리,
남양주 일대 신도시

남양주

별가람(별내별가람)
별내
진건(다산)
구리도매시장
구리
토평
선사
암사

하남
서울

구리는 서울과 붙어 있다는 장점에도 교통 여건이 좋지 않아 저평가된 측면이 많았다. 실제로 별내선 3개 역사가 구리시를 관통한다. 문제는 개통 시기가 계속 늦춰지고 있다는 사실이다. 원래 올해 9월 개통이 예정돼 있었는데, 여러 이유로 내년 6월까지 일정이 밀릴 가능성이 높다.

GTX-A 개통은 내년 이후로 밀릴 듯

수도권 일대 부동산시장을 뒤흔들 GTX-A 노선은 2018년 12월 형식적인 착공식을 진행했다. 당시 개통 목표는 2023년 말이었다. 이 같은 이유에서 올해 GTX-A 노선이 일부라도 뚫릴 수 있을지 관심이 높다. 하지만 결론부터 말하면 계획대로 일정을 맞추기는 불가능하다. 국토부는 2024년부터 순차적으로 개통한다는 목표다. 2024년 6월엔 수서역~동탄역, 2024년 말엔 파주 운정역~서울역, 2025년 말엔 서울역~수서역(삼성역 무정차), 2028년엔 삼성역을 개통하는 방식이다.

GTX 최고 속도는 시속 180㎞로 지하철(시속 80㎞)의 두 배 이상이다. 이 노선이 개통되면 화성 동탄에서 삼성역까지 20분, 파주 운정에서 삼성역까지 30분이면 도달할 수 있다.

현재 공개된 GTX 요금체계에 따르면 기본 요금 2600원에 10㎞ 이후 5㎞마다 216원의 추가 요금이 발생한다. 동탄~삼성 구간은 4000원 안팎일 것으로 예상된다.■

불황 때 오히려 주목받는 부동산 경매시장

부동산 불황 시기에 오히려 주목받는 투자 방식이 있다. 바로 경매다.

요즘 법원경매가 영 시들하다. 특별한 문제가 없는 경매 물건도 1~2회 유찰은 기본이다. 경매 참여자도 확 줄었고, 입찰에 수십 명이 몰려드는 일도 별로 눈에 띄지 않는다.

법원경매 전문업체 지지옥션에 따르면 올 3월 서울 아파트 경매 낙찰률은 33.1%, 낙찰가율은 79%로 집계됐다. 낙찰률은 지난 1월 44%에서 2개월 연속 하락했다.

문제는 지난해 급격한 금리 인상이 반영된 물건이 모두 경매시장에 등장한 것은 아니라는 점이다. 어떠한 이유로 문제가 생긴 경매 물건이 법원 현장까지 나오는 데는 1~2년이 걸리기 때문이다.

실제로 경매업계에서는 올해 중반 이후를 주목하고 있다. 높은 금리를 견디지 못한 물건이 경매시장으로 유입될 가능성이 크기 때문이다. 다시 말해 좋은 물건을 '헐값'에 사들일 수 있는 기회가 생긴다는 뜻이다. 이 같은 이유로 진짜 부동산 고수는 조용히 경매시장을 들여다보고 있다.

부동산 경매를 처음 접하는 초보자라면 꼭 권리분석이 쉬운 물건부터 도전해야 한다. 권리분석은 경매를 통해 매수하고자 하는 부동산에 법률적 문제가 있는지 점검하는 것으로, 낙찰자가 낙찰금액 외에 별도로 인수해야 하는 권리가 있는지 확인하는 절차를 말한다. 경매는 기대 수익만큼이나 위험이 높으므로 초보자일수록 작은 수익을 기대할 수 있는 쉬운 물건에 투자해야 한다.

일반적으로 빌라보다는 아파트, 지방보다는 수도권, 대형보다는 소형 평수일수록 쉬운 투자에 속한다. 일단 소형 아파트는 최악의 상황이 오더라도 위험 요소가 적다. 세입자의 보증금과 이사 비용이 크지 않고 낙찰가도 상대적으로 낮아 명도가 해결되지 않거나 권리분석에서 실수하더라도 큰돈이 묶이지 않기 때문이다.

경매에 올라온 감정가를 맹신하는 실수도

꼭 주의해야 한다. 경매 감정가는 보통 1~2 년 전 시세를 기준으로 산정된다. 지금처럼 부동산 하락기에는 현재 시세보다 감정 가격 이 훨씬 높을 수 있다는 얘기다.

입찰 전 꼭 현재 시세가 얼마인지 확인하고 가격대를 비교하는 과정이 필요한 이유다. 최 근 상황을 고려하면 감정가 대비 10% 이상 낮은 가격에 매입해야 손해를 덜 볼 수 있다 는 결론이 나온다.

또 아파트 경매에서는 관리비 체납 여부가 중요하다. 입찰 전 관리비 체납 여부를 확인 한 후 낙찰 가격에 반영해야 한다. 관행상 밀 린 관리비를 낙찰자가 부담하는 사례가 많기 때문이다.

아파트 외에 주택 경매는 조금 더 신경 쓸 부분이 많다. 단독주택과 다가구주택, 다세 대주택 경매에 나설 때 챙겨야 할 부분이 각 각 달라 주의가 필요하다.

단독주택은 토지 면적과 주변 여건, 현재 건물 상태를 따져봐야 한다. 리모델링을 했다 면 용도지구와 용적률·건폐율 등을 자세히 알아봐야 한다.

다가구주택은 면적이 660㎡ 이하이고 하 나의 건물에 호수별로 독립된 화장실과 부엌 이 갖춰져 있지만 호수별로 소유권이 나뉘어 있지 않은 건물을 말한다.

다가구주택은 세입자가 많아 명도 처리가 매우 어렵기 때문에 '경매 고수'가 아니라면

들어가지 않는 것이 좋다. 만일 경매에 참여 한다면 임차인이 여러 명 살고 있는 만큼 대 항력을 가진 세입자가 몇 명인지, 명도 대상 자가 누구인지 등을 철저히 파악한 후 입찰 에 참여해야 한다.

연립·다세대주택은 아파트와 비교할 때 관 리 측면에서 열악하고 주차시설이 부족해 환 금성이 떨어진다는 사실을 유념해야 한다. 감 정 가격을 매우 보수적으로 접근해야 한다는 뜻이다. 이들 주택은 한 번 유찰될 때마다 가 격이 20~30% 깎이기 때문에 시세의 절반까 지 떨어뜨릴 수 있는 물건도 많다.

재개발·재건축 가능성이 있는 지역의 물건 을 싸게 구입해 임대를 놓다가 개발 이후 입 주권과 시세 차익을 동시에 노리는 것도 좋은 방법이다.

부동산 경매 참여 어떻게

하지만 일반인에게 부동산 경매는 여전히 생소한 분야다. 경매 절차는 법원이라는 낯선 공간에서 진행되는 데다 어려워서 선뜻 나서 지 못하는 부분이 많다. 그래서 실제 입찰 단 계별로 자세하게 과정을 정리해본다.

STEP 1. 경매 물건 검색

법원경매정보 사이트(www.courtauc tion.go.kr)에 들어가는 게 첫 번째 단계다. '경매 물건→부동산'을 누르면 용도별, 지역별

로 경매에 나온 물건을 볼 수 있다. 물건 상세 검색을 통해 감정 가격과 면적, 실제 사진 등을 확인할 수 있다.

STEP 2. 권리분석하기

물건에 대한 법적 권리를 따지는 절차다. 경매 절차 중에서 가장 중요한 단계다. 경매에서 낙찰받아도 권리가 남았다면 낙찰자가 부담을 다 떠안을 수 있다. 예를 들어 세입자가 집주인에게 받지 못한 보증금을 낙찰자를 상대로 내놓으라고 하면 상황에 따라 꼼짝없이 줘야 할 수 있다.

우선 등기부등본 갑구와 을구를 꼼꼼히 살핀다. 저당권, 근저당권, 가압류, 담보가등기, 경매개시결정등기, 전세권이란 단어가 있는지 찾아야 한다. 여러 개가 올라와 있다면 그중 날짜가 가장 빠른 것이 기준이 된다. 이 기준을 '말소기준등기'라고 하는데, 경매가 이뤄지면 말소기준등기 이후에 올라온 권리는 다 소멸되니 이것만 확인하면 된다.

경매 자체가 돈을 빌려준 사람이 '집을 팔아 돈을 돌려달라'고 법원에 요청한 것이므로 매각대금이 누구에게 가는지 확실히 해야 소유권 정리가 끝난다. 은행, 채권자, 전세 세입자 등 매각대금이 누구에게 얼마나 가야 하는지

법원경매정보 사이트(위)와 등기부등본.

자세하게 확인해야 한다. 경매로 매각이 끝나도 낙찰자가 꼭 챙겨줘야 하는 권리도 있다. 맨 먼저 등기부등본에 올랐지만 배당에 나서지 않은 전세 세입자(선순위전세권), 재산을 처분할 수 없도록 법으로 묶어두는 '가처분', 공사대금을 받기 위해 버티는 '유치권', 토지 주가 달라져도 건물주가 계속 점유할 수 있도

록 한 '법정지상권' 등이다. 만일 권리관계가 너무 복잡하다면 그 물건은 과감히 포기하는 게 좋다. 자신이 없다면 무료 사이트보다 지지옥션 등 유료 경매 사이트를 이용하는 것을 권장한다.

STEP 3. 물건 현황 파악하기

이제 발품을 팔 차례다. 적정한 입찰가를 쓰기 위해 주변 시세를 따져봐야 한다. 국토부 실거래가 공개시스템에 들어가 해당 물건과 주변 물건의 최근 거래 가격을 본다. 호갱노노 등에서 시중 사이트 호가와 시세를 비교해도 좋다.

이 작업이 끝나면 현장을 꼭 가보길 추천한다. 실제로 물건을 보러 가면 집 안 곳곳이 망가졌거나, 채무자가 밀린 관리비가 엄청나게

남아 있는 등 '예상치 못한 문제'가 있을 수 있다. 주변 공인중개소는 물론이고 관리사무소에도 들러서 현황을 파악한다.

STEP 4. 매각 날짜에 입찰하기

법원 사이트엔 경매가 진행되는 입찰기일이 나온다. 당일 법원에 가서 실제 입찰에 참여한다.

경매법정에 도착했다면 가장 먼저 할 일은 게시판에 붙은 그날 물건 목록을 살피는 것이다. 간혹 당일 아침에도 개별 경매사건이 취하되거나 매각기일이 바뀔 수 있다.

준비물은 신분증, 도장, 입찰 보증금이다. 입찰 보증금은 대개 최저 매각금액의 10~20%를 수표나 현금으로 준비한다. 대리인이 입찰에 참여할 때는 대리인의 신분증과

국토부 실거래가 공개시스템(왼쪽)과 실제 입찰에 쓰이는 입찰 봉투.

도장, 본인 인감이 날인된 위임장과 인감증명서를 갖춰야 한다.

다음엔 법정 안에 있는 입찰표와 입찰 봉투, 보증금 봉투를 집어 남들에게 보이지 않도록 칸막이에 들어가 입찰표를 작성한다.

입찰금액은 한글이 아닌 단위마다 정해진 칸 안에 숫자로 적는데, 이 과정에서 단위를 밀려 쓰는 실수가 많으니 정신을 바짝 차려야 한다. 틀리면 바로 새 입찰표에 다시 써야 한다.

법원 경매 현장.

사선을 긋고 다시 쓴다든지, 덧칠하거나 수정 테이프 등을 사용하면 입찰 무효가 된다.

다 쓴 서류들과 보증금 봉투는 입찰 봉투에 넣어 스테이플러로 찍은 뒤 봉투 상단 부분의 수취증을 뜯어서 보관한다. 낙찰에 실패하면 수취증을 집행관에게 보여줘야 보증금을 돌려받을 수 있으니 꼭 주의해야 한다.

잔금을 내야 한다. 다시 말해 낙찰부터 잔금 납부까지 4~6주밖에 걸리지 않는 만큼 자금 조달을 철저히 준비해야 한다는 뜻이다.

만일 생각 없이 덜컥 낙찰되면 보증금을 돌려받지 못하는 등 손해를 볼 수 있다. 혹시 모를 경우를 대비해 경매일에 법정 앞에서 법무사나 대출 상담사 명함을 챙겨두는 것도 좋다.

STEP 5. 낙찰 및 잔금 납부

경매가 시작되면 집행관이 물건마다 몇 명이 경매에 참여했는지 밝힌다. 응찰자 중 가장 가격을 높게 쓴 사람이 낙찰자다. 만일 본인이 낙찰자가 됐다면 보증금을 제외한 잔금을 치러야 한다.

낙찰된 뒤 법원이 낙찰 과정에 문제가 없는지 확인하고(1주), 채무자 등 이해관계인이 항고 가능한 시간(1주)이 지나면 한 달 안에

STEP 6. 점유자 명도

마지막 단계는 낙찰받은 곳에 사는 사람을 내보내는 '명도' 절차다. 이사비를 줘서 나가게끔 합의하는 게 관행인데, 만약 이들이 나가지 않는다면 강제집행을 통해 법적으로 내보내는 방법도 있다. 웬만하면 합의로 빠르고 확실하게 결정짓는 게 좋다. 이후 소유권이전등기까지 하면 경매 절차는 마무리된다.■

서울 미래 지도 미리 들여다보기 2040서울플랜 분석

서울특별시가 지난해 '2040 서울도시기본계획(2040서울플랜)'을 원안 가결했다. 서울플랜은 서울시가 앞으로 추진할 각종 개발계획의 지침이 되는 최상위 공간계획이다.

2040서울플랜 발표 이후 언론 등 대부분에서는 재건축·재개발 사업의 발목을 잡아온 이른바 '35층 룰' 폐지에 관심이 쏠렸다. 하지만 이 계획은 20년 동안 서울을 어떻게 변화시킬지에 대한 가이드라인인 만큼 부동산 관점에서 자세히 뜯어보면 시사점이 많다. 개발업계에선 이 플랜을 우스갯소리로 '서울의 보물 지도'라고 부를 정도다.

개발 여력 3도심에 더욱 집중

서울시는 2040서울플랜에서 "중심지를 미래 성장 거점으로 혁신하겠다"고 발표했다. 현재 서울의 뼈대는 1966년 서울도시기본계획에 등장한 개념을 그대로 사용하고 있다. 하지만 이후 서울 도시공간 구조에 관해 제대로 고민한 적이 없었다. 1960~1970년대 형성된

서울 3도심이 뉴욕, 도쿄, 런던 같은 글로벌 대도시와 경쟁할 만한 능력을 갖추고 있는지에 대한 비판도 끊임없이 제기돼왔다.

2040서울플랜은 서울시의 이 같은 고민에서 출발했다.

광화문·시청을 중심으로 한 서울 도심은 사대문 안 높이 제한을 완화하는 방향으로 개발될 가능성이 높다. 실제로 서울시는 사대문 안 상업지역 건물의 고도 제한을 최고 90m에서 110m로 상향 조정하는 방안을 검토 중이다. 현행 서울 도심 기본계획안은 상업지역에 따라 30m, 50m, 70m, 90m 이하를 최고 높이로 두고 제한한다.

새 계획에서는 △공공 공간 확보(녹지 등) △역사 및 지역 특성 강화 △경제 기반 강화 △저층부 활성화 등에 대해 높이 완화 인센티브를 제공한다. 경관보호지역(30m)에는 10m 이내 완화를, 경관관리지역(50m, 70m, 90m 이하)에는 20m 이내 완화를 부여할 방침이다. 다만 사대문 안이라도 주거지

역 등은 기존 용적률과 용도지구 및 지구단위계획을 고려해 설정된 높이계획을 따른다.

여의도에서는 최근 노후 아파트를 중심으로 재건축 사업이 활발하게 진행되고 있다. 시범아파트가 65층 재건축을 확정했고, 한양 공작아파트 등도 초고층 사업을 추진하고 있다. 하지만 서울시는 여기서 더 나아가 여의도와 한강 건너 용산정비창 개발을 묶어 국제업무 기능을 강화한 업무지구로 개발한다는 방침이다. 인근 노들섬을 '글로벌 예술섬'으로 조성하고, 보트택시 등을 활용해 수상 연결성을 높인다는 계획도 있다. 샛강, 올림픽대로의 입체적 활용과 노량진 일대의 가용지 활용도 추진한다. 강남권은 테헤란로에 집중된 업무 기능을 동서 양쪽으로 확대하는 방향으로 개발되고 있다. 테헤란로 동쪽에서는 잠실 국제교류복합지구와 영동대로 지하공간 복합 개발사업이, 서쪽에서는 경부고속도로 입체화와 정보사 용지 개발사업 등이 주축이 될 것으로 전망된다.

지역 중심 중에선 마곡·상암 주목

서울시의 공간계획은 3도심을 중심으로 7대 광역 거점(마곡·상암·가산대림·용산·잠실·청량리·창동·상계), 12대 지역 거점(목동·신촌·연신내·마포공덕·봉천·사당·동대문·성수·미아·망우·천호·수서문정)이 방사형으로 뻗어 나가는 구조로 돼 있다. 2040서

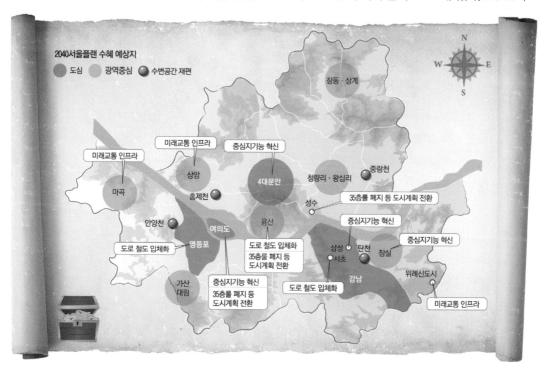

2040서울플랜 수혜 예상지
● 도심 광역중심 ● 수변공간 재편

창동·상계

미래교통 인프라

미래교통 인프라
상암
중심지기능 혁신
4대문안
청량리·왕십리
중랑천
마곡
홍제천
성수
35층룰 폐지 등 도시계획 전환
안양천
여의도
용산
중심지기능 혁신
영등포
도로 철도 입체화
삼성
서초
탄천
잠실
중심지기능 혁신
도로 철도 입체화
35층룰 폐지 등 도시계획 전환
위례신도시
가산 대림
중심지기능 혁신
35층룰 폐지 등 도시계획 전환
강남
도로 철도 입체화
미래교통 인프라

울플랜에서도 이 같은 체제는 유지된다. 그중에서도 개발업계가 주목하는 곳은 마곡·상암권이라 할 수 있다.

서울시는 3도심 개발 정책과 함께 '미래 교통 인프라스트럭처' 계획을 추진한다. 자율주행, 서울형 도심항공교통(UAM), 모빌리티 허브 등 미래 교통 인프라 확충을 도시계획적으로 지원하는 정책인데 강남과 여의도, 마곡·상암권이 주요 지역으로 제시됐다. 마곡·상암권을 인천공항에서 서울로 진입하는 관문 역할로 활용하겠다는 포석인 셈이다.

자율주행은 마곡, 강남, 여의도 등으로 시범 운영지구를 확대해 거점별 특성에 맞는 다양한 이동 서비스를 상용화한다. 2021년 11월 상암에서 시범 운영을 시작한 데 이어 영역을 넓힐 방침이다. 이를 뒷받침하기 위해 현재 상암, 강남 등의 주변 도로 총 211㎞ 구간에 설치된 자율주행 인프라를 2026년까지 2차로 이상 모든 도로(총 5046㎞)로 확대한다. 서울형 UAM은 김포공항~용산국제업무지구 등 시범 노선이 운영된다. 용산, 삼성, 잠실 등 대규모 개발지구에 UAM 터미널도 설치한다.

철도 · 도로 입체화 본격 추진

2040서울플랜엔 '보행 일상권' '수변 중심 공간 재편' '지상철도 지하화 방안' 등도 목표로 제시됐다. 보행 일상권은 주거 용도 위주로 일상 공간을 전면 개편해 도보 30분의 자립 생활권으로 만드는 것이 목적이다. 그동안 사는 곳과 일하는 곳, 노는 곳이 분리돼 있었다면 일자리, 여가문화, 녹지, 사업시설, 대중교통 등이 복합된 자립 생활권을 개발하는 그림이다. 서울 전역 61개 하천을 지역과 시민의 생활 중심으로 만들기 위해 수변 위주로 공간을 재편한다. 서울 전역에 흐르는 61개 하천 등 물길과 수변 일대 명소를 조성하고, 사람이 모여들 수 있도록 보행, 대중교통 등 접근성을 높인다는 것이다. 우선 중랑천, 안양천, 탄천, 홍제천 등 '한강 4대 지천'이 시범사업 대상지가 될 것으로 보인다. 다시 말해 이 근처 주거지역도 재정비될 가능성이 높다는 뜻이다. 이 같은 새로운 공간 개념이 나오면서 마포구 주민에게 뜨거운 호응을 받았던 '제2의 경의선 숲길'이 탄생할지 주목된다.

서울시는 '지상철도와 도로 지하화' 등을 통해 지역끼리 연결성을 높이고, 다양한 도시 기능을 제공할 새로운 공간을 확보할 방침이다. 사업이 현실화된다면 지상 공원화와 입체복합 개발 등이 추진될 수 있을 것으로 보인다.

서울시 도시계획국은 2021년 말 서울 시내 지상철도 지하화 추진전략 연구용역을 발주했다. 2022년 8월 완성된 용역 보고서에는 경부선, 경인선, 경의선, 경원선, 경춘선, 중앙선 등 국철 지상 71.6㎞ 구간의 지하화를 위해 필요한 제도 등이 담겼다. 용역 보고서는 국토부와 협의를 거쳐 연내 마무리할 예

서울 정비예정(가능)구역

- 도심
- 광역 중심
- 지역 중심

도시재생활성화지역
· 창동·상계

택지개발지구

도시재정비촉진지구

연신내·불광

· 미아 · 망우

청량리·왕십리

동대문

상암·수색

신촌

성수

천호·길동

마곡

용산

목동

영등포

봉천

사당·이수

가산·대림

정이다. 간선도로 중에선 강변북로와 경부 고속도로 한남~양재 구간이 입체화 대상지로 논의되고 있다. 실제로 국토부와 서울시는 2023년 1월 협의체를 구성해 이 사업을 본격 검토하기 시작했다. 도로 자체 지하화 사업은 국토부가, 상부 공간 개발 계획은 서울시가 나눠 맡는다. 서울시는 경부고속도로와 강변 북로의 지상 공간을 기다란 '서울 센트럴파크'로 만든다는 청사진도 세우고 있다.

35층 룰 폐지…용도지역 전면 개편도

2040서울플랜 중 가장 빠른 시간 안에 영향을 줄 수 있는 것은 '35층 룰 폐지'다. 박원순 전 서울시장이 2014년 도입해 서울 일반주거지역에 일률적으로 적용한 35층 룰은 삭제됐다. 앞으로 아파트에 대한 구체적인 층수는 개별 정비계획위원회 심의에서 지역별로 다른 여건을 고려해 결정한다. 다만 용적률은 기존대로 유지해 동일한 밀도 아래 층수가 다른 건물들이 조화롭게 배치되도록 했다. 똑같은

15층 아파트가 일자로 늘어선 '성냥갑' 모양에서 탈피해 같은 단지 안에서도 층수를 다양하게 설계할 수 있게 된다.

도시계획의 기본 틀인 용도지역 체계를 전면 개편하는 내용도 포함됐다. 이른바 '비욘드 조닝(Beyond Zoning)' 정책이다. 용도지역은 한 공간에서 기능이 중복되는 걸 막기 위해 땅의 용도를 주거·상업·공업용 등으로 정하고 그에 맞춰 높이나 용적률을 규제하는 제도다. 서울시는 그동안 용도지역이 경직적으로 운영돼 공간 구성에 제약을 가져왔다고 보고 이번에 비욘드 조닝 개념을 도입했다. 비욘드 조닝이 적용되면 주거·상업·공업용 등 땅의 용도를 구분하지 않고 어떤 용도를 넣을지 자유롭게 정해 유연하고 복합적으로 개발할 수 있게 된다.

서울시는 앞으로 '국토계획법'을 개정해 법제화를 추진하고, 실현 단계에 접어드는 2025년부터 서울 전역에 단계적으로 적용할 계획이다. 개발업계에서는 이번 높이 제한의 최대 수혜지로 여의도, 용산, 성수 등의 한강변 정비사업장을 꼽고 있다. 50층 재건축을 확정한 대치동 등 강남 일대도 주목받는다.

물론 해결해야 할 난제도 남아 있다. 한강변 초고층 아파트만 혜택을 받지 않고 균형 발전을 위한 안목이 필요하다는 지적이다. 도심 고밀 개발이 진행되면 저층부 주거지역은 조망권과 일조권 침해를 겪을 수 있다. ∎

'뜨거운 감자' 노후 계획도시 특별법

정부가 '노후 계획도시 정비 및 지원에 관한 특별법(신도시 특별법)'을 공개하자 혜택을 받을 지역과 단지가 어디인지에 관심이 쏠리고 있다.

분당 등 1기 신도시 일부에선 재건축 추진 단지 급매물을 찾는 수요도 늘어나고 있다.

이 특별법에 따라 5개 신도시는 엄청난 변화를 겪을 것으로 예상된다.

1기 신도시에 거주하는 인원만 30만가구인 데다 이번 법 적용 대상에 '일정 요건을 갖춘 노후 택지'까지 모두 포함되면서 부동산시장에도 막대한 효과를 불러올 가능성이 높다.

특별법의 주요 내용과 특별법이 시행될 때 예상되는 수혜 지역, 투자 타이밍 결정에 변수가 될 위험 요인 등을 짚어본다.

분당·일산 등 용적률 규제 대폭 완화

특별법은 낡은 신도시(택지지구)에 대해 재건축 등 재정비를 쉽게 할 수 있는 환경을 만들어 주겠다는 것이 핵심이다. 이를 위해 신도시를 여러 블록으로 나눠 '특별정비구역'으로 지정한 후 용적률 등 각종 건축 규제를 완화하고, 이주 대책 등을 정부 차원에서 지원하겠다는 것이다.

우선 특별정비구역으로 지정되면 재건축 안전진단 요건이 완화되거나 면제된다. 다만 면제는 아파트 땅을 내주고, 대규모로 기반시설을 늘리는 경우 등 공공성을 인정받을 때로만 제한된다.

이 법의 가장 큰 인센티브는 용적률·건폐율이 완화된다는 점이다. 2종 일반주거지역을 3종 일반주거지역이나 준주거지역으로 바꿔주는 방안이 유력하다.

만약 2종 일반주거지역에서 준주거지역으로 바뀌면 건폐율(60% → 70%)과 용적률(150% 이상~250% 이하 → 200% 이상~500% 이하)이 크게 올라간다.

특별정비구역에서 리모델링 사업을 진행하면 현재 기존 주택 수의 15% 이내에서 늘리

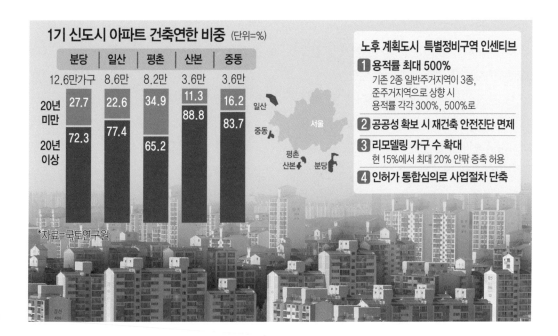

1기 신도시 아파트 건축연한 비중 (단위=%)

	분당	일산	평촌	산본	중동
	12.6만가구	8.6만	8.2만	3.6만	3.6만
20년 미만	27.7	22.6	34.9	11.3	16.2
20년 이상	72.3	77.4	65.2	88.8	83.7

*자료=국토연구원

노후 계획도시 특별정비구역 인센티브

1 용적률 최대 500%
기존 2종 일반주거지역이 3종,
준주거지역으로 상향 시
용적률 각각 300%, 500%로

2 공공성 확보 시 재건축 안전진단 면제

3 리모델링 가구 수 확대
현 15%에서 최대 20% 안팎 증축 허용

4 인허가 통합심의로 사업절차 단축

게 돼 있는 규제도 완화된다. 증가 가구 수의 구체적 범위는 시행령에서 정해질 예정이지만, 국토부 내부적으로는 20% 정도를 검토 중이다.

원활한 사업 추진을 위해 각종 법령에서 요구하는 인허가도 한 번에 모아 처리한다. 이를 위해 각 지방자치단체에는 통합심의위원회가 구성될 예정이다.

이번 특별법이 일반 재건축 등의 근거법인 도시 및 주거환경정비법(도정법)과 차이를 보이는 부분은 정부의 이주 대책 수립과 관련한 책임이다. 기존에는 이주 대책 수립이 사업 시행자 몫이었지만, 특별법은 지자체가 주

도하고 정부가 이를 지원하기로 규정했다. 1기 신도시 등 계획도시는 주택 공급이 일시에 이뤄져 재정비 과정에서 주택시장에 미치는 불안을 최소화하기 위해서는 체계적인 이주 대책이 필요하기 때문이다.

1기 신도시 외에 부산 해운대 등도 혜택

특별법의 수혜를 가장 많이 볼 지역은 물론 1기 신도시(분당·일산·평촌·중동·산본)다. 다만 정부가 특별법 적용 대상을 전국 주요 택지지구로 확대해 수혜 지역은 대폭 늘어날 가능성이 높다.

특별법이 1기 신도시만 대상으로 하면 특혜

시비와 지역 차별 논란을 피할 수 없다. 1기 신도시 외에 정비사업이 시급한 택지가 전국에 많은데, 1기 신도시에만 특혜를 주는 것은 다른 지역 주민의 반발을 불러올 수 있기 때문이다. 정부가 특별법 대상을 '전국 주요 택지지구'로 확대한 이유다.

특별법 적용 대상은 100만㎡ 이상 규모의 택지지구 가운데 조성된 지 20년이 넘은 곳이다.

일반적으로 신도시는 면적이 300만㎡(약 100만평) 이상이다. 100만㎡는 이보다 작은

'미니 신도시'급으로, 인구 2만명 안팎을 수용한다. 대규모 신도시 말고도 재정비가 필요하다면 특별법 혜택을 적용받아 사업을 진행할 수 있다는 뜻이다.

국토부 관계자는 이런 조건을 갖춘 택지지구가 5개 신도시를 포함해 전국에 49곳 정도 있다고 밝혔다.

눈에 띄는 점은 49개 지역 중 교통망 등 기반시설이 지금도 잘 갖춰져 있는 곳이 상당수라는 사실이다.

우선 서울에선 강남구 개포동과 수서동, 양

분당신도시 전경. 매경DB

천구 목동, 강동구 고덕동, 노원구 상계·중계·하계동, 중랑구 신내동 일대가 특별법 적용 조건을 갖추고 있다.

인천에선 남동구(구월지구)와 연수구(연수지구), 계양구(계산지구) 등이 해당된다.

경기도에선 1기 신도시 말고도 광명 철산·하안, 고양 능곡·화정, 수원 영통 등이 조건을 갖췄다.

지방에선 부산 해운대, 광주 상무, 대전 둔산 등이 포함된다.

면적 기준은 단일 택지뿐만 아니라 인접한 2개 이상의 택지를 합친 경우, 택지와 동일한 생활권으로 묶인 노후 구도심 등을 합친 경우에도 적용된다. 예를 들어 서울 강서구 가양택지지구와 등촌택지지구는 각각의 면적이 특별법 적용 조건을 채우지 못하지만 인접한 택지로 인정받으면 사업이 가능할 수도 있다는 뜻이다.

물론 특별법 적용 대상이 되려면 지자체장이 기본계획을 수립해야 하기 때문에 20년 이상 된 모든 택지가 무조건 적용 대상이 되는 것은 아니다.

용적률 '500%'는 일부 블록에만 줄 듯

하지만 특별법에 제시된 혜택을 '있는 그대로' 믿어서는 안 된다. 상징적 의미이지, 실제 현장에서 적용되는 인센티브는 이보다 낮을 것이 분명하기 때문이다.

국토부 등 의견을 종합하면 일단 2종 일반주거지역을 3종으로 올려주는 사례가 많이 나타날 것으로 보인다. 1기 신도시를 예로 들면 평균 용적률이 200% 근처라 3종 종상향은 필요한 상황이기 때문이다. 하지만 준주거지역 종상향은 역세권, 그것도 1000가구 안팎의 소규모 블록만 대상이 될 가능성이 크다.

특히 '용적률 최대 500%까지 상향'은 현실적으로 불가능하다는 지적이 많다. 아파트가 모여 있는 신도시에서 주거지를 고밀도로 개발하면 '닭장 아파트'가 쏟아지기 때문이다. 도시 인프라도 늘어난 인구를 수용할 수 없어 교통난, 일조권 침해 등 각종 문제가 불거질 우려가 높다.

국토부 등 의견을 종합하면 일단 2종 일반주거지역을 3종으로 올려주는 사례가 많이 나타날 것으로 보인다. 1기 신도시를 예로 들면 평균 용적률이 200% 근처라 3종 종상향은 필요한 상황이기 때문이다.

하지만 준주거지역 종상향은 역세권, 그것

도 1000가구 안팎의 소규모 블록만 대상이 될 가능성이 크다.

2000가구 이상 대형 단지는 최대 용적률을 500%까지 늘려주면 근처 인프라 수요를 감당할 수 없다는 비판이 많기 때문이다. 그나마 투기 수요를 의식해 늘어난 가구 수의 일정 비율을 기부채납받는 조건이 붙을 가능성이 크다. 시범사업을 추진할 선도지구에 대한 관심도 높다. 사업 속도가 가장 빠를 가능성이 크기 때문이다. 전문가들은 슈퍼블록(다수 단지 통합 재건축)을 형성할 수 있으면서 입주가 빠르고, 대지 지분이 많은 곳이 뽑힐 가능성이 높다고 판단한다. 1기 신도시에서는 입주 당시 '첫 마을'이었던 단지가 정비사업에서도 시금석이 될 가능성이 크다.

부동산 투자 전문가로 꼽히는 '아임해피' 정지영 아이원 대표는 분당에선 삼성한신·한양·우성·현대, 일산에선 강촌 5·6·7단지 등이 사업 속도가 빠를 가능성이 높다고 봤다. 평촌에선 은하수·관악·샛별한양 1·2·3단지, 산본에선 한라주공4단지·가야주공5단지, 중동에선 포도마을·사랑마을·한아름마을 등을 예상했다.

투자 시기 신중하게 선택해야

1기 신도시 주택 매매를 고려한다면 수혜 단지를 선별하는 것 못지않게 투자 시기를 선택하는 것도 중요하다.

1기 신도시 재건축은 이주 수요를 받아줄 공간이 필요한 만큼, 이런 문제가 해결되기 전엔 사업이 진행될 구조가 아니다.

윤석열 정부는 대선 당시 정책 공약으로 "1기 신도시 순환 개발을 추진해 재정비사업에 따른 주택 가격 상승과 전세난 등의 대책을 마련하겠다"며 "3기 신도시와 중소 규모 공공택지 개발사업지구에 이주 전용 단지를 마련하겠다"고 밝혔다.

3기 신도시가 들어서기 시작할 것으로 전망되는 2027~2028년이 지나야 1기 신도시에서 본격적인 정비사업이 진행된다고 보는 이유다. 10년에서 길게는 20년까지 내다봐야지, '단기 수익'에 급급한 접근은 금물이라는 뜻이다.

특별법의 국회 통과와 국토부의 마스터플랜 확정, 지자체 선도지역 선정, 조합 설립 등 절차가 남아 있어 중간중간 내용이 많이 수정될 위험도 있다.

특히 2026년 지자체장 선거나 2027년 대선이 변수다.

특별법이나 후속 조치가 제대로 시행되기도 전에 득표 전략을 앞세운 각종 민원들로 법이 흔들릴 가능성이 있기 때문이다.

표를 의식해 시범사업지구 선정 요구가 봇물을 이루면 형평성 논란과 부동산시장 과열 등 부작용을 우려해서 속도 조절론이 떠오를 수도 있다. ■

꼬마빌딩 투자에서 새로운 기회 찾기

갑작스러운 금리 인상으로 주택시장뿐만 아니라 상업용 부동산시장에서도 거래가 급속도로 감소하고 있다.

특히 최근 몇 년간 투자 열풍을 일으켰던 꼬마빌딩(통상 200억원 이내 건물을 뜻한다)도 가파른 금리 인상 충격을 벗어나지 못하는 모습이다.

지난해 꼬마빌딩 매매 거래 건수가 급감하면서 2015년 이후 최저치를 기록했다.

꼬마빌딩은 주택과 달리 매매 가격이 급락세를 보이지 않고 있다.

하지만 수도권 외곽을 중심으로 시세보다 낮은 급매물이 속속 등장하는 가운데 강남 등 서울 주요 지역에서도 시장 침체가 일어날 것이란 관측이 나온다. 많은 대출(매매금액의 60~90%)을 안고 매입한 사람을 중심으로 올해 하반기부터 급매물이 나올 것으로 예상되기 때문이다.

투자 환경이 변하는 만큼 꼬마빌딩도 맹목적으로 투자하기보다는 전략적 접근이 중요해지는 시기다.

2016~2021년 꼬마빌딩 열풍 불어

기준금리가 1%대 중반 이하이던 2016년부터 2021년까지 꼬마빌딩 투자 열풍은 대단했다.

대출금리가 낮다 보니 임대료 수익률이 2%대여도 수익성이 좋았기 때문이다.

매매금액의 60%까지 대출받을 수 있었고, 신용도가 좋은 법인은 80~90%까지 대출이 가능했다.

아파트처럼 1년 이내에 팔아 차익을 실현하는 '단타족'이 나타나기도 했다.

꼬마빌딩은 단기간에 큰 수익을 안겨준다. 예를 하나 들어보겠다. 요즘 서울에서 가장 '핫하게' 떠오르고 있는 성동구 성수동 지역의 꼬마빌딩 투자 사례다. 성수역 이면의 토지 525㎡, 건물 2700㎡인 이 빌딩은 2019년 10월 130억원에 거래됐다.

그런데 불과 2년도 안 돼 2021년 5월 188

이러한 상황이 바뀐 것은 지난해부터다. 2022년 초만 하더라도 대출금리가 연 3% 내외였는데 현재 꼬마빌딩을 대출받아서 매입한다면 연 5%대는 예상해야 한다. 그나마 연 6~7%까지 치솟았던 대출금리가 다소 진정된 것이다. 하지만 대출금리가 이렇게 상승했는데도 건물 임대료는 크게 오르지 않아 수익률은 그대로인 상황이다. 이 같은 환경 변화 때문인지 꼬마빌딩 투자 분위기는 시들하다.

억원에 다시 주인이 바뀌었다. 원래 2016년 2월 허름한 3층짜리 근린생활시설 용도 건물을 50억원에 매입해 공사비 등 50억원을 추가로 들인 뒤 2018년 3월 신축한 건물이다. 신축하고 나서 임차인을 다 맞추고 1년6개월 후인 2019년 10월 130억원에 매도한 것이다.

만일 이 개발업자가 2019년에 팔지 않고 2021년에 188억원에 매도했다면 83억원의 차익을 가져갈 수 있었는데, 중간에 매도하는 바람에 25억원 차익에 만족해야 했다.

이처럼 꼬마빌딩 투자는 단기간에 큰 차익

을 남길 수 있어 현금이 있는 자산가에게 인기를 끌었다.

또 주택과 달리 양도세가 중과되지 않고, 토지 공시지가가 80억원 이하이면 종부세가 부과되지 않는다는 장점이 있었다. 정부가 각종 규제로 꽁꽁 묶었던 아파트 등 주택보다 오히려 유리한 점이 많았던 셈이다.

올해 꼬마빌딩 급매물 나오나

이러한 상황이 바뀐 것은 지난해부터다. 2022년 초만 하더라도 대출금리가 연 3% 내외였는데 현재 꼬마빌딩을 대출받아서 매입한다면 연 5%대는 예상해야 한다. 그나마 연 6~7%까지 치솟았던 대출금리가 다소 진정된 것이다. 하지만 대출금리가 이렇게 상승했는데도 건물 임대료는 크게 오르지 않아 수익률은 그대로인 상황이다.

이 같은 환경 변화 때문인지 꼬마빌딩 투자 분위기는 시들하다.

토지·건물 정보 서비스업체 밸류맵에 따르면 지난해 서울 강남 3구(서초·강남·송파구)의 상업·업무용 빌딩 거래는 476건으로 2021년 833건의 절반 수준에 그쳤다.

2015년 652건, 2016년 742건, 2017년 717건, 2018년 552건, 2019년 622건, 2020년 776건이었던 것을 감안하면 최근 8년간 거래량이 가장 적었다.

대출금리가 올라 수익률도 좋지 않고 거래

도 잘 일어나지 않지만 생각보다 매매 가격이 많이 떨어지진 않았다.

밸류맵에 따르면 서울 꼬마빌딩의 3.3㎡당 평균 실거래 가격(대지면적 기준)은 2018년 5430만원, 2019년 5948만원, 2020년 6529만원, 2021년 7852만원 등으로 꾸준히 상승해왔다.

2022년 가을 1억원을 넘던 가격 추이가 꺾이기는 했지만 여전히 8000만원대를 유지하고 있다. 아무래도 자산가가 꼬마빌딩을 매입하는 경향이 크다 보니 현금 여력이 있는 경우가 많고, 월세로 대출이자를 낼 수 있기 때문이다. 하지만 '아파트 영끌족'처럼 건물시장에서도 2020~2021년엔 무리하게 레버리지를 일으켜 투자한 사례가 많다. 이런 사례들은 올해 대출금리 재산정 시기가 오거나 지속적인 대출금리 인상으로 버티기 힘들어 매물로 나올 가능성이 높다.

또 경기가 불황으로 접어들면 사업체가 어려워지면서 법인 매물이 나올 수 있다. 적어도 2024년 상반기까지는 고금리가 유지될 가능성이 큰 만큼 꼬마빌딩 시장에 압력이 상당할 것이라는 얘기다. 그렇기 때문에 투자자는 올해 하반기부터 내년 사이에 급매물이 나올 수 있다는 점을 고려해야 한다.

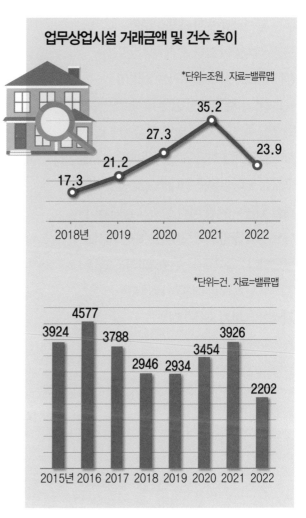

업무상업시설 거래금액 및 건수 추이

*단위=조원. 자료=밸류맵

17.3 21.2 27.3 35.2 23.9
2018년 2019 2020 2021 2022

*단위=건. 자료=밸류맵

3924 4577 3788 2946 2934 3454 3926 2202
2015년 2016 2017 2018 2019 2020 2021 2022

상권 분석 철저히…긴 호흡으로 접근해야

금리 급등기에 빌딩 투자는 무엇보다 '잃지 않는 투자'가 더욱 중요하다. 투입되는 금액이 큰 만큼 각별한 주의가 필요하다는 뜻이다.

게다가 투자 환경이 급변하는 만큼 단기 시세 차익을 노리고 명확한 입지 분석 없이 섣

우선 입지가 비슷한 매물이라면 보증금 비율이 높아 초기 투자금이 상대적으로 적게 들어가는 빌딩이 유리하다. 서울 핵심 상권 내 대로변 수요를 확보할 수 있는 대형 빌딩 뒷골목에 있는 꼬마빌딩이나 개발 규제가 완화되는 서울 구도심 꼬마빌딩도 상대적으로 안전하다. 관심 있는 지역을 미리 정하고 급매물이 나오는지 끊임없이 모니터링하는 자세도 필요하다. 급매물이 출현하더라도 과연 얼마까지 하락한 매물이 나올지는 지켜봐야 하기 때문이다.

불리 매수했다가는 부동산 경기가 위축되는 시점에 큰 손해를 볼 수 있다.

우선 입지가 비슷한 매물이라면 보증금 비율이 높아 초기 투자금이 상대적으로 적게 들어가는 빌딩이 유리하다. 서울 핵심 상권 내 대로변 수요를 확보할 수 있는 대형 빌딩 뒷골목에 있는 꼬마빌딩이나 개발 규제가 완화되는 서울 구도심 꼬마빌딩도 상대적으로 안전하다.

관심 있는 지역을 미리 정하고 급매물이 나오는지 끊임없이 모니터링하는 자세도 필요

하다. 급매물이 출현하더라도 과연 얼마까지 하락한 매물이 나올지는 지켜봐야 하기 때문이다. 어느 정도 예상 가격선을 정해놓은 후 급매물이 나오면 빠르게 결정하는 자세도 필요하다. 좀 더 보수적으로 움직이려면 올해 상반기까지 추이를 지켜보고 하반기에 움직이는 것도 좋은 방법이다.

경매시장도 눈여겨볼 만하다. 금리 인상 여파로 경매시장도 꽁꽁 얼어붙었지만 서울 꼬마빌딩은 수요자가 꾸준히 몰리면서 선방했다. 지난해 서울 아파트 평균 낙찰가율은 94.74%를 기록한 반면 감정가 75억원 이하 꼬마빌딩의 평균 낙찰가율은 이보다 높은 100.1%를 나타냈다. 특히 역세권이나 개발 호재가 있는 곳의 꼬마빌딩은 경매에 나오면 응찰자가 수십 명씩 몰리기도 했다.

지난해 6월 용산구 한강로3가 6층 규모의 꼬마빌딩은 응찰자가 무려 31명이 몰리면서 감정가(33억8967만원)보다 20억원가량 높은 53억원에 낙찰됐다. 이 꼬마빌딩은 개발 기대감이 높아진 용산정비창 재개발 구역에 위치해 수요가 많았다.

7월에는 중구 묵정동 5층 규모 꼬마빌딩에 응찰자 7명이 몰리면서 감정가(41억8069만원)보다 약 9억4000만원 높은 51억2550만원에 낙찰됐다. 같은 해 10월에도 지하철 1·4호선 창동역 역세권인 도봉구 창동의 한 꼬마빌딩이 감정가(52억9835만2500원)보

다 20억원가량 높은 73억5168만원에 매각됐다. 이 물건에는 응찰자가 33명이나 몰리면서 138.8%의 높은 낙찰가율을 기록했다.

경매시장에서 서울 꼬마빌딩 인기가 지속된 것은 매매가보다 낮은 가격에 매입이 가능하고, 물건 자체가 적어 희소성이 있기 때문이다. 꼬마빌딩은 보통 임대 수익률 대비 매매가가 산정되지만, 경매에서는 수익률 외에도 인근 거래 사례나 건물, 토지 가격 등으로 감정가를 매기다 보니 매매가보다 낮을 확률이 높다.

마지막으로 챙겨야 할 포인트는 건물의 임대 수익률보다 자본 차익을 눈여겨보라는 점이다. 현재 서울을 기준으로 보면 임대 수익률이 2%대 이하인 경우가 많다. 은행 정기예금 금리와 비교해도 큰 메리트가 없는 셈이다. 따라서 건물에 투자할 때는 3%대 임대 수익률을 기본으로 하되 자본 차익을 얻을 수 있는 건물을 매입해야 한다.

당장 임대 수익률은 낮지만 신축이나 리모델링을 통해 임대료를 높일 수 있고, 해당 지역 상권이 좋아지면서 자산 가치 상승 여력이 있는 곳에 투자하는 것도 괜찮은 방법이다.

노후한 단독주택을 사들여 근린생활시설로 용도변경한 후 상가나 사무실로 임대할 수 있는 지역도 투자 가치가 있다. 이러한 매물은 당장은 임대 수익률이 낮지만 앞으로 상권이나 업무시설이 많이 들어서면 임대 수익률이

서울 마포구 공덕동에 위치한 꼬마빌딩의 리모델링 후 모습. 매경DB

높아지고 신축에 대한 수요도 생길 수 있다.

현재 꼬마빌딩 투자는 위기가 될 수도, 기회가 될 수도 있다. 임대 수익률이 워낙 낮기 때문에 좀 더 세밀한 전략을 마련해야 하고, 해당 지역이 장기적으로 투자 가치가 있는지 분석하는 자세가 필요하다. ■

04

금융
한푼 두푼 모아서 굴리는 기쁨

또박또박 월세 받듯…연 5%대 후반 이자수익 '꿀단지' 신종자본증권
예적금 노마드족의 필승 전략, '풍차 돌리기'를 아시나요
13월의 월급 소득공제…알뜰살뜰 미리 챙겨요
고금리 시대 대출 사용법, 고정금리 '특례보금자리론' 관심 가져볼까
부자 되는 저축 습관, 어릴 때부터 키워줘요

또박또박 월세 받듯…연 5%대 후반 이자 수익 '꿀단지' 신종자본증권

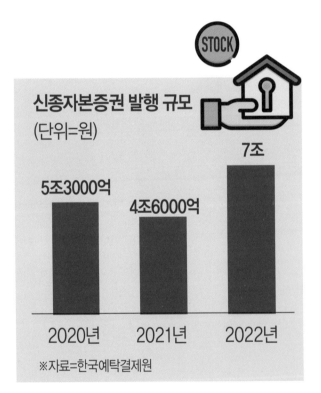

신종자본증권 발행 규모
(단위=원)

5조3000억 4조6000억 7조

2020년 2021년 2022년

※자료=한국예탁결제원

국내 금융사가 발행하는 신종자본증권이 고금리 시대에 '더 높은 금리'로 주목받고 있다. 크레디트스위스(CS) 신종자본증권이 채무불이행에 빠지며 국내 금융사가 발행한 신

종자본증권에도 시장 불안감이 일어났다. 하지만 CS와 달리 국내 금융사, 특히 금융지주와 은행이 발행한 신종자본증권은 안정성과 고금리를 겸비했다는 평가를 받는다. 국내 금융지주와 은행의 신종자본증권은 발행사가 부실금융기관으로 지정되면 상각된다. 국내 금융지주와 은행의 국제결제은행(BIS) 자기자본비율은 부실금융기관 지정 기준점인 4% 대비 3배가 넘는 12%를 웃돌고 있다.

금융사가 발행하는 신종자본증권 금리는 2022년 기준금리 상승 등 여파로 과거보다 높아지고 있다. 2022년 6~8월만 해도 금융지주와 은행이 신규 발행하는 신종자본증권 금리는 연 4%대 중후반이었다. 그러나 같은 해 9월 연 5%를 넘은 뒤 10월엔 연 5%대 중후반으로 올라섰다. 신종자본증권의 이자 지급

주기도 3개월에서 1개월로 짧아졌다. 우리금융지주는 2022년 10월 25일 2200억원 규모 신종자본증권을 발행했다. 최종 발행 금리는 연 5.97%로 연 6%에 육박했다. 신한은행도 같은 달 17일 연 5.7% 금리로 3100억원 규모 신종자본증권을 발행했다. 이들 신종자본증권에는 매달 이자를 지급한다는 조건이 붙었다. 앞서 우리은행이 같은 해 9월 21일 3200억원, 300억원 규모 신종자본증권을 발행했을 때 금리는 각각 연 5.2%, 연 5.45%로 연 5%대 초반이었다. 이자 지급 주기는 3개월로 설정됐던 것이 차이점이다. 이는 2022년 시장금리 상승에 힘입은 결과다. 시장금리가 오르며 신종자본증권 금리도 동반 상승한 것이다. 금융지주와 은행은 신종자본증권을 발행하는 과정에서 투자 매력도를 높이기 위해 매달 이자를 지급하는 방식도 도입했다. 예금 이자로 은퇴생활을 영위하는 소비자에게는 매력적인 선택지다. 그 덕분에 투자자는 매달 쏠쏠한 이자수익을 챙길 수 있게 됐다. 예컨대 신한은행이 연 5.7% 금리로 2022년 10월 17일 발행한 신종자본증권의 경우 신규 금액 1억130만원(수수료 포함)을 투자하면 매달 세후 이자수익이 약 40만4000원 발생했다. 발행 후 5년이 지난 2027년 10월 17일 콜옵션이 행사되면 연 환산 세후 수익률은 4.58%에 달한다. 신종자본증권은 발행 후 5년간 확정 금리가 제공되는데, 발행사 신용도 등에 따라 차이는 있지만 2022년 11월 기준 연 5.2~5.9% 수준에서 금리가 정해졌다. 이에 따른 예상 수익률은 4.9~5.6%로 금리 상승기가 지난 후에도 고금리로 자산을 운용할 수 있다는 장점이 있다. 아울러 이자 지급 방식도 1개월 또는 3개월 등 선택에 따라 금융소득세를 분산할 수 있다는 이점이 있다. 신종자본증권이 공짜로 고금리를 제공하는 것은 아니다. 신종자본증권에 높은 금리가 붙는 데는 그럴 만한 이유가 있다. 우선 5년이 지났을 무렵 중도상환이 이뤄지지 않으면 투자자의 돈이 신종자본증권에 묶여버리는 위험이 있다. 신종자본증권의 콜옵션을 행사할지는 발행회사만 결정할 수 있다. 발행사가 부실금융기관으로 지정되면 원금 손실 우려가 생긴다. 신종자본증권 투자금은 예금자보호법 보호 대상에 해당되지 않는다. 또 발행사의 자본건전성에 문제가 생기거나 금융당국에서 경영 개선 권고 등을 받으면 이자 지

신종자본증권이 공짜로 고금리를 제공하는 것은 아니다. 신종자본증권에 높은 금리가 붙는 데는 그럴 만한 이유가 있다. 우선 5년이 지났을 무렵 중도상환이 이뤄지지 않으면 투자자의 돈이 신종자본증권에 묶여버리는 위험이 있다.

급이 중단될 수 있다. 발행사의 이사회 결의에 따라 이자 지급이 취소될 수도 있다. 이자 지급 취소 후 이자 지급이 재개되더라도 취소된 이자분은 받지 못한다. 변제 순위도 후순위 채권보다 더 낮은 '후후순위'라는 위험이 있다. 투자 위험도가 높기 때문에 동일 등급의 회사채 등 일반 채권보다 높은 금리가 붙는 것이다. 이에 전문가들은 공통적으로 신종자본증권을 발행하는 회사의 신용도를 꼼꼼히 따져야 한다고 조언한다. 신종자본증권의 칼자루는 발행사가 쥐고 있기 때문이다. 하지만 국내 은행권은 2008년 글로벌 금융위기 이후 자본건전성을 강화하기 위해 리스크 관리에 힘쓰고 있다. 실제 국내 금융사의 자기자본비율은 규제 수준을 크게 웃돌고 있다. 대손충당금을 충분히 쌓는 등 잠재 부실에 대한 대응 능력도 좋아졌다. 최상위 신용등급인 국내 금융지주와 은행이 부실금융기관으로 지정되거나 자본비율이 요구 수준을 밑도는 등 신종자본증권의 위험 요인이 현실화될 가능성은 제한적이라는 것이 시장 평가다. 5대 금융지주와 BNK금융지주, DGB금융지주를 비롯해 시중은행의 신용등급은 대부분 가장 높은 AAA다. JB금융지주와 전북은행, 광주은행, 제주은행 등의 신용등급은 AA+다. 하지만 신종자본증권은 변제 순위가 일반 회사채보다 후순위라는 점 때문에 이들보다 신용등급이 세 단계 낮게 형성된다.

국내 시중은행 BIS 비율 (단위=%)

17.43 17.94 16.76 15.12 18.3

KB국민 신한 하나 우리 NH농협

※2022년 6월 말 기준. 자료=금융감독원

5대 금융지주와 계열 은행의 신종자본증권 신용등급은 AA-다. 올해 첫 콜옵션 행사 시기가 도래하는 금융지주와 은행의 신종자본증권 규모는 3조2700억원이다. 콜옵션은 발행사의 평판 리스크 관리와 신종자본증권의 신뢰를 뒷받침하는 핵심 요소로 여겨지는 데다, 콜옵션 미행사 때 평판 리스크가 대폭 깎이기 때문에 대부분이 중도상환될 것이라는 시장 전망이 우세하다. 신종자본증권은 영구채이지만 투자자들은 '5년 만기 채권'처럼 받아들이고 투자하는 배경이다. 발행사가 자금 마련에 차질이 생기는 등 여러 가지 사정으로 콜옵션을 행사하지 않으면 금리를 더 올려준다는 조건(스텝업)이 붙는 경우도 있다. 다만 스텝업은 은행 신종자본증권에 해당되지 않는다. 이 때문에 신종자본증권에 대해 막연히 5년 뒤 확실히 만기가 돌아온다는 생각은 버리는 것이 좋다. 5년 이상 보유할 수 있다는 점도 염두에 둬야 한다는 뜻이다. 아울러 신용등급도 중요하다. 신용등급이 AA- 이상인 우량 금융회사가 발행하는 신종자본증권을 선택하는 것이 좋다는 것이 전문가들의 조언이다. 금융지주와 은행 등 금융사가 자본 적정성을 높이고 비은행 부문 사업을 강화하기 위해 신종자본증권 발행을 이어갈 것으로

5대 금융지주와 계열 은행의 신종자본증권 신용등급은 AA-다. 올해 첫 콜옵션 행사 시기가 도래하는 금융지주와 은행의 신종자본증권 규모는 3조2700억원이다. 콜옵션은 발행사의 평판 리스크 관리와 신종자본증권의 신뢰를 뒷받침하는 핵심 요소로 여겨지는 데다, 콜옵션 미행사 때 평판 리스크가 대폭 깎이기 때문에 대부분이 중도상환될 것이라는 시장 전망이 우세하다.

예상됐지만 2023년 4월 현재 변수가 생겼다. CS 사태로 전 세계 투자자가 신종자본증권 투자에 신중해졌기 때문이다. 이에 따라 신종자본증권에 투자한다면 시장에 나와 있는 상품을 매수해야 할 수도 있다. 투자 관점은 채권 투자를 떠올리면 된다. 향후 금리가 올라갈 것으로 예상되면 만기가 짧은 것을 선택하고, 반대로 금리가 떨어질 것으로 판단되면 매각 차익까지 고려해 만기가 긴 상품을 고르는 게 좋다. 예금금리 상승을 점친다면 신종자본증권의 투자 매력도는 줄어든다. 은행권 예금금리는 2022년 말 연 5%대까지 치솟았다가 2023년 1분기에 다시 연 3%대로 주저앉았다. 2022년 발행된 신종자본증권이 제공하는 금리가 2022년 말에는 별로 매력적이지 않았지만, 2023년 4월 현재는 매력적으로 보인다. 시중금리가 출렁거림에 따라 기존에 발행된 신종자본증권 투자 매력도 오르락내리락하는 셈이다.

채권 전문가들은 2023년 초에 금리가 정점을 통과했다는 관측이 많다. 하지만 미국의 금리 인상 기조가 지속되고 있다는 점은 향후 금리 관련 불확실성이다. 이 때문에 시기를 분산해 신종자본증권에 투자하는 것도 방법이다. 은퇴생활자라면 시장금리 변동과 은행의 신용위험 변화 등을 감안해 신종자본증권에 '몰빵' 투자하는 것보다 정기예금 분산 예치를 고려하는 것이 현명한 선택이다. ■

예적금 노마드족의 필승 전략, '풍차 돌리기'를 아시나요

갈 길 잃은 예금 재테크족

2022년은 유례없는 금리 인상 폭을 따라잡느라 예금 재테크족이 바빴던 해다. 시중은행에서 연 5%대 금리를 주는 예금이 등장하고, 2금융권에서는 연 8%대 예금 특판까지 나왔다. 그 후 '폭풍' 이자 상승기가 멎고 시장금리가 하향 안정된 2023년 4월 현재 시중은행 정기예금 금리는 연 3%대로 주저앉았다.

그러나 인플레이션이 여전하고, 미국을 비롯한 주요국의 기준금리 인상 기조는 변함이 없다. 한국은행이 2023년 들어 금리 인상 기조에 쉼표를 찍고 있지만 주요국 중앙은행이 기준금리를 올리면 한은도 버티긴 어렵다. 예금 재테크족이라면 향후 금리 인상기가 다시 찾아올 때를 대비해야 한다.

금리 상승기에는 예적금에도 투자 전략이 필요하다. 통상 예금은 만기가 길수록 금리가 높지만, 금리 상승기에는 단기 예금상품 금리가 더 높은 사례도 많아 고객 선택 폭이 넓어진다. 특히 시중은행보다 고금리를 제공하는

저축은행권에서 이 같은 현상이 두드러진다. 전국 79개 저축은행의 예적금 금리는 저축은행중앙회 소비자포털에서 한눈에 확인하고 비교할 수 있다. 정기예금 돌리기에 적합한 상품은 회전식 정기예금이다. 예컨대 2022년 11월 등장한 상상인저축은행 상품이 대표 사례다. 당시 상상인저축은행은 3·6·9개월을 주기로 두는 회전 정기예금에 고금리를 책정했다. 회전 주기를 3개월로 선택해도 연 4% 금리가 제공된다. 최초 회전 주기가 돌아오면 약정이자를 모두 받을 수 있기 때문에 사실상 3개월 만기 예금으로 활용할 수 있는 상품이다. 고금리 단기 예금상품은 적금과 동시에 가입해 활용하기 좋다. 정기적금에 가입한 후 매달 일정한 금액을 불입하지 않고 일부는 일찍 납입(선납)한 뒤 나머지는 늦게 납입(이연)하는 '선납이연'을 활용하는 식이다. 정기적금 약관에 따라 선납일수가 이연일수보다 적지 않다면 적금 약정이자를 모두 챙길 수 있다. 적금 불입을 이연하는 기간 나머

지 목돈을 단기 예금에 넣어둔다면 예금 이자와 적금 이자를 동시에 받을 수 있는 것이다. 선납이연 방식엔 여러 가지가 있는데 그중 '1-11'이 가장 인기가 높다. 12개월 만기 적금에 가입한 후 첫 달에 1개월 치를 납입하고, 7개월 차에 11개월 치를 넣는 방법이다. 매달 100만원씩 불입하는 적금이라면 첫 달에 100만원을 넣고 이연하는 동안 나머지 1100만원을 6개월 만기 예금에 예치해 뒀다가 7개월 차에 한 번에 적금에 넣는 식이다. 만약 목돈 1200만원이 있을 때 연 8% 금리의 1년 만기 정기적금에 매월 100만원씩 넣는다면 만기 시 받는 세후 이자는 약 44만원이다. 하지만 '1-11' 방식을 활용해 첫 달에 100만원을 예치하고 남은 1100만원을 6개월 만기 연 5% 예금에 넣어둔다면 예금 만기 시 세후 이자 23만원을 더 챙길 수 있다. 똑같은 원금 1200만원으로 이자수익이 세후 44만원에서 세후 67만원으로 불어나는 것이다. 예금과 적금을 동시에 활용하는 또 다른 방법은 예금 이자를 소액 적금으로 굴리는 것이다. 정기예금에 가입할 때 이자 지급 방식을 단리로 선택하면 원금에 대한 이자가 매달 지급된다. 예금상품에는 단리식 예금 이자를 다른 계좌로 받아 바로 출금할 수 있게 하는 것도 많다. 만약 연 5% 1년 만기 정기예금에 원금 3000만원을 예치해 뒀다면 단리로 매달 받는 이자는 10만5000원이 넘는다. 이 이자를 연 8%

고금리 단기 예금상품은 적금과 동시에 가입해 활용하기 좋다. 정기적금에 가입한 후 매달 일정한 금액을 불입하지 않고 일부는 일찍 납입(선납)한 뒤 나머지는 늦게 납입(이연)하는 '선납이연'을 활용하는 식이다.

짜리 1년 만기 적금에 넣어 활용한다면 세후 이자를 4만6000원 정도 더 챙길 수 있다.

단기 예금으로 이자 흐르게 하기

단기 예금만으로 이자 흐름을 만들어가는 방법도 있다. 매달 예금에 새로 가입하며 '예금 풍차 돌리기'를 실천하는 것이다. 매달 3개월 만기 예금에 새로 가입한다면 4개월 차에 처음 가입했던 예금의 만기가 돌아온다. 만기가 돌아올 때마다 금리가 더 높은 예금상품에 재예치하기를 반복하는 방식이다. 금리가 더욱 오를 것으로 예상돼 예적금 금리의 고점을 기다리고 있다면 파킹통장을 이용해 대기하는 동안에도 최대한 이자를 챙길 수 있다. 파킹통장은 잠시 주차하듯 목돈을 짧은 기간 보관할 수 있는 상품이다. 수시입출금통장이라 언제든 돈을 넣고 뺄 수 있으면서 금리도 높다. 파킹통장은 풍차 돌리기 재테크를 하며 대기 자금을 넣어둘 때 활용하기에도 유용하다. 예적금에 관심이 많은 소비자는 상호금융권의 세금 우대 혜택도 최대한 활용한다. 이자소득에 징수되는 세금을 줄여서 실질 이자액을 높이는 것이다. 상호금융은 조합원에게 저율 과세 혜택을 제공한다. 거주지나 직장 소재지에 해당하는 조합에 입출금통장을 만든 후 출자금을 납입하면 조합원으로 가입할 수 있다. 출자금은 2만~10만원으로 조합마다 다르다. 예금 이자에 대한 일반 과세율은

15.4%지만 조합원 자격으로 가입하면 이자소득에 1.4%만 과세된다. 신협은 '간주조합원' 제도를 운영하는데, 어떤 조합에든 조합원으로 가입돼 있기만 하면 전국 신협에서 동일한 저율 과세 혜택을 받을 수 있다.

예금 재테크족이 유의할 점

예금 재테크에 새로 나선 소비자라면 여러 금융사의 정기예금 상품에 가입하는 것이 번거로울 수 있다. '단기간 다수 계좌 개설 제한' 규제 때문에 기존에 거래하지 않던 금융사에서 통장을 개설하면 20영업일이 지나야 다른 금융사에서 새 통장을 만들 수 있다. 주말이나 공휴일을 포함하면 실제로는 한 달에 한 통장만 만들 수 있는 셈이다. 이 규제는 대포통장을 근절하고 보이스피싱을 예방하기 위해 2010년 금융감독원이 도입한 행정지도다.

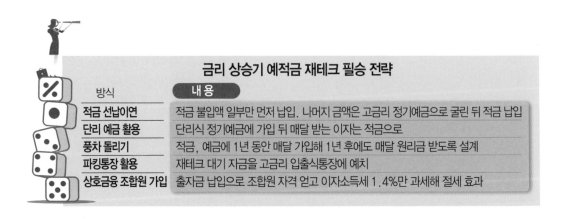

금리 상승기 예적금 재테크 필승 전략

방식	내용
적금 선납이연	적금 불입액 일부만 먼저 납입. 나머지 금액은 고금리 정기예금으로 굴린 뒤 적금 납입
단리 예금 활용	단리식 정기예금에 가입 뒤 매달 받는 이자는 적금으로
풍차 돌리기	적금, 예금에 1년 동안 매달 가입해 1년 후에도 매달 원리금 받도록 설계
파킹통장 활용	재테크 대기 자금을 고금리 입출식통장에 예치
상호금융 조합원 가입	출자금 납입으로 조합원 자격 얻고 이자소득세 1.4%만 과세해 절세 효과

파킹통장은 잠시 주차하듯 목돈을 짧은 기간 보관할 수 있는 상품이다. 수시입출금통장이라 언제든 돈을 넣고 뺄 수 있으면서 금리도 높다. 파킹통장은 풍차 돌리기 재테크를 하며 대기 자금을 넣어둘 때 활용하기에도 유용하다.

2020년 공식적으로는 폐지됐지만 금융사들이 자율적으로 준수하고 있다. 정기예금 계좌는 개설 제한 대상은 아니다. 하지만 통상 정기예금에 가입하려면 해당 금융사에 입출금통장도 보유하고 있어야 하는데, 입출금통장은 개설 제한 대상에 해당돼 재테크족의 발목을 잡는다. 한 번도 거래하지 않았거나 마지막으로 거래한 지 오래된 금융사에서 정기예금에 가입하려면 입출금통장을 개설해야 하기 때문이다. 이 제한은 금융권과 무관하게 적용된다. 1금융권 은행에서 새로 계좌를 만들었다가 2금융권인 저축은행에 새 계좌를 트려고 해도 20

영업일 이내라면 계좌를 개설할 수 없다. 저축은행과 상호금융권 사이에서도 마찬가지다.

영업점 대면 방문하는 이유는

일부 시중은행은 영업점을 직접 방문하면 다른 곳에서 새로 계좌를 튼 지 20영업일이 지나지 않아도 계좌를 개설해 주기도 한다. 2금융권은 상대적으로 개설 제한을 엄격하게 준수한다. 게다가 상호금융은 각 조합이 독립법인으로 분류되기 때문에 특정 조합 예금에 가입하기 위해선 그 조합에 입출금통장을 만들어야 한다. 같은 신협이라도 A신협에서 입출금통장을 개설했다면 B신협에서 입출금통장을 새로 만들기 위해 20영업일을 기다려야 하는 것이다. 20영업일 제한을 받지 않고 여러 예금상품에 가입할 수 있는 방법도 없지는 않다. 지점에 방문하면 계좌 개설 날짜 제한과 무관하게 '금융거래 한도 계좌'를 만들고 정기예금에 가입할 수 있다. 다만 이체 한도가 300만원으로 작다 보니 한도보다 큰 돈을 예치하려면 현금을 들고 지점에 가야 한다. 저축은행을 이용하는 고객이라면 저축은행중앙회가 소비자 불편을 해소하기 위해 지난해 도입한 '비대면 전용 보통계좌'를 이용하는 것이 편리하다. 중앙회 애플리케이션(앱)인 SB톡톡플러스에서 이 계좌를 만들면 20영업일 제한 없이 여러 곳의 저축은행 정기예금 상품에 동시에 가입할 수 있다. ∎

13월의 월급 소득공제…알뜰살뜰 미리 챙겨요

예금과 절세, 두 마리 토끼 잡기

2023년 재테크 쌍두마차는 '예금'과 '절세'다. 코로나19 직후 수십~수백 % 수익률을 냈다고 자랑하던 자산시장은 2022년 시작된 중앙은행의 강력한 금리 인상 기조로 대부분 폭락했다. 이제는 원금을 잃지 않고, 아낄 수 있는 금액은 아끼는 게 제일 좋은 투자가 됐다. 연말 소득공제를 위한 절세상품 공략은 연말에 몰아서 하기보다 연중 내내 하는 것이 유리하다. 세액공제, 소득공제, 비과세 혜택을 누릴 수 있는 금융상품을 모았다.

가장 눈에 띄는 것은 순이익 200만원까지 비과세 혜택을 받을 수 있는 개인종합자산관리계좌(ISA)다. ISA는 예금, 펀드, 주식 등 다양한 금융상품의 투자 손익을 통산해 세제 혜택을 받을 수 있는 금융상품이다. 최소 가입 기간은 3년이고, 예적금을 비롯해 공모펀드, 파생결합증권, 상장주식 등에 투자할 수 있다. ISA는 손익을 통산해 가입 기간 중 '순이익' 200만원까지는 비과세다. 직전 연도 총

급여 5000만원 이하 혹은 종합소득 3500만원 이하인 사람이 가입할 수 있는 서민형 ISA와 400만원까지 비과세를 받을 수 있는 농어민형 ISA가 있다. ISA 종류와 무관하게 비과세 한도를 초과한 순이익에는 9.9% 저율 분리과세가 적용되는 것도 장점이다.

ISA는 만기 자금을 60일 이내에 연금저축이나 개인형퇴직연금(IRP) 등 연금 계좌로 이전하면 납입금액의 10%(최대 300만원)를 연말정산에서 세액공제도 받을 수 있다. 연금 계좌 세액공제 대상 금액 총한도인 700만원과 별도로 적용되므로 효과가 크다. 특히 2023년부터 ISA로 투자한 국내 상장주식과 국내 공모주식형 펀드의 양도·환매 시 발생한 소득에 대해서는 전액 과세되지 않는다.

ISA는 1년에 2000만원씩 납입할 수 있으며, 미납입분은 최대 1억원까지 이월도 가능하다. 납입 원금 이내에서 중도 인출도 할 수 있다. 직전 연도 금융소득종합과세 대상자가 아니면 19세 이상 누구나 가입할 수 있지만

금융권을 통틀어 1개만 만들 수 있다.

ISA는 신탁형과 일임형, 투자중개형 중 운용 방식을 선택할 수 있다. 신탁형은 은행, 증권사 등 신탁업자를 통해 운용 지시를 내리는 방식이고, 일임형은 자신이 가입한 회사가 모델 포트폴리오에 따라 자동으로 운용해준다. 투자중개형은 가입자 본인이 직접 운용할 수 있는 상품으로, 국내 주식도 담아 손익 통산을 할 수 있어 인기다. 다만 ISA로 해외에 상장된 해외 주식에 투자하는 것은 불가능하다. 해외 주식형 펀드나 국내에 상장된 해외 주식 상장지수펀드(ETF)에 투자하는 방식 등으로 간접투자할 수 있다.

반드시 IRP에 가입해야 하는 이유

퇴직연금의 일종인 IRP도 주목할 만하다. IRP는 퇴직금을 모아 세제 혜택을 받으며 굴리다가 나중에 퇴직금을 수령할 수 있는 금융상품이다. 연 1800만원까지 납입할 수 있고, 연금저축 세액공제 한도와 합쳐 연간 최대 700만원까지 최대 16.5%의 세액공제 혜택을 받을 수 있다. 연금저축에 400만원을 입금했다면 300만원까지가 IRP에서 받을 수 있는 세액공제 한도다. 근로소득이 5500만원 이하이거나 종합소득이 4000만원 이하인 사람은 16.5%, 그보다 소득이 높은 사람은 13.2%의 세액공제율을 적용받는다.

특히 퇴직금을 받았을 때 IRP로 옮겨 계속

ISA는 신탁형과 일임형, 투자중개형 중 운용 방식을 선택할 수 있다. 신탁형은 은행, 증권사 등 신탁업자를 통해 운용 지시를 내리는 방식이고, 일임형은 자신이 가입한 회사가 모델 포트폴리오에 따라 자동으로 운용해준다. 투자중개형은 가입자 본인이 직접 운용할 수 있는 상품으로, 국내 주식도 담아 손익 통산을 할 수 있어 인기다.

운용하면 절세 효과가 쏠쏠하다. 55세 미만 근로자가 퇴직연금에 가입돼 있던 퇴직급여를 퇴직할 때 수령하면 IRP 계좌로 이체하면서 과세를 이연해 나중에 연금을 받으며 혜택을 볼 수 있다. 이렇게 과세를 이연하고 IRP에 적립된 금액을 연금으로 수령하면 일시금으로 받을 때보다 퇴직소득세를 30% 감면받을 수 있다. 또 적립된 자산을 운용하면서 발생한 이자, 배당 등 운용수익에 대해서는 이를 연금으로 수령할 때 내는 15.4%의 이자·배당소득세 대신 3.3~5.5%의 상대적으로 낮은 연금소득세를 납부한다. 계좌 잔액의 70%까지는 주식형 펀드, ETF 등 위험자산에 투자해 높은 수익률을 기대할 수 있다. 운용 기간에는 이익에 대한 세금 납부도 연기된다.

다만 IRP는 천재지변, 가입자의 사망, 파

산, 개인회생 등 특별한 사유가 없는 경우 중도 인출이 불가능하다는 점을 유의해야 한다. 돈을 찾으려면 중도 해지해야 하는데, 세액공제를 받은 뒤 IRP를 중도 해지하면 세제 혜택받은 금액을 다시 뱉어내야 한다. 세제 혜택받은 납입금액과 운용수익에 대해 16.5%의 기타소득세(지방소득세 포함)를 부담하게 된다. 단 특별한 사유로 중도 인출할 때는 연금소득세가 부과된다.

연금저축도 IRP와 비슷하게 납입금액에 대해 세액공제를 받고, 연금으로 수령할 때 연금소득세를 적용받을 수 있는 상품이다. 다만 신탁, 보험, 펀드 등으로 투자상품이 제한된다. IRP와 연금저축은 납입 한도 및 세액

비과세, 공제 혜택받을 수 있는 금융상품

ISA	가입 기간 중 순이익 200만원까지 비과세. 초과분은 9.9% 저율 과세
IRP	연간 납입액의 최대 16.5% 세액공제. 운용수익은 3.3~5.5% 저율 과세
연금저축	IRP와 합쳐 700만원까지 최대 16.5% 세액공제. 위험자산 투자 한도 제한 없음
주택청약종합저축	납입액 40%까지(최대 96만원) 소득공제
비과세종합저축	저축금액 5000만원까지 비과세. 65세 이상, 장애인, 독립유공자 등 대상

연금저축도 IRP와 비슷하게 납입금액에 대해 세액공제를 받고, 연금으로 수령할 때 연금소득세를 적용받을 수 있는 상품이다. 다만 신탁, 보험, 펀드 등으로 투자상품이 제한된다. IRP와 연금저축은 납입 한도 및 세액공제 한도를 공유한다.

공제 한도를 공유한다. 연금저축과 IRP를 합쳐서 연간 1800만원까지 납입할 수 있다. 연금저축의 세액공제 한도는 연간 400만원이다. 다만 근로소득이 1억2000만원을 넘거나 종합소득이 1억원을 초과하는 사람은 세액공제 한도가 300만원으로 줄어든다. 2023년부터 세제 개편으로 연금저축 세액공제 한도가 600만원, IRP까지 합치면 총 900만원으로 늘어나 효과가 더 커진다. IRP와 달리 연금저축은 일부 금액을 중도 인출할 수 있다는 게 장점이다. 또 IRP와 달리 주식형 펀드 등 위험자산 투자 한도에 제한이 없다.

주택청약종합저축은 청약을 위한 금융상품이지만 소득공제 혜택도 있다는 점에서 여전히 유익하다. 최근 금리도 연 1.8%에서 연 2.1%로 올랐다. 연간 청약저축 납입액의 40%까지 소득공제 혜택을 받을 수 있다. 소득공제를 받을 수 있는 납입액 한도는 240만원으로, 최대 96만원까지 소득공제를 받을 수 있다. 주택을 소유하지 않은 가구주 중 총급여액 7000만원 이하 근로자가 청약저축 소득공제 대상이다. 단 소득공제를 받으면 계좌를 5년간 유지해야 한다. 5년 이내에 계좌를 해약하면 소득공제를 받은 금액에 6%를 곱한 금액을 추징한다. 소득이 적은 만 34세 이하 청년이라면 청년우대형 주택청약종합저축에 가입하는 게 좋다. 가입일 기준 총급여액 3600만원 이하인 만 19~34세 무주택 청년이 가입 대상이다. 계약 기간은 2년 이상이다.

비과세종합저축의 매력

사회적 보호가 필요한 일부 계층이나 노인에겐 5000만원까지 저축금액에 비과세 혜택을 부여하는 '비과세종합저축'도 있다. 원금 5000만원 이하에서 발생한 이자나 배당소득에 대해 전액 비과세 혜택을 준다. 비과세종합저축은 2022년 말까지만 가입할 수 있다. 계좌에서 발생한 이자소득, 배당소득이 비과세되며 △만 65세 이상자 △장애인 △독립유공자 △국가유공상이자 △기초생활수급자 △고엽제후유의증환자 △5·18민주화운동부상자 등이 가입 대상이다. 직전 3개 과세 기간 중 1회 이상 금융소득종합과세자는 제외된다. ■

고금리 시대 대출 사용법, 고정금리 '특례 보금자리론' 관심 가져볼까

한시적 운용상품 노려볼까

정책모기지 상품 '특례보금자리론'에 대한 관심이 뜨겁다. 출시 첫날인 2023년 1월 30일 한국주택금융공사 홈페이지와 스마트주택금융 앱은 그야말로 '문전성시'를 이뤘다. 한때 대기자가 수천 명에 달하기도 했다. 출시 사흘 만에 신청액이 7조원 이상 몰려 공급 예정 규모의 18%가량이 찼다. 신청 기간은 1년으로 넉넉하지만 한도가 빨리 소진돼 조기 마감될 가능성도 있다. 온라인 신청이 원칙이지만 불가피한 사람을 위해 SC제일은행에서 오프라인 접수를 했는데, 대출 신청과 동시에 관련 문의가 평소보다 2~3배 증가한 것으로 알려졌다. 특례보금자리론은 기존 정책상품인 안심전환대출과 적격대출을 통합해 1년간 한시적으로 운영하는 상품이다. 총부채원리금상환비율(DSR) 규제 없이 최대 5억원까지 받을 수 있고, 우대금리를 모두 적용받으면 최저 연 3.25%로 대출이 나온다는 점에 이목이 집중됐다.

다만 대부분의 사람이 적용받는 금리를 감안하면 아주 매력적인 상품은 아니라는 반론도 나온다. 연 4%대 초중반이라는 낮지 않은 이자율에 장기로 묶이기 때문이다. 전문가들은 시중은행 주택담보대출과 비교해 면밀히 유불리를 따져보고 개인 상황에 따라 취사선택할 필요가 있다고 조언한다.

특례보금자리론 금리는 2023년 2월 기준 시중은행 주담대보다 낮은 편이다. KB국민·신한·하나·우리·NH농협은행의 주담대 금리는 변동형 연 4.62~6.89%, 혼합형(5년 고정 후 변동) 연 4.13~6.67%다. 특례보금자리론은 일반형 연 4.25~4.55%, 우대형 연 4.15~4.45%로 당시 시중은행 주담대 금리 구간의 하단에 분포해 있다. 일반형은 주택가격 9억원 이하이고 소득 제한은 없어 대부분의 사람이 받을 수 있는 상품이다. 우대형은 주택가격 6억원 이하, 부부 합산 연 소득 1억원 이하 등 조건이 있고 일반형보다 금리가 0.1%포인트 낮다.

특례보금자리론 vs 시중은행 주담대

특례보금자리론	구분	시중은행 주담대
일반형 연 4.15~4.55% 우대형 연 3.25~4.45%	금리	혼합 연 4.13~6.67% 변동 연 4.62~6.89%
최대 5억원	한도	가용 담보가액 범위 내
DSR 미적용 LTV 최대 70%(생애최초 80%) DTI 최대 60%	규제	DSR 40% LTV 최대 70%
10~50년	만기	10~40년

특례보금자리론 우대금리 적용

구분	우대금리 적용기준 (주택가격/소득/연령)	일반형 (주택가격 6억원↑ or 소득 1억원↑)	우대형 (주택가격 6억원↓ or 소득 1억원↓)	비고
아낌e	9억원↓/제한 없음 / 제한 없음	0.1%P	0.1%P	중복 가능
(新)저소득 청년	6억원↓/6000만원↓ / 만 39세↓	–	0.1%P	중복 적용 가능 (최대 0.8%P)
사회적 배려층	6억원↓/6000만원↓ / 제한 없음 다자녀가구는 7000만원	–	0.4%P	
신혼가구	6억원↓/7000만원↓ / 제한 없음	–	0.2%P	
미분양주택	6억원↓/8000만원↓ / 제한 없음	–	0.2%P	

*매월 시장금리 및 재원 상황 등을 감안해 조정될 수 있음. 신혼가구는 혼인신고일로부터 7년 이내 혹은 결혼 예정자.

일반형과 우대형 모두 인터넷을 통한 전자약정방식(아낌e)으로 신청하면 추가로 0.1%포인트 금리를 할인받을 수 있다. 평균적인 사람들은 특례보금자리론에서 연 4.15~4.45% 금리를 적용받을 수 있는 것이다. 각 상품 금리는 만기에 따라 다르다. 만기가 길수록 대출금리가 높아진다. 일반형의 경우 10년 만기의 기본금리는 연 4.25%이고, 50년 만기는 연 4.55%다.

신혼가구나 저소득 청년 등 우대금리를 받을 수 있는 사람은 우대형 특례보금자리론을 신청하는 게 유리하다. 우대형은 주택가격 6억원 이하라는 제한 조건이 있지만 일반형보다 금리를 최대 0.8%포인트 낮게 받을 수 있기 때문이다. 우대형 특례보금자리론은 저소득 청년, 사회적 배려층, 신혼가구, 미분양주택 등 4가지 우대금리 조건이 있다. 0.8%포인트 내에서 중복 적용이 가능하다. 다만 이를 모두 충족하는 사례가 극히 드물다는 점을 감안하면 우대형의 평균 금리는 연 3%대 중후반이 될 것으로 전망된다.

신혼가구 우대금리 혜택은

우선 만 39세 이하이고 부부 합산 연 소득이 6000만원 이하인 사람은 저소득 청년에 해당돼 0.1%포인트 우대금리를 받을 수 있다. 또 한부모·장애인·다문화·다자녀가구는 사회적 배려층으로 0.4%포인트 우대금리가 적용된다. 한부모·장애인·다문화가구는 부부 합산 연 소득 6000만원 이하, 다자녀가구는 연 소득 7000만원 이하 등 소득 조건이 있다.

혼인신고일로부터 7년이 넘지 않은 부부는 신혼가구에 해당돼 0.2%포인트 우대금리를 받을 수 있다. 신혼가구에는 결혼 예정자도 포함된다. 신혼가구의 경우 부부 합산 연 소득이 7000만원 이하여야 한다. 미분양주택을 구입할 때도 우대금리 0.2%포인트를 받을 수 있다. 이 경우 부부 합산 연 소득 제한이 8000만원 이하로 다소 여유로운 편이다. 특례보금자리론을 이용할 때 반드시 부부 모두가 소득을 증빙해야 하는 건 아니다. 빌리려는 사람 본인의 소득 증빙만으로도 대출을 받

다만 기본적으로 주담대 특성상 만기가 길기 때문에 현재 금리 수준만 보지 말고 중장기 금리 전망을 보고 판단해야 한다는 조언도 나온다. 특례보금자리론은 변동금리부 대출이 대다수를 차지하는 한국 경제의 가계부채 구조를 개선하기 위한 목적도 있어 고정금리로 운영된다.

을 수 있다. 다만 위와 같은 우대금리를 적용받고자 한다면 부부 소득 증빙이 필수다.

다만 기본적으로 주담대 특성상 만기가 길기 때문에 현재 금리 수준만 보지 말고 중장기 금리 전망을 보고 판단해야 한다는 조언도 나온다. 특례보금자리론은 변동금리부 대출이 대다수를 차지하는 한국 경제의 가계부채 구조를 개선하기 위한 목적도 있어 고정금리로 운영된다. 향후 시중은행 대출금리가 연 2~3%대로 떨어져도 특례보금자리론을 받은 사람은 계속 연 4%대 이자를 내야 한다.

향후 대출금리가 많이 떨어질 것으로 예상하는 사람은 되레 시중은행 주담대가 좋은 선택이 될 것이라는 의견도 상존한다. 금리가 많이 내려가지 않을 것이라고 생각하는 사람

은 특례보금자리론을 선택하면 된다. 물론 향후 몇 년간 금리가 얼마나 하락할지는 전문가도 예측하지 못하는 영역이다. 금융권에서는 금리 인상 사이클이 2023년에는 거의 막바지에 다다른 것 아니냐는 견해가 우세하다. 금리가 지금 수준에 머무르거나 떨어질 수 있지만 더 많이 오를 여지는 적다는 것이다.

1회에 한해 중도상환수수료 없이 특례보금자리론에서 시중은행 주담대로 갈아탈 수 있는 선택지도 있다. 정부는 대출자의 부담을 줄이기 위해 특례보금자리론을 이용하는 도중 시중금리가 하락해 특례보금자리론을 다른 대출로 대환하려는 경우 중도상환수수료를 면제해준다. 시중은행 대출금리가 특례보금자리론보다 현저히 떨어졌다고 판단되면 특례보금자리론을 상환하고 시중은행으로 갈아타면 된다. 다만 이 경우 특례보금자리론으로 돌아올 수는 없다.

중도상환수수료 유의해야

정부와 은행권은 특례보금자리론이 원활히 활용될 수 있도록 기존 대출을 상환하고 특례보금자리론을 이용할 때 중도상환수수료도 면제해주고 있다. 주금공 홈페이지나 모바일 앱을 통해 '특례보금자리론 승인내역 확인서'를 발급해 기존에 대출받은 은행에 제출하면 중도상환수수료를 면제받을 수 있다. 한편 중도상환수수료는 면제되지만 기존 근저당권

말소 비용과 신규 대출계약서 작성에 따른 인지세 등 건당 10만원 정도 자잘한 비용은 대출자가 부담해야 한다.

현금흐름 개선 효과는

만기와 한도 측면에서도 특례보금자리론이 유리한 편이다. 특례보금자리론은 10년, 15년, 20년, 30년, 40년, 50년 등 다양한 만기의 상품을 제공한다. 카카오뱅크, Sh수협은행 등 45년, 50년 만기 주담대를 내놓은 은행도 일부 있지만, 5대 시중은행 주담대 만기는 현재 40년이 최장이다. 기대여명을 고려해 40년 만기 특례보금자리론은 만 39세 이하 또는 신혼부부, 50년 만기는 만 34세 이하 또는 신혼부부만 이용할 수 있다.

만기가 길면 당장 낼 돈이 줄어들어 자금 운용에 유리하다는 장점이 있다. 50년 원리금균등분할상환, 연 4.55% 금리로 4억원을 대출받으면 40년 균등분할상환, 연 4.50% 금리로 빌렸을 때보다 월 상환금이 약 179만원에서 약 169만원으로 줄어든다. 만기를 감안해 금리가 다소 높은데도 불구하고 부담을 길게 나눠 지는 덕분이다.

금리가 높고 만기가 짧은 시중은행 주담대와 비교하면 현금흐름 개선 효과가 더 크다. 물론 만기를 길게 잡으면 이자를 내는 기간이 늘어나 총원리금도 증가하는 부작용이 있다. 다만 물가 상승률을 고려하면 실질적 부담이

**DSR만 예외일 뿐
주택담보대출비율(LTV)과
총부채상환비율(DTI) 규제는
특례보금자리론에도 적용된다. 생애최초
주택 구입자에게는 규제지역 여부와 주택
유형을 불문하고 LTV 80%, DTI 60%가
일괄 적용된다.**

작고, 사람들의 대출 패턴을 살펴보면 다양한 만기가 주어질 때 득이 실보다 크다는 게 중론이다. 만기가 수십 년인 주담대를 끝까지 갚아 나가는 사람은 거의 없다. 집값이 올라 중도에 상환하는 사례가 많기 때문이다. 차주 상황에 따라 다르겠지만 당장의 현금흐름이 조금이라도 나아지는 건 분명 유리한 선택지다.

특례보금자리론의 이점

한도 측면에서는 시중은행 주담대보다 특례보금자리론이 훨씬 유리하다. 모든 부채의 연 원리금이 연 소득의 40%를 넘지 못하도록 하는 DSR 규제의 적용 대상이 아니기 때문이다. 예컨대 연 소득이 5000만원이고, 한

도가 1000만원인 마이너스통장을 갖고 있는 직장인은 현재 비규제지역 8억원짜리 아파트를 구입하기 위해 특례보금자리론으로 5억원을 대출받을 수 있다.

40년 만기 원리금균등분할상환 방식이고 특례보금자리론 금리는 연 4.5%, 마이너스통장 금리는 연 6%로 가정했을 때 결과다. 시중은행에서 주담대를 받는다고 하면 금리와 만기가 같을 때 한도는 3억2000만원으로 약 1억8000만원 줄어든다. DSR을 40% 아래로 맞춰야 하기 때문이다. 단 무주택자가 아니라면 한도 증액 효과는 없다. 구입이 아닌 대환 용도로 특례보금자리론을 받는 경우 한도는 기존 주담대 잔액을 초과할 수 없다.

DSR만 예외일 뿐 주택담보대출비율(LTV)과 총부채상환비율(DTI) 규제는 특례보금자리론에도 적용된다. 생애최초 주택 구입자에게는 규제지역 여부와 주택 유형을 불문하고 LTV 80%, DTI 60%가 일괄 적용된다. 부부가 모두 과거에 주택을 소유한 사실이 없어야 한다. 생애최초가 아니라면 주택 종류와 규제지역 여부에 따라 나뉜다. 아파트의 경우 규제지역은 LTV 60%, DTI 50%이고 비규제지역은 LTV 70%, DTI 60%다. 연립주택, 다세대주택, 단독주택은 규제지역에서 LTV 55%, 비규제지역에서 LTV 65%를 적용받는다. DTI는 규제지역에서 50%, 비규제지역에서 60%다. ■

부자 되는 저축 습관, 어릴 때부터 키워줘요

새 학기를 맞아 어린이 '돼지 저금통' 역할을 톡톡히 해주는 고금리 예적금 상품이 주목받는다. 은행권에서 미성년자를 대상으로 판매하는 상품은 대부분 주택청약과 연결할 때 우대금리를 제공해 실속을 두 배로 챙길 수 있다. 적금상품에는 입금 한도에서 언제든 적립할 수 있는 자유적립식이 많다. 용돈이 남을 때마다 저금한다면 저축 습관을 기르기에 좋다. 상장 수여, 성적 향상 등 이벤트가 있을 때 적금에 '특별 용돈'을 입금해주며 격려해주는 것도 좋은 방법이다.

은행별로, 시기별로 다르지만 2023년 3월 기준 청소년 전용 적금 중 가장 높은 금리를 주는 곳은 신한은행이다. 상품 가입 전에 은행별로 현재 적용 금리, 적용 혜택 등에 변화가 없는지 살펴보는 것이 좋다. 아래에 소개된 금융상품 금리와 혜택은 모두 2023년 3월 기준으로 작성됐다.

신한은행이 만 18세 이하를 대상으로 판매하는 'MY주니어적금'에는 최고 연 4.45% 금

은행권에서 미성년자를 대상으로 판매하는 상품은 대부분 주택청약과 연결할 때 우대금리를 제공해 실속을 두 배로 챙길 수 있다. 적금상품에는 입금 한도에서 언제든 적립할 수 있는 자유적립식이 많다.

리가 적용된다. 기본금리는 연 3.45%지만 최대 1.0%포인트 우대금리를 제공한다. 신한은행에 주택청약종합저축을 보유하고 있거나 신한은행 입출금통장을 통해 자동이체로 입금하면 각각 0.5%포인트 금리 우대를 받을 수 있다.

적립 한도는 분기별 100만원으로, 하루에 최대 1만원씩 저금할 수 있는 셈이다. 자유적립식 상품으로, 적립 한도에서 아무 때나 입금하면 된다. 다른 상품보다 한도가 크지 않

우리은행은 경찰청에 지문을 사전등록한 고객에게 우대금리를 제공하는 '우리아이행복적금'을 판매하고 있다. 지문 사전등록을 통해 아이의 안전을 지키고 이자도 덤으로 받을 수 있다는 것이 장점이다. 계약 기간 만기일 전까지 지문 사전등록을 한 후 신고증을 제출하면 1.0%포인트, 우리은행 입출금통장에서 이 적금에 자동이체로 입금하면 0.2%포인트 우대금리가 적용된다.

지만 그 대신 안심보험 무료 가입 혜택이 제공된다는 장점이 있다. 가입되는 보험은 DB손해보험의 프로미고객사랑보험으로, 적금 계약 기간에 보장이 유지된다.

우리아이행복적금의 매력

우리은행은 경찰청에 지문을 사전등록한 고객에게 우대금리를 제공하는 '우리아이행복적금'을 판매하고 있다. 지문 사전등록을 통해 아이의 안전을 지키고 이자도 덤으로 받을 수 있다는 것이 장점이다. 계약 기간 만기일 전까지 지문 사전등록을 한 후 신고증을 제출하면 1.0%포인트, 우리은행 입출금통장에서 이 적금에 자동이체로 입금하면 0.2%

포인트 우대금리가 적용된다. 모든 우대금리를 받는다면 최고 연 4.4% 금리를 적용받을 수 있다. 가입 기간은 12개월이며 매월 50만 원 한도에서 자유롭게 적립이 가능하다.

지문은 가까운 경찰서나 파출소를 방문해서 등록하면 된다. 미리 지문, 사진, 보호자 인적사항을 등록해두면 아이가 실종됐을 때 해당 자료를 활용해 신속히 찾을 수 있다.

하나은행이 만 18세 이하를 대상으로 판매하는 '(아이)꿈하나적금'은 최고 연 3.75% 금리를 제공한다. 적립 한도는 분기별 150만원이다. 다른 은행 상품과 비슷하게 주택청약종합저축을 보유하거나 아동수당을 수령하면 우대금리를 제공하는데, 특이한 점은 '희망대학 입학 축하금리'가 있다는 것이다. 가입 고객은 만 14세까지 희망대학을 등록할 수 있고, 실제로 그 대학에 입학하면 적금 만기 전 1년간 2.0%포인트 우대금리가 적용된다. 또 가입 고객이 출생 후 1년 이내, 만 7세, 만 13세, 만 16세라면 그해에는 1년간 0.3%포인트 우대금리를 받을 수 있다.

농협의 착한어린이적금

NH농협은행은 만 13세 이하 어린이를 대상으로 'NH착한어린이적금'을 판매하고 있다. 납입 한도는 월 100만원이며 최고 연 3.7% 금리를 준다. 가입 기간은 1년이지만 만 17세까지 연 단위로 계속 연장할 수 있다.

만 0세에 가입한다면 최장 17년간 가입을 유지할 수 있는 것이다. 이 적금을 5년 이상 유지하는 고객에게는 우대금리 0.1%포인트도 제공한다. 농협은행에 따르면 이 상품 가입 고객 중 가입 기간이 9년 이상인 고객 비중이 42%에 달한다. 어릴 때부터 계속 이 적금을 유지한다면 자연스럽게 저축하는 습관을 기르는 데 도움이 될 것으로 보인다. 해당 상품은 농협은행의 어린이 전용 입출금통장인 '착한어린이통장'을 보유한 고객만 가입할 수 있

어린이 · 청소년을 위한 예적금 상품

은행	상품	가입 기간	불입 한도	특징
신한	MY주니어적금	12개월	분기별 100만원	안심보험 무료 가입
우리	우리아이행복적금	12개월	월 50만원	경찰청 지문 사전등록 때 금리 우대
하나	(아이)꿈하나적금	12개월	분기별 150만원	주택청약저축 보유 때 금리 우대
NH농협	NH착한어린이적금	12개월	월 100만원	만 17세까지 연 단위로 가입 가능
KB국민	KB Young Youth 적금	12개월	월 300만원	고객 연령이 만 0·7·13·16·19세이면 금리 우대
SC제일	자녀사랑통장	입출식	제한 없음	종합상해보험 무료 가입

*2023년 3월 기준.

미성년자 고객이 계좌를 새로 개설하려면 본인이나 부모가 은행 영업점에 방문해야 한다. 부모가 미성년 자녀의 통장을 개설하는 경우 3개월 이내 발급된 가족관계증명서와 내방자 신분증을 준비해 가면 된다. 만 14세 이상이라면 미성년자 본인이 직접 통장을 만들 수 있다.

다. 착한어린이통장에서 후원금 자동납부 실적을 보유하면 0.2%포인트 우대금리가 적용된다. 형제·자매가 같은 날 이 적금에 가입하면 각각 0.1%포인트 금리를 우대해준다. 농협은행에서는 임부나 예비 임신부를 위한 적금인 'NH더좋은맘(Mom)적금'도 운영하고 있다. 임신하거나 출산한 고객 또는 다자녀를 대상으로 우대금리를 제공한다. 최고 연 4.0% 금리가 적용되며 가입 기간은 최장 5년이다. 매월 300만원 불입 한도에서 자유롭게 적립할 수 있다.

국민은행의 청소년 전용 상품은

KB국민은행은 만 19세 미만을 대상으로 'KB Young Youth 적금'을 판매한다. 금리는 최고 연 3.65%가 제공된다. 납입 한도가

월 300만원으로 은행권에서 판매하는 청소년 전용 적금상품 가운데 가장 크다는 특징이 있다. 가입 시 자동 재예치를 설정해두면 만 20세가 되기 전까지 1년마다 자동으로 재예치된다.

만 0세, 만 7세, 만 13세, 만 16세, 만 19세이면 그해에는 연 0.5%포인트 우대금리가 제공된다. 국민은행에 가족 고객으로 등록된 가족 수가 3인 이상이면 0.2%포인트 우대금리를 받을 수 있다. 주택청약종합저축을 보유한 경우, 아동수당을 국민은행 어린이통장으로 수령한 경우, 경찰청에 지문 사전등록을 한 경우에도 우대금리를 적용해준다.

SC제일은행은 만 18세 이하 고객 전용 자유입출금통장인 '자녀사랑통장'을 내놨다. 가입월을 제외하고 3개월 연속 예금 평균 잔액이 50만원 이상인 고객을 대상으로 동부화재해상보험의 종합상해보험에 무료로 가입할 수 있는 혜택을 제공한다. 학교생활이나 일상생활 중 사고를 담보해주는 보험이다.

미성년 자녀 통장 개설하기

미성년자 고객이 계좌를 새로 개설하려면 본인이나 부모가 은행 영업점에 방문해야 한다. 부모가 미성년 자녀의 통장을 개설하는 경우 3개월 이내 발급된 가족관계증명서와 내방자 신분증을 준비해 가면 된다. 만 14세 이상이라면 미성년자 본인이 직접 통장을 만

들 수 있다. 학생증, 청소년증, 여권 등 본인 신분증과 가족관계증명서를 지참하고 영업점에 방문하면 된다. 다만 통장 개설 외에 인터넷뱅킹 등 전자금융 등록이나 카드 발급 같은 다른 업무를 보기 위해서는 추가 서류가 필요할 수 있으니 영업점에 미리 문의해보는 것이 좋다. 금융당국은 미성년자 고객을 대신해 부모가 비대면으로 계좌를 개설할 수 있도록 하는 방안을 추진하고 있어 조만간 이 같은 불편은 해소될 것으로 보인다.

자녀의 올바른 금융습관 길러주려면

자녀의 금융 습관을 길러주는 앱도 있다. 에듀핀테크 기업 레몬트리에서 만든 자녀 용돈 관리 및 경제금융 교육 서비스 앱 '퍼핀

가장 큰 특징은 부모가 자녀의 카드 사용과 금융생활을 안전하게 관리하고 교육할 수 있도록 다양한 서비스를 제공한다는 점이다. 부모용 앱에서 자녀의 용돈 잔액과 소비내역을 실시간으로 조회할 수 있고, 용돈 보유 및 사용 한도 제한, 카드 신청·분실신고·해지, 금융 학습 동기부여를 위한 보상 설정 기능을 지원한다.

(first fintech for family·firfin)'이 대표 사례다.

전국 호환 교통카드(레일플러스) 겸용 용돈 카드인 '퍼핀카드'와 체계적인 경제금융 학습용 메타버스 콘텐츠 '퍼핀월드'를 앱에 탑재했다. 만 7세 이상 자녀라면 본인 명의 휴대폰으로 가입할 수 있다.

다른 미성년 용돈 관리 서비스가 자녀에게 카드만 발급해주고 끝나는 것과 달리 퍼핀은 체계적으로 '소비, 저축, 투자 습관'을 길러주고 '돈 공부'까지 시켜준다. 아이는 메타버스 기반 퍼핀월드에 접속해 매일 퀴즈를 풀며 기초 금융 상식을 쌓고, 용돈처럼 쓸 수 있는 포인트(부모가 설정한 학습 보상)를 받을 수 있다. '내 이름'이 새겨진 카드를 사용하면서 돈에 대한 올바른 개념을 쌓고 주체적인 태도를 형성할 수 있을 것으로 기대된다.

퍼핀카드는 청소년 유해시설과 일부 가맹점을 제외한 대부분의 국민카드 가맹점에서 결제할 수 있으며, 네이버페이 등 온라인 간편결제 기능도 있다. 가장 큰 특징은 부모가 자녀의 카드 사용과 금융생활을 안전하게 관리하고 교육할 수 있도록 다양한 서비스를 제공한다는 점이다. 부모용 앱에서 자녀의 용돈 잔액과 소비내역을 실시간으로 조회할 수 있고, 용돈 보유 및 사용 한도 제한, 카드 신청·분실신고·해지, 금융 학습 동기부여를 위한 보상 설정 기능을 지원한다.■

05

코인

'하이 리스크 하이 리턴' 위험 부담 줄이는 코인 필독 정보

은행위기─반감기 호재 앞둔 비트코인

이더리움 2.0, 금융 시스템으로 진화

디파이, NFT 이을 다음 코인 기대주 '웹3·소셜미디어'

미·중 패권 경쟁으로 번진 코인 규제

토큰 증권, 새로운 코인 투자 기회 열리나

은행위기-반감기 호재 앞둔 비트코인

아무도 예상 못한 비트코인 3만달러

2022년은 비트코인에 악몽 같은 한 해였다. 5월 발생한 테라 몰락, 11월 발생한 FTX 파산이라는 양대 악재는 비트코인 가격을 연

고점 4만1000달러에서 1만7000달러로 끌어내렸다. 비트코인 가격이 한 해에 50% 이상 하락한 것은 2018년 이후 4년 만이다.

그러나 2023년 들어 분위기가 달라졌다. 1

*2023년 비트코인 가격 차트. 자료=코인마켓캡

월 들어 재빠르게 2만달러를 회복한 비트코인은 2월 말 미국의 팍소스, 크라켄 규제에도 2만4000달러대까지 상승했다. 미국 은행 파산 위기가 발생한 3월에는 2만8000달러를 넘고 4월 들어 3만달러도 넘겼다.

4월 돌파한 3만달러는 의미가 큰 가격대다. 바로 2022년 5월 테라 몰락 이후 최고점이기 때문이다. 테라 몰락 이전에 비트코인 가격은 4만달러대였지만 이후 5월에 3만달러, 6월에 2만달러로 고꾸라졌다. 그러다 11월 FTX 사태를 맞아 1만6000달러로 후퇴했다. 3만달러는 테라까지는 아니지만 FTX 사태에 따른 여파를 상당 부분 만회했다고 봐도 무방한 가격대다.

비트코인, 작년 대형 악재에도 3만달러 초고속 회복
은행 파산위기−1년 앞둔 반감기 '더블 호재'
금융위기 비판, 비트코인 백서에도 명기

금융 시스템 흔들릴수록 비트코인 가치 올라

비트코인이 이처럼 2023년 들어 급반전한 이유로는 크게 두 가지가 꼽힌다. 먼저 연초 발발한 은행 파산위기에 따른 대안 자산으로의 매력이 부각된 것이다.

이른바 중앙화된 구조의 전통 금융 시스템의 부실은 탈중앙화된 코인, 특히 비트코인의 장점을 부각시키는 사건으로 볼 수 있다. 2009년 비트코인이 탄생할 때 있었던 해프닝에서도 이를 확인할 수 있다. 비트코인의 창시자 사토시 나카모토는 비트코인 네트워크를 처음으로 가동하면서 2009년 1월 3일 런던 뉴욕타임스 1면 헤드라인인 '재무장관, 은행에 두 번째 구제금융 제공 임박(Chancellor on brink of second ballout for banks)'을 블록에 기록했다. 2008년 전 세계적으로 발생한 금융위기를 우회적으로 비판한 행동이다.

사토시 나카모토는 비트코인 백서에도 이같은 의도를 명시했다. 백서 서론에는 신뢰 가능한 제3자 역할을 하는 금융기관에 전적으로 의존하는 시스템은 태생적으로 약점을 지닌다고 적혀 있다.

이 약점이 부각된 것이 2008년 금융위기이며 이를 통해 불거진 중앙화된 은행의 부실,

비트코인 누적 채굴량과 인플레이션율 (단위=만개·%) *자료=매경이코노미

채굴 보상
50BTC 25BTC 12.5BTC 6.25BTC 3.125BTC

비트코인 총공급량(좌)
비트코인 인플레이션율(우)

이를 회복시켜 주는 중앙정부의 돈잔치를 비판한 것이다.

은행 파산위기가 고조된 2023년 3월 비트코인이 강세를 보인 것은 비트코인의 탈중앙화 가치에 이목이 더욱 쏠린 결과다. 금융 산업에서도 이 같은 해석이 담긴 보고서가 등장하고 있다. 월스트리트의 유력 자산운용사 번스타인에서는 '은행의 미래에는 은행이 없다'는 내용으로 된 보고서를 발행하면서 은행 파산위기로 탈중앙화된 금융 시스템(디파이)이 대안으로 부상하고 가상화폐 시장 발전을 위한 환경이 조성되고 있다고 밝혔다. 즉 비트코인이 이 같은 경제 혼란에 대한 보험 성격을 띤 대안 자산으로 인식되고 있다는 설명이다.

급반전의 두 번째 이유로는 1년 남짓 남은 반감기를 들 수 있다. 비트코인은 약 4년마다 반감기를 시행해 신규 발행되는 코인의 양을 절반으로 줄인다. 다음 반감기는 2024년 4월로 예상되며 탄생 이후 네 번째 반감기다.

비트코인 반감기는 전통적으로 코인시장에 호재였다. 첫 번째 반감기인 2012년은 코인시장에 관심이 낮았던 시기라 큰 영향을 미치지 않았지만 다음 반감기인 2016년, 2020년에는 모두 반감기 이후 급등하는 불장이 시작됐다.

특히 세 번째 반감기인 2016년 이후 2017년 시작된 불장은 전 세계에 비트코인의 존재감을 알리는 계기로 작용했다. 그리고 2020년 세 번째 반감기 이후 1년 뒤인 2021년 비트코인은 6만5000달러로 사상 최고치를 경신했다.

특히 이번 반감기는 2022년 한 해 큰 사건으로 조성된 크립토 윈터, 즉 하락장을 반등시킬 수 있을지를 놓고 더욱 많은 관심을 받고 있다. 2021년 말 비트코인 가격이 사상 최고치를 경신한 이후 가파르게 하락세로 돌아서면서 테라, FTX 등 일련의 사태로 1년 만에 4분의 1 토막이 났기 때문이다.

또 2023년 들어 본격화된 전 세계적 긴축기조도 코인 시장의 유동성을 줄여 가격을 낮추고 있다.

1년 앞으로 다가온 비트코인 네 번째 반감기
2016년 세 번째 반감기 전 세계에 비트코인 알린 계기
규제 정비 이후 법인 투자 유입되면 추가 상승 기대

그러나 비트코인 반감기 패턴이 반복된다면 1년여를 앞둔 현재 반등이 시작될 가능성이 높다. 비트코인 가격 최고점은 반감기 1년 뒤에 경신됐지만 상승세는 언제나 반감기 이전에 시작됐다. 이 패턴대로라면 반감기에 따른 투자심리 개선을 기대할 수 있다.

현재 비트코인 진영에서 반감기에 따른 기대 심리의 발목을 잡는 걸림돌은 채굴업체의 수익성 악화다. 2022년에 계속된 비트코인 가격 하락으로 비트코인 생산 원가와 가격이 크게 차이 나지 않는 상황이 전개되고 있다. 비트코인은 채굴 방식을 사용하는 코인이기 때문에 채굴자가 활발하게 활동하지 않으면 네트워크의 안정성이 급격히 악화된다. 하지만 잇단 수익성 감소로 아르고 블록체인 등 대형 채굴회사가 재정 악화에 시달리고 있다는 소식이 나오고 있다. 채굴산업의 위축은 반감기 호재를 제대로 반영하기 어려운 요인이 될 수 있다.

또 대안 자산으로서의 비트코인 매력이 부각된다 하더라도 투자시장의 큰손인 기관이 코인에 안심하고 투자할 수 있는 여건이 조성돼야 한다. 국내에서는 법인이 코인거래소에 계좌를 개설하고 매매하는 것이 어려우며 해외도 마찬가지다. 관련 규제가 정비되고 가이드라인 등이 제시되면서 법인 투자에도 규제에 따른 투자 방법이 제공돼야 대안 자산의 매력이 실제로 시장에 반영될 것이다. ■

이더리움 2.0, 금융 시스템으로 진화

해묵은 채굴 버리고 지분증명 도입한 이더리움

비트코인에 이어 코인시장 2위인 이더리움은 작년부터 대격변이 진행되고 있다. 바로 이더리움 2.0으로의 진화다. 이에 따라 시스템 작동 방식이 금융을 대폭 수용하는 형태로 바뀌면서 명실상부한 디파이 자체로 진화를 꿈꾸고 있다.

2022년 9월 이더리움은 대규모 업그레이드 '머지'를 시행했다. 머지 업그레이드는 이더리움 2.0의 시작을 알리는 변화다. 좀 더 엄밀하게 말하자면 2020년 진행된 비콘체인(Beacon Chain) 출시를 이더리움 2.0의 시초로 볼 수 있지만 비콘체인은 기존 이더리움과 별개로 작동했기 때문에 본격적인 차세대 진화로 보기에는 어려움이 있다. 기존 이더리움을 바꾸는 업그레이드는 머지가 처음이어서 이번 업그레이드로 이더리움 2.0이 본격적으로 시작됐다고 할 수 있다.

머지에서 단행된 가장 큰 변화는 합의 알고리즘을 작업증명(PoW)에서 지분증명(PoS)으로 전환하는 것이다. 이더리움은 2015년 첫 개시 이래 비트코인과 같은 PoW 합의 알고리즘에 따라 네트워크를 운영했다. 채굴자가 네트워크 운영에 필요한 노드를 가동하고 그 보상으로 코인을 받아가는 구조다.

이 같은 구조는 참여자가 많지 않은 초기에는 적절하게 운영됐지만 가상자산 시장에 관심이 높아지고 채굴자가 늘어나 경쟁이 격화되면서 보상을 받기 위해 운영해야 하는 컴퓨팅 자원이 높아져 에너지 낭비와 그에 따른 환경 파괴 등이 문제로 지적됐다. 이더리움재단은 문제를 해결하기 위해 합의 알고리즘 변경을 오랜 기간 연구했고 다년간 준비한 끝에 이번 머지 업그레이드로 합의 알고리즘 변경에 성공했다.

합의 알고리즘이 PoW에서 PoS로 변경됨에 따라 이더리움의 핵심 운영구조도 이전과 100% 바뀌었다. 가장 먼저 이더리움 네트워크에서 블록 생성과 검증을 맡아온 채굴자가

이더리움 가상공간.

위한 데이터 압축과 효율화 등이 주요 내용이다. 이더리움재단 측은 머지·사펠라 업그레이드의 성공으로 앞으로 계속될 이더리움 2.0 개편을 위한 후속 업그레이드도 차질 없이 진행할 수 있을 것으로 기대하고 있다.

설 자리를 잃었다. 대신 최소 32ETH를 수탁한 검증자가 기존 채굴자 역할을 수행하고 블록 생성·검증에 대한 보상을 수령한다. 또 채굴 경쟁이 약해진 만큼 보상으로 제공되는 코인 수도 대폭 줄어들었다.

이어 2023년 4월에는 이더리움 2.0의 두 번째 대형 업그레이드 사펠라가 진행됐다. 사펠라로 PoS 합의 알고리즘을 위해 예치해 놓았던 ETH를 출금할 수 있게 됐다. 머지는 PoS 구현에는 성공했지만 ETH 예치만 가능하고 인출은 불가능하다는 단점이 있다. 사펠라 업그레이드로 인출이 구현되면 은행의 예금·대출처럼 ETH의 예치·인출을 둘러싼 디파이의 고도화가 가능해진다.

이더리움재단은 머지·사펠라 업그레이드에 이어 서지·버지·퍼지·스플러지 업그레이드를 진행할 계획이다. 샤딩 기술에 기반한 네트워크 처리 용량의 확대, 처리 성능 향상을

머지·사펠라 등으로 본격화된 이더리움 2.0 거버넌스는 채굴자로 구성된 기존 이더리움 거버넌스에 비해 금융 시스템의 성격이 강해지고 있다. 가장 먼저 채굴자 역할을 대체하는 검증자의 필요조건이 최소 32ETH 예치인데 이 같은 방식은 은행에 현금을 예금하고 이자를 받는 형태와 유사하다. 각 검증자는 블록 검증, 생성용 노드 운용에 필요한 고정비용을 산출하고 이를 충당할 수 있는 보상, 즉 이자를 계산해야 한다. 이를 위해 자연스럽게 필요한 예치 총량, 즉 예금도 계산해야 한다. 이는 자산운용 업계 사업 모델과 상당히 비슷하다.

예치-출금 구조로 뼛속까지 금융 시스템 장착

기존 채굴자가 채굴을 위한 기반시설을 확충하면서 그에 비례하는 코인 보상이라는 매

출을 올렸다면 지금은 검증자가 자산을 유치하고 운영하면서 그에 비례하는 보상을 받는다. 제조업 구조에서 금융업 구조로 바뀌었다고 봐도 무방하다. 이더리움은 이미 디파이의 핵심 플랫폼으로 자리 잡고 있다. 기존 이더리움에 기반한 디파이는 채굴자와 별개로 스마트 콘트랙트를 활용한 애플리케이션으로만 개발·운영돼 이더리움을 활용한 서비스의 일부로 국한됐다. 하지만 채굴자가 검증자로 대체되면서 향후에는 검증자가 노드 운용과 함께 디파이의 주류로 등장할 가능성이 높아지고 있다. 이렇게 되면 이더리움의 핵심 운영까지 디파이와 연계되면서 디파이 시장이 현재

보다 더 확대될 것으로 보인다. 그렇다면 디파이에 근간한 가상자산 시장도 기존 금융투자 시장과 보다 밀접하게 연계되고 그에 맞춰 움직일 가능성 또한 상승하고 있다. 이더리움 2.0을 계기로 가상자산 시장은 빠른 속도로 기존 금융투자 시장과 유사해지고 있다. 이 같은 배경으로는 스마트 콘트랙트 프로그래밍에 기반한 디파이와 합의 알고리즘 변화에 따른 거버넌스 개편이 자리 잡고 있다. 가상자산 시장이 금융시장과 가까운 형태로 운영되면 속도와 효율성으로 무장한 디파이가 금융시장 잠식에 나설 수 있다. 이때 이더리움의 매력은 더욱 높아질 것이다.■

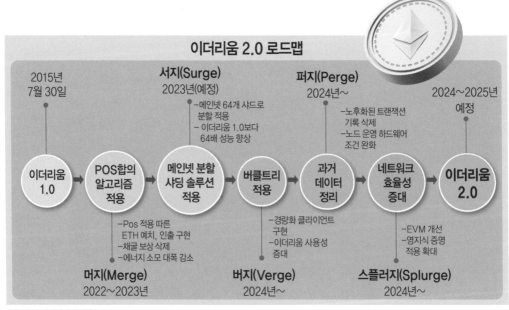

ROADMAP TO ETHEREUM

디파이, NFT 이을 다음 코인 기대주 '웹3 · 소셜미디어'

코인 열풍 불러온 디파이, 한순간에 55조원 '증발'

2017년 코인 불장을 이끈 것은 코인공개(ICO) 열풍이다. 4년 뒤인 2021년 불장은 디파이와 대체불가토큰(NFT)의 컬래버레이션이었다. 2022년 크립토 윈터를 거쳐 다가올 다음 코인 기대주는 무엇이 될지 관심이 커지고 있다. 업계에서는 커뮤니티 기반인 웹3와 소셜미디어를 가장 유력한 차기 주자로 꼽는다.

코인 열풍을 불러온 서비스 중 가장 생명력이 긴 것은 디파이다. 블록체인, 가상자산의 근간이 금융인 만큼 블록체인 기술을 이용한 금융의 혁신으로 꼽혀 꾸준히 명맥을 유지하고 있는 것이다.

탈중앙화거래소(DEX) 1위 유니스왑, 이더리움 기반 예치·대출 플랫폼 컴파운드, 담보 기반 대출 서비스 메이커다오 등을 대표적인 디파이로 꼽을 수 있다.

그러나 2022년 5월 스테이블 코인과 디파이를 한데 묶은 프로젝트인 테라가 몰락하면서 디파이도 큰 충격을 받았다. 테라는 몰락 이전인 2022년 1월만 해도 전체 디파이 프로젝트 중 총예치자산(TVL)에서 2위에 오를 정도로 성공을 거뒀다. 그러나 자체 스테이블 코인인 UST의 가격 이탈을 막지 못해 불과 일주일 사이에 55조원에 달하는 자산이 허공으로 사라졌다.

멤버십의 커뮤니티화, 웹3가 이끈다

미국 규제당국도 디파이의 위험성에 주목하고 있다. 미국 재무부는 2023년 4월 디파이 불법 금융 실태를 조사한 보고서를 내고 사이버 범죄자나 북한 해커 그룹 등이 범죄 수익금을 세탁할 용도로 디파이를 사용하고 있다고 지목했다. 이를 방지하기 위해 디파이에도 미국 정부의 자금 세탁과 테러자금 조달 방지 규정을 적용해야 한다고 덧붙였다.

이 같은 내우외환으로 디파이는 한동안 코인시장의 전면에 나서긴 어려울 것으로 전망된다. 이더리움 2.0 업그레이드에 따른 예치 관련 파생상품이 주목받고 있지만 이 역시 증권성 이슈가 있어 규제 대상이 될 염려가 다분하다.

NFT는 그동안 기성 회사가 블록체인과 가상자산 시장에 진출하는 수단으로 주목받아왔다. 기존에 영위하던 사업에 크게 손대지 않고도 소비자 대상으로 혜택을 강화하는 용도로 NFT를 쓸 수 있었기 때문이다. 국내에서도 신세계백화점의 푸빌라, 롯데홈쇼핑의 밸리곰 등이 이에 속한다.

하지만 NFT 자체의 가치보다 혜택에 관심이 쏠리면서 기존 멤버십과 차이가 없다는 평가를 받으며 활성화에 난항을 겪고 있다. 기업 측에서도 혜택을 강화하면 NFT 판매로 거둔 수익보다 혜택 제공에 소요되는 비용이 높아 서비스를 지속적으로 운영하기 어려워진다.

이 같은 문제는 디파이나 NFT나 사용자 또는 보유자에게 가치를 환원하지 못하고 운영사, 플랫폼에 수익과 비용 모두가 전가되는 구조를 벗어나지 못했기 때문이다. 이를 해결하기 위한 대안으로 주목받는 개념이 바로 웹3다.

웹3는 서비스 사용으로 발생하는 개인정보와 콘텐츠의 소유 주체를 플랫폼 기업에서 탈중앙화 시스템으로 이전시키고 정해진 규칙에 따라 개인정보와 콘텐츠의 가치를 소비자

스타벅스 오디세이.

웹3 소셜 미디어 렌즈프로토콜. 자료=렌즈

에게 직접 보상하는 구조를 말한다. 기존 빅테크, 플랫폼 기업의 단점인 소비자 보호 측면을 강화함으로써 호응을 받고 있다. 블록체인 기술은 탈중앙화 시스템에서 사용자에게 가치를 공정하게 분배하는 데 활용되고 있다.

특히 웹3는 NFT에 이어 기성 기업이 블록체인에 진출하는 주요 수단으로 자리 잡고 있다. 대표적인 사례는 스타벅스다. 웹3 기술을 활용해 스타벅스 리워드 회원이 디지털 수집품을 획득하고 구매할 수 있는 프로그램 '오디세이'를 작년 말부터 미국에서 시행하고 있다. 오디세이는 임의적인 삭제·수정이 불가능한 블록체인 기술을 활용해 소비자를 특정하고 디지털 스탬프도 NFT로 발행함으로써 훼손

할 수 없도록 만들었다. 이를 위해 블록체인 프로젝트 폴리곤과 협업하고 있다.

빅테크 플랫폼에 대한 반감, 블록체인 SNS로 몰려

스타벅스는 웹3를 활용해 기존 리워드 프로그램인 프리퀀시보다 좀 더 복합적인 보상을 받을 수 있도록 오디세이를 설계했다. 커피 한 잔당 별 한 개와 같이 단순한 보상이 아니라 스타벅스 브랜드와 커피를 보다 잘 향유하고 즐길 수 있는 여정을 구축하고 게임이나 퍼즐 등에 기반한 입체적 경험을 구현해 브랜드와 소비자 간 연결을 강화한다. 여정의 보상으로 제공되는 스탬프에는 NFT 기술을 적

55조원 허공에 날린 테라 사태, 디파이 경각심 키워
블록체인 대중화를 위한 새로운 서비스, 웹3 · 소셜미디어 주목
트위터, 페이스북 등 플랫폼 독점에 대한 대항마로 부각

용해 한정판 등 다양한 형태로 제공한다. 소비자는 이를 구매하거나 다른 소비자에게 판매할 수도 있다.

이에 따라 소비자는 스타벅스 커피를 소비하는 것을 넘어 다른 오디세이 회원과 NFT를 바탕으로 교류하고 경험을 나눌 수 있다. 소비자에서 멤버십, 멤버십에서 커뮤니티로의 확장을 웹3로 구현했다는 설명이다.

이 같은 커뮤니티로의 확장을 바탕으로 소셜미디어도 새롭게 주목받고 있다. 트위터, 페이스북 등 주요 소셜미디어 기업이 사용자 정보를 독점해 자신들의 배를 불리고 있다는 비판의 목소리가 커지면서 웹3, 블록체인 기반 소셜미디어가 사용자에게 어필하고 있는 것이다. 대표적인 웹3 소셜미디어로는 렌즈 프로토콜이 있으며 트위터 창업자 잭 도시가 후원하는 소셜 플랫폼 다무스를 예로 들 수 있다.

렌즈 프로토콜은 사용자 프로필을 NFT로 구성해 사용하는 소셜미디어로 사용 기록 제어권을 사용자가 소유한다. 폴리곤 블록체인 네트워크에서 구동되며 탈중앙화 파일 스토리지(IPFS)를 활용해 콘텐츠의 운영사 독점을 막는다.

프로필 NFT와 블로그 형태의 게시 서비스, 트위터와 같은 단문 서비스, 탈중앙화 버전의 유튜브와 같은 영상 플랫폼 등도 개발돼 운영되고 있다.

웹3와 소셜미디어는 디파이, NFT처럼 손에 바로 잡히는 코인이나 가상자산이 없지만 데이터 주권 등과 같은 활동에 따라 보상을 받는 구조를 채택해 사용자가 늘어나기 용이한 구조라는 것이 특징이다. 활성화된 사용자가 늘어날수록 전체 가치가 올라가는 플랫폼 형태인 것도 성공 가능성을 높이는 요인이다. 특히 거대 독점 플랫폼을 향한 반감이 계속적으로 상승하는 가운데 비트코인처럼 대안 성격을 인정받는다면 블록체인의 저변을 확대하는 다음 기대주로 부상할 가능성이 높다고 할 수 있다. ■

미·중 패권 경쟁으로 번진 코인 규제

올해 코인시장 화두 중 하나는 미국 금융당국의 규제 본격화다. 작년 발생한 테라 몰락, FTX 파산 사태 등 두 사건은 미국 금융당국의 경각심을 높였다.

올해 들어 미국 증권거래위원회(SEC)는 가상자산 거래소 크라켄, 스테이블코인 발행사 팍소스, 해묵은 사건인 블록체인 프로젝트 테라 등 광범위한 분야에 걸쳐 제재를 가하고 있다. 미국 상품선물거래위원회(CFTC)도 바이낸스와 자오창펑 바이낸스 창업자 겸 최고경영자(CEO)에 대해 규제 위반 등 혐의로 소송을 제기했다.

이번 규제는 코인 산업의 거의 모든 분야를 망라한다는 것이 특징이다. 전 세계 1위 코인 거래소 바이낸스와 미국 내 2위 거래소 크라켄이 직접적인 규제 대상이 됐다. 팍소스는 디파이(탈중앙화금융)의 필수품인 스테이블코인에서 시가총액 3위인 BUSD 발행사다. 테라는 블록체인 버전의 중앙은행을 표방한 코인 프로젝트였다. 거래소-스테이블코인-코인 프로젝트로 이어지는 코인시장의 세 주체에 모두 규제라는 칼날을 들이댄 것이다.

미국 규제당국 코인 규제 리스트

2월 10일	크라켄 스테이킹 서비스 중단 명령, 범칙금 3000만달러 부과
2월 14일	BUSD 발행사 팍소스에 발행 중단 명령
2월 17일	권도형 테라폼랩스 대표 400억달러 사기 혐의로 기소
3월 23일	저스틴 선 트론 창시자와 트론재단 증권법 위반 혐의로 피소송
3월 24일	미국 증권거래위원회, 코인베이스에 웰스 노티스 통보
3월 28일	미국 상품선물거래위원회, 바이낸스에 파생상품 관련 규제 위반 혐의로 기소
3월 30일	미국 증권거래위원회의 증권법 위반 고소로 코인 거래소 빅시 영업 중단

코인시장 전방위로 확산된 미국 금융 규제

미국 금융당국의 전방위 규제에서 일관되게 적용되는 기준은 투자자 보호다. 미국 규제당국은 거래소, 스테이블코인 발행사, 코인 프로젝트 모두에 금융회사들이 투자자 보호를 위해 따르는 절차와 규정을 지켜야 한다고 밝히고 있다. 그렇지 않으면 모든 주체는 물론이고 중개인에게도 예외 없이 철퇴를 내릴 것이라고 경고했다.

미국의 규제 본격화가 코인시장의 투자 심리를 위축시키는 것은 피할 수 없다. SEC가 크라켄의 스테이킹 상품에 대한 규제를 발표한 올해 2월 10일 이후 비트코인 가격은 2만4000달러에서 2만1000달러로 하락했다. 전체 코인시장도 한때 1조달러를 밑돌았다.

반면 그동안 공백 상태이면서 불확실했던 규제 우려를 명문화하는 효과도 있다. 특히 코인시장은 투자자보다 발행사, 개발사, 운영사 등 산업을 중심으로 조성되다 보니 투자자 보호는 뒷전으로 밀려나기 일쑤였다. 이는 여러 해킹 사건에서 체계적인 보상이 제공되지 않는 것만 봐도 알 수 있다.

또 이번 규제는 기관투자자를 대상으로 코인시장에 자금을 안전하게 유입시킬 수 있는 안전장치를 제공한 것으로 볼 수 있다. 투자자 보호는 개인투자자만 대상으로 하지 않기 때문이다. 특히 팍소스 규제의 대상인 스테이블코인은 가치 고정이라는 특성상 운용사나 연기금 같은 기관투자자가 투자에 활용하는 경우가 많다. 그동안 민간에서 스테이블코인을 발행하면서 신뢰에 대한 우려가 높았는데 적절한 규제가 마련되면 기관투자자 자금이 코인시장으로 좀 더 유입될 수 있다.

한편 이번 규제가 미국 투자자 보호에 맞춰지면서 코인시장이 미국과 중국으로 이원화될 가능성이 제기된다. 바이낸스는 자금 세탁 방지 미비, 불법 파생상품 거래 중개 등 혐의로 미국 내 영구적인 등록 금지가 요청돼 법원에 의해 규제가 확정되면 미국 시장에서 사업이 불가능해진다. 함께 기소당한 저스틴 선 트론 창립자도 마찬가지다.

이러한 가운데 그동안 코인에 규제 일변도 정책을 시행해오던 중국이 홍콩에 한해 규제를 완화할 조짐이 보인다. 중국은 2021년 9월 인민은행 주도로 공안국, 최고인민검찰원 등

미 SEC 등 규제당국, 코인 발행·유통 시장 정조준
규제 강화에 비트코인 3월 한때 급락
대안 시장으로 최근 입장 바뀐 중국 주목

디지털 위안화. 매경DB

이 공동으로 가상화폐 제재 고시를 내놓고 관련 활동을 일제히 단속했다. 이후 채굴자를 포함한 중국 내 가상화폐 관련 회사가 거의 모두 해외로 이전하고, OKX 등 가상자산 거래소도 전부 해외로 본사를 옮겼다. 이를 계기로 중국 크립토 산업의 암흑기가 본격적으로 시작됐고, 규제 여파로 전 세계 채굴 산업도 중국 중심에서 미국 중심으로 재편된 바 있다.

하지만 변화 조짐이 보인 것은 작년 말부터다. 중국 본토를 대상으로 하기보다 홍콩에서 먼저 규제 완화가 적극적으로 논의되고 있다. 작년 10월 홍콩 자치정부는 코인 거래소가 홍콩에서 사업할 수 있도록 가상자산사업자(VASP) 라이선스를 신설할 계획을 공개했다. 올해 들어서는 VASP 시행을 6월부터 도입하기로 결정했으며 코인 투자 허용폭을 당초 전문투자자에서 개인투자자로 확대하는 것을 고려 중이라고 전했다.

이러한 홍콩 당국의 유화 정책에 따라 여러 코인 거래소가 홍콩으로 이전하고 있다. 후오비, 비트겟, 게이트아이오 등이 본사를 홍콩으로 옮기거나 홍콩에 진출해 VASP 라이선스를 신청하겠다고 밝혔다.

특히 홍콩 당국 정책 중 주목해야 할 것은

바로 코인 회사들의 은행 법인계좌 개설 지원이다. 은행에 법인계좌 개설이 가능해지면 코인 회사들이 보유한 코인을 현금으로 바꿀 수 있게 돼 관련 사업을 훨씬 원활하게 진행할 수 있다. 한국 코인시장 특징인 실명계좌와 비슷한 형태다. 코인을 법정통화로 쉽게 바꿀 수 있으면 그만큼 코인시장으로 자금이 원활하게 유입돼 유동성을 확충할 수 있다.

이 같은 홍콩 당국의 조치는 미국 은행 파산과 맞물려 코인시장에 미묘한 지각 변동을 야기하고 있다.

실버게이트, 실리콘밸리은행(SVB), 시그니처은행이 영업 정지되면서 코인시장에 미친 가장 부정적 영향이 바로 코인과 달러 간 결제 역할을 수행하는 실버게이트 익스체인지 네트워크(SEN)와 시그넷의 중단이다. 두 결제망의 중단으로 코인베이스 등 미국 내 여러 코인 회사가 현금 확보에 어려움을 겪고 있으며 그만큼 코인시장의 유동성도 경색되고 있다.

코인 업계 일각에서는 중국이 미국 코인시장의 유동성 경색을 기회로 삼아 디지털 위안화 사용폭을 넓히기 위해 코인 유동성 공급을 암묵적으로 진행하는 것 아니냐는 분석이 제기된다.

SEN과 시그넷이 하던 코인·달러 결제 역할을 홍콩 은행들이 코인·위안화 결제로 바꿔 법인계좌를 통해 제공할 수 있기 때문이다.

중국, 규제 일변도 코인 정책에 변화 조짐
홍콩 6월부터 개인투자자도 거래소 통한 코인 거래 허용
미국 규제 대상 코인 기업들 홍콩으로 대거 몰려

이렇게 되면 코인시장에서 디지털 위안화 비중이 높아지고, 블록체인 네트워크를 활용한 해외 결제에서 위안화에 대한 접근성도 그만큼 좋아질 것이라는 예측도 가능하다.

하지만 위안화가 코인시장에 유동성 공급 용도로 활용되려면 달러 기반 스테이블코인인 USDT, USDC처럼 위안화 기반 스테이블코인이 필요하다. 코인 거래소가 디지털 위안화 마켓을 직접 지원해도 되지만, 이 경우 정부 모니터링 등 다양한 이슈가 있어 스테이블코인의 선호도가 더 높다. 아직까지 위안화 기반 유동성이 코인시장에 유입되기까지는 넘어야 할 산이 많지만 다시 한번 코인시장의 글로벌 주도권이 변화할 가능성은 어느 때보다 높다고 할 수 있다. ■

토큰 증권, 새로운 코인 투자 기회 열리나

토큰 증권, 10년 만의 새 투자시장 '낙점'

코인에 부정적인 것으로 알려진 금융당국이 지난 2월 깜짝 놀랄 만한 발표를 했다. 바로 토큰 증권으로 명명된 증권형토큰(Security Token)의 발행·유통을 전면 허용하기로 결정한 것이다. 이에 따라 내년부터 토큰 증권이라는 새로운 투자시장이 열릴 것으로 전망돼 투자자들의 기대감도 커지고 있다. 2013년 장외 주식 거래시장인 코넥스가 출범한 데 이어 10년 만에 새로운 투자시장이 열리는 것이다.

토큰 증권은 블록체인 기술을 활용해 실물 자산을 디지털 토큰화한 것을 말한다. 현 전자 증권이 실물 자산인 증권에 대한 권리를 전자적으로 기록한 것이라면, 토큰 증권은 여기서 한 걸음 더 나아가 블록체인을 이용해 토큰으로 재포장한 것이다. 이 경우 블록체인 기반 중개 플랫폼에서 쉽게 거래가 가능하며, 소수점 단위 거래나 액면분할 같은 주식 쪼개기도 용이하게 할 수 있다.

코인이나 토큰과 달리 토큰 증권은 가치가 연동된 자산이 존재하기 때문에 기존 금융 산업에 좀 더 가까운 블록체인 기반 디지털 자산이라고 할 수 있다. 연동된 자산 종류에 따라 증권법, 자본시장법 등의 규제를 받아 규제의 불명확성도 다른 코인보다 낮다.

게다가 토큰 증권을 활용하면 기반이 되는 증권폭이 대폭 늘어난다. 전자 증권이 주로 상장회사의 주식이나 채권 등을 대체하는 용도였다면, 토큰 증권은 이보다 더 넓은 범위의 실물 증권을 대상으로 하기 때문이다. 금융위원회는 토큰 증권을 통해 최근 출연한 다양한 권리의 증권화를 지원하겠다고 밝힌 바 있다. 따라서 삼성전자 등 주식뿐만 아니라 부동산 수익을 나눌 수 있는 자산유동화증권(ABS), 음원으로 발생한 수익을 배분받을 수 있는 저작인접권 등이 대상으로 꼽힌다. 실제 시장이 개설되면 더 많은 권리가 토큰 증권을 통해 증권화돼 발행될 것으로 보인다.

금융당국은 토큰 증권의 발행과 유통을 위해 분산원장 기술로 증권을 디지털화하는 방식을 전면 허용했다. 관련 규율 체계는 전자증권법을 통해 마련될 것으로 전망된다. 먼저 전자증권법상 계좌부 기재 방식으로 분산원장을 인정해 법적 효력을 부여하고, 전자증권법상 발행인 계좌관리기관을 도입함으로써 단독 발행도 가능하게 한다는 방침이다. 관련 장외 유통 플랫폼의 제도화는 자본시장법상 투자계약증권, 신탁수익증권 장외거래중개업을 신설한다는 계획이다.

주요 토큰증권 후보 자산

부동산 조각투자
관련 회사 카사, 소유, 펀블 등
수익률 12~14%
혁신금융서비스 지정

예술품 조각투자
테사, 소투, 아트앤가이드 등
미공개
혁신금융서비스 미지정

음원(저작인접권)
뮤직카우
7.2%(2022년 기준)
혁신금융서비스 지정

크라우드펀딩(증권형)
와디즈, 크라우디 등
미공개
혁신금융서비스 미지정

가장 먼저 토큰 증권의 대상이 될 것으로 보이는 분야는 부동산 조각투자다. 부동산 조각투자는 2019년 규제 샌드박스를 통해 선보인 바 있다. 구체적으로 ABS를 디지털화한 디지털자산유동화증권(DABS)을 잘게 쪼개 거래 플랫폼을 통해 사고파는 형태다. 카사, 소유, 펀블 등이 현재 혁신금융서비스로 지정돼 플랫폼을 운영하고 있다.

토큰 증권시장이 새로 출범하면 부동산 조각투자는 이에 맞춰 이전될 가능성이 높다. 현재 거래되는 토큰 형태의 DABS가 바로 토큰 증권이라고 봐도 무방하기 때문이다. 카사 등 혁신금융서비스 지정 회사에 의해 이미 시장이 일부 조성돼 있기 때문에 초기 마중물 역할을 수행할 것으로 기대된다.

부동산 토큰 증권 수익은 두 가지로 분류할 수 있다. 첫째는 기반 부동산의 임대 수익이다. ABS는 수익을 받을 권리를 담보하기 때문에 배당처럼 수익을 올릴 수 있다. 한국부동산원 통계에 따르면 지난해 4분기 서울 도심의 상업용 부동산 소득 수익률은 1%대를 기록했다. 투자 증권을 통해 소액으로도 낮지만 안정적인 임대 수익을 올릴 수 있다.

두 번째는 가치 상승이다. 카사는 토큰 증권발행(STO)처럼 신규 빌딩을 구매해 DABS로 분할한 뒤 플랫폼 내에 발행하고 있다. 이후 빌딩을 매각하면 매각대금을 다시 DABS 구매자에게 분할 지급한다. 즉 100억원짜리 건물을 구매해 DABS 100개를 발행하고 이후 빌딩을 120억원에 판매했다면

DABS 1개당 1억2000만원씩 지급하는 것이다. 구매자는 20% 수익률을 올릴 수 있다. 이 같은 형태로 카사는 역삼동 런던빌, 한국기술센터 등 2개 빌딩을 매각해 12~14% 수익률을 기록했다.

혁신금융서비스로 지정돼 있는 예술품 조각투자도 토큰 증권시장의 두 번째 합류 주자로 꼽힌다. 예술품 조각투자는 예술품을 금융기관에 신탁하고 이에 기반해 발행된 신탁수익증권을 토큰화하는 형태로 거래된다. 테사, 아트투게더, 소투 등이 관련 서비스를 운영하고 있다. 이들은 현재 조각투자가 증권에 해당된다는 판정이 난 이후 서비스를 정비하고 있는데 토큰 증권시장이 출범하면 해당 플랫폼에 맞춰 서비스를 재정비할 것으로 전망된다.

다음 토큰 증권 주자로는 음원 수익을 들 수 있다. 지난해 4월 저작인접권 조각투자가 증권으로 판정이 나자 뮤직카우는 서비스를 중단하고 관련 규제에 맞게 사업을 재편한 뒤 같은 해 9월 혁신금융서비스로 지정됐다. 토큰 증권시장이 열리면 제한적으로 진행해왔던 음원 조각투자가 본격화될 것으로 전망된다. 특히 음원은 대다수가 유행을 타는 저작물이지만 '벚꽃연금'으로도 불리는 '벚꽃엔딩'은 봄마다 음원차트 순위권에 진입해 저작권 관련 수입을 관계자에게 톡톡히 돌려주고 있다. 이처럼 음원별 특성도 투자할 때 고려할

필요가 있다. 뮤직카우가 밝힌 지난해 보유곡 저작권료 수익률은 7.2%를 기록했다.

현재 크라우드펀딩을 통해 모집되고 있는 투자계약증권도 토큰 증권시장에 일부 편입될 것으로 보인다. 증권형 크라우드펀딩은 연간 30억원 한도로 집행되는데 투자자별 투자한도 등의 규제로 활성화되지 못하고 있다. 하지만 토큰 증권을 통해 투자자 제한 없이 매매가 가능해지면 시장 규모가 좀 더 커질 것으로 전망된다.

시장 출범에 맞춰 등장할 다양한 토큰 증권의 투자 포인트로는 기반이 되는 실물 자산 종류를 들 수 있다. 특히 실물 자산에 수익 배분 권리가 포함돼 있는지 면밀히 따져봐야 한다. 배분 권리가 포함되면 수익이 가격에 반영되기 때문에 가치 평가 때도 고려해야 한다. 반면 수익 발생보다 자체 가치 상승에 초점을 맞춘 예술품 토큰 증권은 수익을 제외한 가치를 평가해야 한다.

발행시장과 유통시장 분리에 따른 유동성 관리도 투자 포인트다. 토큰 증권을 성공적으로 발행해도 시장 규모가 작아 매수 가격과 매도 가격이 크게 벌어지면 거래 비용이 높아져 투자 손실이 발생하기 때문이다. 특히 토큰 증권의 기반이 되는 실물 자산 종류에 따라 유동성도 제각각일 것이기 때문에 용이한 거래를 위한 유동성 공급이 얼마나 원활하게 이뤄지는지도 향후 확인해야 할 요소다. ■

MK Edition 베스트셀러 시리즈

챗GPT
어디까지 써봤니
인류의 미래를 바꿀 챗GPT를
비즈니스와 생활에 어떻게 활용하고,
어떻게 돈을 벌 수 있을지 알려준다

코린이를 위한
코인의 모든 것
코인에 대해 알기 쉽게 풀이한
암호화폐 투자 입문서

메린이를 위한
메타버스의 모든 것
불쑥 다가온 '또 다른 세상' 가상현실
메타버스로 돈 버는 법 올 가이드

윤석열 시대
파워 엘리트
새 정부·새 시대를 이끌
150명 인물들에 대한 완벽 분석

신용산시대
경제·문화·교통의 중심, 용산
용산을 알아야 돈이 보인다

K스타트업 업계 지도
한국의 일론 머스크를 꿈꾸는 스타트업들
핀테크·로봇 등 15개 분야별 유망 기업 소개

시크릿 여행지
여행 전문기자들이 직접 다녀온
전국 방방곡곡 숨은 여행지 34선

매경아웃룩
대예측 2023
주식·부동산 투자전략, 경영계획 수립의 나침반
시계제로의 경제상황 헤치고 나갈 전략 지침서

미래 10년,
빅테크로 미리보기
구독자 7만명 우리나라 대표 테크 뉴스레터
미라클레터가 들려주는 빅테크들의 속내

부자되는 풍수,
기업 살리는 풍수
운명은 못 바꾸지만, 환경 즉 풍수는 바꿀 수 있다
사람과 기업의 운을 상승시키는 풍수의 비밀

포스트 코로나
신상권 지도
코로나 팬데믹이 바꿔놓은 서울 상권 지도
카드매출 분석과 현장취재로 '완벽 정복'

농업,
트렌드가 되다
전 세계 VC들의 최대 투자처가 된 애그테크
ICT와 결합돼 첨단산업으로 부상한 농업의 미래

Ⓦ일타재테크

초판 1쇄	2023년 4월 27일

지은이	노영우 문일호 손동우 김용영
펴낸이	장승준
펴낸곳	매일경제신문사
인쇄 · 제본	(주)M-PRINT

주소	(04557)서울시 중구 충무로2(필동1가) 매일경제별관 2층 매경출판(주)
편집문의	2000-2521~35
판매문의	2000-2606
등록	2003년 4월 24일(NO.2-3759)

ISBN 979-11-6484-558-3 03320

값 20,000원